PRÜFE DEIN WISSEN

Rechtsfälle in Frage und Antwort
Band 10/1

Strafrecht

Besonderer Teil I

– Vermögensdelikte –

von

DR. HANS KUDLICH
Universitätsprofessor an der
Bucerius Law School, Hamburg

Verlag C. H. Beck München 2004

Verlag C. H. Beck im Internet:
beck.de

ISBN 3 406 45637 5

Wilhelmstraße 9, 80801 München
Druck und Bindung: Nomos Verlagsgesellschaft
In den Lissen 12, 76547 Sinzheim

Satz: ES-Editionssupport, München

Gedruckt auf säurefreiem, alterungsbeständigen Papier
(hergestellt aus chlorfrei gebleichtem Zellstoff)

Vorwort

Die Vermögensdelikte sind – wohl nicht zuletzt auf Grund ihrer überragenden praktischen Bedeutung – regelmäßig Prüfungsgegenstand von den universitären Übungen bis zum 2. Staatsexamen hin. Besondere Schwierigkeiten für den Prüfling ergeben sich hierbei vor allem aus der Verknüpfung mit Problemen des Allgemeinen Teils sowie aus dem System des strafrechtlichen Vermögensschutzes, der den Schutz spezieller Vermögenswerte sowie den Schutz des Vermögens als Ganzem gegen bestimmte Angriffswege mit erheblichen Abgrenzungsschwierigkeiten nebeneinander gewährt. Die daraus resultierenden Fragen lassen sich bei aller Bedeutung der abstrakt-systematischen Einordnung fast nur anhand von Fällen wirklich anschaulich illustrieren.
Ziele und Konzeption der Neubearbeitung der PdW-Bände zum Strafrecht sind im Vorwort des Bandes zum Allgemeinen Teil dargelegt, auf das insoweit verwiesen wird. Ich habe mich bemüht, im vorliegenden Band insbesondere die Schwerpunktsetzung und Prüfungsorientierung noch stärker zu akzentuieren als im Band zum Allgemeinen Teil. Deshalb werden Delikte, die erfahrungsgemäß selten Prüfungsgegenstand sind, überwiegend kurz und mit wenigen Fällen behandelt, die nur einen groben Überblick über Schutzzweck und Struktur sowie gegebenenfalls einzelne wichtige Sonderprobleme der Vorschriften geben sollen. Zu den häufig geprüften Tatbeständen (insbesondere zu Diebstahl, Betrug sowie Raubdelikten i.w.S.) finden sich dagegen sehr viele Fälle, die teilweise sogar weiter ins Detail gehen mögen, als die Darstellungen in manchen Lehrbüchern. Dabei ging es mir freilich nicht immer vorrangig darum, dass der entsprechende Spezialfall unbedingt „aktiv beherrscht" werden müsste, sondern ich verbinde damit auch die Hoffnung, dass durch die Vielzahl der Fälle die grundsätzlichen Strukturen und Argumentationsmuster der prüfungsrelevanten Tatbestände besonders klar hervortreten.
Als „Parallelfundstelle" wird bei den meisten Fällen auf das Lehrbuch zu den Vermögensdelikten von *Rengier* (BT I, 6. Aufl., 2003) verwiesen. Gelegentlich finden sich ergänzend oder statt dessen auch Hinweise auf die (generell oder zu einzelnen Fragen) umfangreicheren Werke von *Kindhäuser* (BT II, 3. Aufl., 2003) und *Mitsch* (BT II/1, 2. Aufl., 2003 bzw. BT II/2, 2001). Außerdem habe ich mich auch in diesem Band bemüht, auf hilfreiche Aufsätze bzw. Entscheidungsbesprechungen aus der (vor allem Ausbildungs-)Literatur zu verweisen.

Auch bei und während der Entstehung dieses Bandes bin ich von meinem großartigen Team am Lehrstuhl für Strafrecht II der Bucerius Law School hervorragend unterstützt worden. Hervorhebung verdienen dabei die wissenschaftlichen Mitarbeiter *Oliver Pragal* und insbesondere *Tom Lassmann, LL.M.*, ohne deren wertvolle Hilfe der vorliegende Band nicht so kurz nach dem Band zum Allgemeinen Teil hätte erscheinen können. Meine Sekretärin, Frau *Monika Mohrdieck, M.A.*, hat sich auch bei diesem Band durch ihre sorgfältigen Korrekturen und durch die Umsetzung meiner „Rohvorgaben" in ein übersichtliches Stichwortverzeichnis verdient gemacht.

Hamburg, im März 2004 *Hans Kudlich*

Inhaltsverzeichnis

A. Der Vermögensschutz des StGB

1. Welches System liegt dem strafrechtlichen Vermögensschutz im StGB zugrunde?

Zur Vertiefung: *Rengier I*, § 1 Rn. 2–4.

Das StGB unterscheidet zwischen Delikten, die sich gegen **spezielle Vermögenspositionen** richten, und Delikten, die das **Vermögen als Ganzes** schädigen bzw. gefährden.

a) Zu den Delikten, die auf die Beeinträchtigung spezieller Vermögenspositionen gerichtet sind, gehören insbesondere die **Eigentumsdelikte**, wie z.B. Diebstahl (§ 242), Unterschlagung (§ 246), Raub (§ 249) oder auch Sachbeschädigung (§ 303). Diese Delikte sind stets dadurch gekennzeichnet, dass der Täter eine **„fremde" Sache** wegnimmt, sich zueignet, beschädigt usw. Daneben werden auch andere spezielle Vermögenswerte durch das StGB geschützt. Wer ohne Erlaubnis Jagen oder Fischen geht, verletzt dadurch möglicherweise fremdes Jagdrecht (§ 292) oder Fischereirecht (§ 293). Auch das von § 289 geschützte Pfandrecht gehört in diese Gruppe.

b) Zu den Delikten, die andererseits das **Vermögen als Ganzes** schädigen, gehören insbesondere Betrug (§ 263), Erpressung (§ 253; räuberische Erpressung in § 255) und Untreue (§ 266). Sie sind allesamt dadurch gekennzeichnet, dass der Täter durch sein vom Tatbestand umschriebenes Verhalten dem Opfer einen **Vermögensschaden** zufügt. Daneben gibt es eine Reihe von Delikten, bei denen ein Vermögensschaden nicht eintritt, eine abstrakte Vermögensgefährdung aber typischerweise die Folge des Verhaltens ist: So etwa der

Subventionsbetrug (§ 264), der Kapitalanlagebetrug (§ 264a) und der Kreditbetrug (§ 265b), welche allerdings in Ausbildung und Prüfung im Pflichtfachbereich keine nennenswerte Rolle spielen.

c) Die Delikte der Begünstigung (§ 257), Hehlerei (§ 259) und Geldwäsche (§ 261) sind allesamt dadurch gekennzeichnet, dass sie die durch eine oder mehrere Vortaten bereits verletzten (Vermögens-) Interessen weiter beeinträchtigen und werden damit üblicherweise ebenfalls zum Bereich der Delikte gegen das Vermögen als Ganzes gezählt.

Ergänzende Bemerkung:
Konsequenz aus dieser unterschiedlichen Schutzrichtung ist etwa, dass bei den Delikten gegen spezielle Vermögenspositionen die Frage nach einem **Schaden** grundsätzlich nicht gestellt werden darf. So ist der Tatbestand des Diebstahls bzw. der Sachbeschädigung auch dann erfüllt, wenn wertlose Sachen gestohlen bzw. beschädigt werden. Umgekehrt liegt bei den Delikten gegen das Vermögen im Ganzen ein Schaden nur vor, wenn bzw. soweit nach dem vermögensschädigenden Ereignis der **Wert** der betroffenen Vermögensstücke geringer ist als vorher. So erfüllt das „betrügerische" Ansich-Bringen eines wertlosen Gegenstands selbst dann nicht den Tatbestand des Betruges, wenn der Eigentümer ein hohes affektives Interesse daran hat. Fließen dem Vermögen durch das Ereignis Vermögensstücke zu, sind diese in den Saldo einzustellen, ein Wertausgleich ist daher (anders als z.B. beim Diebstahl) möglich.

2. Die schöne O hatte ein wertvolles Diamantcollier. Ihre Nachbarin T wollte es unbedingt für einen anstehenden Wohltätigkeitsabend in die Finger bekommen. Sie ...

a) ... nahm es ihr abends heimlich weg, brachte es ihr

a) Ein vorstellbarer Diebstahl (§ 242) des Colliers entfällt, weil T von Anfang an vorhatte, das Collier der O zurückzubringen. Daher fehlte es am Vorsatz dauernder Enteignung. Die Tatsache, dass O die **Nutzungsmöglichkeit** des Colliers für einen Abend entgangen und ihr damit ein Schaden entstanden ist, bleibt bei § 242 außer Betracht. Die bloße Gebrauchsanmaßung

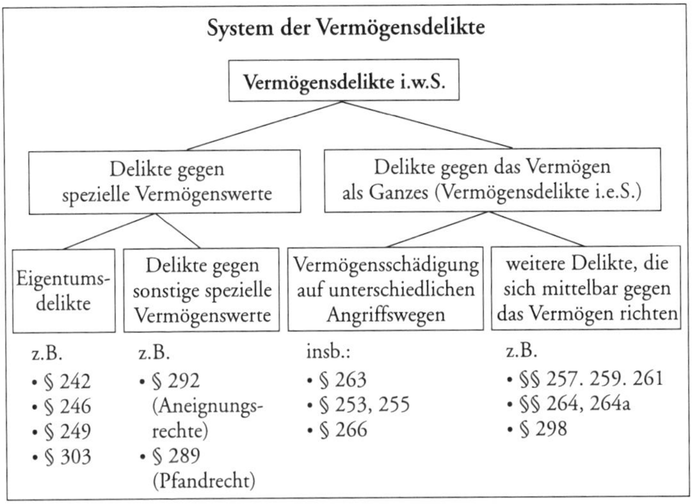

aber einen Tag später nach dem Ball (auf dem O nicht war) wieder zurück.

b) … nahm es ihr weg, um das Collier auf Dauer für sich zu behalten, legte der O aber den exakten Kaufpreis von 10.000 € auf den Nachttisch.

c) … brachte O durch in Aussichtstellen einer „Entschädigung" zur Überlassung des Colliers für den Abend, hatte aber nie vor, die O für die Überlassung zu entschädigen.

Wie hat sich T strafbar gemacht?

durch Wegnahme ist daher grundsätzlich straflos.

b) Hier hat T einen Diebstahl am Collier begangen, da sie der H eine fremde bewegliche Sache in der Absicht wegnahm, sich diese Sache rechtswidrig zuzueignen (§ 242 I). Dass sie der O den Kaufpreis für das Collier zur Verfügung stellte und demnach der O wirtschaftlich **kein Schaden** entstanden ist, ändert an dieser Beurteilung nichts.

c) Da T das Collier nicht durch Wegnahme (= Bruch fremden Gewahrsams), sondern durch Überlassung der H (= Vermögensverfügung) erlangte, kommt nicht Diebstahl, sondern Betrug (§ 263) in Betracht. § 263 berücksichtigt nun aber den durch die entgangene Nutzungsmöglichkeit eingetretenen Vermögensschaden. Da alle weiteren Voraussetzungen vorliegen, hat sich M daher wegen Betruges strafbar gemacht.

B. Diebstahl, Unterschlagung und diebstahlsähnliche Delikte

I. Diebstahl (§ 242)

3. Was sind die Elemente des Diebstahlstatbestandes und in welcher Reihenfolge werden sie geprüft?

Zur Vertiefung: *Rengier I*, § 2 Rn. 2.

Der Diebstahlstatbestand wird üblicherweise nach folgendem Schema geprüft:

I. Tatbestand

1. Objektiver Tatbestand

a) Tatobjekt: fremde bewegliche Sache

b) Tathandlung: Wegnahme

(1) Aufhebung des alten Gewahrsams

(2) Begründung neuen, nicht notwendig eigenen Gewahrsams

(3) Ohne den Willen des alten Gewahrsamsinhabers (Bruch)

2. Subjektiver Tatbestand

a) Vorsatz

b) Absicht der rechtswidrigen Zueignung

(1) Vorsatz (dolus eventualis genügt) hinsichtlich dauernder Enteignung

(2) Absicht hinsichtlich zumindest vorübergehender Aneignung

(3) Objektive und subjektive Rechtswidrigkeit der beabsichtigten Zueignung

II. Rechtswidrigkeit

III. Schuld

4. Der einfallsreiche T wollte Heizkosten sparen. Er öffnete im Gemeinschaftskeller seines Wohnblocks an der Leitung des Fernwärmesystems ein Ventil. Dadurch entströmte heißer Dampf, der den Fußboden seiner im Erdgeschoss befindlichen Wohnung wohlig wärmte. Hat sich T gem. § 242 strafbar gemacht?

Zur Vertiefung: *Rengier I*, § 2 Rn. 4.

Nein. Zwar ist auch Heizungsdampf ein taugliches Tatobjekt i.S.d. § 242, da es für die Sacheigenschaft nicht auf den **Aggregatzustand** ankommt. So fallen unter den Sachbegriff auch Flüssigkeiten, Gase und Dämpfe, sofern sie sich in einem eingrenzbaren Zustand befinden. Der Heizungsdampf war auch fremd, da er im Eigentum des Energieversorgungsunternehmens stand. Allerdings nahm T diesen nicht weg, da er keinen neuen eigenen oder fremden Gewahrsam begründete. Der Dampf wärmte seinen Fußboden, gelangte aber nicht in seine nach faktisch-sozialen Gesichtspunkten (dazu unten Fall 11) zu bestimmende Herrschaftssphäre. § 242 scheidet demnach aus.

Ergänzende Bemerkung:
Vertretbar wäre jedoch die Annahme einer Unterschlagung (§ 246), da T sich eine fremde bewegliche Sache (Heizungsdampf) rechtswidrig zugeeignet hat (Aneignung: Wärmen des Fußbodens als wirtschaftlich sinnvolle Nutzung; Enteignung: dauerhafte Entziehung des Dampfes vom Eigentümer).

5. Student T entwendete aus der Anatomie eine Leiche, um sie zu Hause zu Forschungszwecken zu untersuchen. Hat er sich strafbar gemacht?

Zur Vertiefung: *Rengier I*, § 2 Rn. 9 m.w.N.

Ja. S hat einen Diebstahl begangen. Zwar ist der menschliche Körper **zu Lebzeiten keine Sache** i.S.d. § 242, da an ihm keine Rechte begründet werden können. Der menschliche **Leichnam** aber kann trotz des ihm zustehenden postmortalen Persönlichkeitsrechts Objekt fremder Verfügungsrechte und damit Sache sein. Grundsätzlich stehen Leichen zwar in niemandes Eigentum, da sie dem Rechtsverkehr entzogen sind. Eine Ausnahme wird jedoch überwiegend gemacht, wenn sie wie hier zulässigerweise der Bestattung entzogen und Museen oder wissenschaftlichen Instituten überlassen sind. S hat sich daher gem. § 242 strafbar gemacht. § 168 (Störung der Totenruhe) scheidet dagegen aus, da dieser Tatbestand nur solche Leichen oder Leichenteile erfasst, die nicht in fremdem Eigentum stehen.

Ergänzende Bemerkung:
Natürliche Körperteile erlangen mit Abtrennung, Implantate mit ihrer Entnahme Sachqualität. Nach Trennung von Körperteilen vom Leichnam durch den Aneignungsberechtigten werden diese zu fremden Sachen (§ 956 BGB analog i.V.m. §§ 3 f. TPG) und können daher „gestohlen" werden. Dasselbe gilt für Implantate nach Eintritt des Todesfalls (§ 1922 BGB: Übergang des Eigentums an den Implantaten auf Erben).

6. Die T schnitt am letzten Tag ihres Hotelurlaubs einige Blätter einer im Hotelgarten wachsenden Aloe-Vera-Pflanze ab, um daraus zu Hause eine „Gesundheitscreme" herzustellen. Wegen Diebstahls angeklagt, meint sie, es komme doch lediglich Sachbeschädigung in Frage, da die Pflanze mit dem Boden fest verbunden und damit „unbeweglich" war (vgl. § 94 Abs. 1 BGB). Was ist davon zu halten?

Zur Vertiefung: *Rengier I*, § 2 Rn. 5.

T irrt. „Beweglich" i.S.d. § 242 ist zwar nicht schon eine Sache, die beweglich gemacht werden **kann** (es kann theoretisch alles beweglich gemacht werden), wohl aber eine Sache, die durch die Tathandlung beweglich gemacht **wird**. Durch Abschneiden der Blätter trennte T diese vom Boden und machte sie damit „beweglich". Da auch die weiteren Voraussetzungen des § 242 vorliegen (Wegnahme, da Gewahrsam des Hotels; Zueignungsabsicht, da Nutzung der Pflanze zu Hause), ist T wegen Diebstahls und nicht wegen Sachbeschädigung zu bestrafen.

7. Der Hobbyschütze T ging in den Wald, schoss dort ein Reh und ließ sich das Fleisch zu Hause schmecken. Wie hat er sich strafbar gemacht?

Zur Vertiefung: *Rengier I*, § 2 Rn. 6.

T hat keinen Diebstahl, sondern eine Jagdwilderei (§ 292, dazu unten Fälle ff.) begangen. Tiere sind zwar bewegliche Sachen. „Fremd" i.S.d. § 242 ist das Reh aber nur dann, wenn es zumindest auch im **Eigentum eines anderen** steht. **Herrenlose** Sachen aber, wie z.B. wilde Tiere

(§ 960 I 1 BGB), das Grundwasser, oder derelinquierte Sachen (§ 959 BGB) stehen in niemandes Eigentum und sind daher nicht „fremd" i.S.d. § 242. F hat aber fremdes Jagdrecht verletzt und sich nach § 292 strafbar gemacht.

Ergänzende Bemerkung:
Die Sacheigenschaft erscheint auf den ersten Blick problematisch, weil nach § 90a S. 1 BGB Tiere gerade keine Sachen sind. Im Ergebnis allerdings besteht weitgehend Einigkeit darüber, dass auch Tiere wie Sachen zu behandeln sind, sei es, dass man hierfür einen eigenständigen strafrechtlichen Sachbegriff heranzieht, sei es, dass man über § 90a S. 3 BGB zur Anwendung der Sachvorschriften kommt.

8. Der Ferienarbeiter T entdeckte beim Pflügen des Ackers von Landwirt O eine alte griechische Brosche, die zweitausend Jahre im Boden vergraben war. Er nahm sie mit nach Hause, ohne den O über den Fund zu informieren. Im Strafverfahren gegen T steht sein Verteidiger auf dem Standpunkt, T könne nicht bestraft werden, da die Brosche niemandem gehörte. Zu Recht?

Zur Vertiefung: *Rengier I*, § 2 Rn. 8.

Nein. Zwar war die vergrabene Brosche in der Tat **herrenlos**, da ihr Eigentümer nicht mehr zu ermitteln war. Es kommt aber für die Beurteilung der Fremdheit auf den **Zeitpunkt der Tat** an. Durch die Entdeckung und Inbesitznahme der Brosche sind T und O gem. § 984 BGB Miteigentümer geworden. Daher ist die Brosche ab diesem Zeitpunkt für T eine fremde Sache („zumindest auch einem anderen gehört") gewesen.

Ergänzende Bemerkungen:
(1) Wie der Fall zeigt, kommt es nicht darauf an, ob die Sache *vor* der Tathandlung herrenlos war oder sogar im Eigentum des Täters stand. Dasselbe gilt für die Eigentumsverhältnisse an der Sache nach der Tat: Schafft es der Täter, durch die oder nach der Wegnamehandlung Eigentum an der Sache zu begründen (z.B. nach §§ 946 ff. BGB), steht dies der Annahme eines Diebstahl nicht entgegen.
(2) Diskussionswürdig erscheint aber in diesem Fall, ob T Vorsatz hinsichtlich des Merkmals der Fremdheit hatte. Zu den damit verbundenen Problemen vgl. unten Fall 20.

9. Der Gelegenheitskonsument T war mit dem Betäubungsmittelhändler O einig geworden: T übergab O von seinem gerade ausbezahlten Monatsgehalt einen 100 €-Schein und ließ sich dafür eine Tüte mit Kokain aushändigen. Im Verlauf des anschließenden Gesprächs nahm T dem O den 100 €-Schein heimlich wieder weg. Hat T bezüglich des Geldscheins einen Diebstahl begangen?
(Vgl. *BGH* NStZ-RR 2000, 234; *BGHSt* 6, 377)

Zur Vertiefung: *Rengier I,* § 2 Rn. 7 zum Dirnenlohn.

Nein. Der Geldschein war für T keine fremde Sache. Nach Ansicht des *BGH* folgte aus dem Verbot des unerlaubten Handeltreibens mit Betäubungsmitteln die **Nichtigkeit der Übereignung** des als Kaufpreis gezahlten Geldes (§§ 929 S. 1, 134 BGB). Damit war und blieb T Eigentümer des Geldscheins. § 242 scheidet somit aus.

10. O verkaufte und übereignete dem T ein Ölgemälde, wobei vereinbart wurde, dass das Gemälde noch einen Monat bei O verbleiben soll. Entgegen dieser Abrede verschaffte sich T das Bild aber schon am nächsten Tag und hing es bei sich in der Wohnung auf. Daraufhin focht O Kaufvertrag und Übereignung wirksam nach § 123 BGB an. Hat T einen Diebstahl begangen?

Zur Vertiefung: *Rengier I,* § 2 Rn. 8.

Nein. Als T sich das Bild am nächsten Tag verschaffte, war er auf Grund der vorausgegangenen Übereignung Eigentümer geworden und damit das Bild für ihn keine fremde Sache. Zwar hat O die Übereignung wirksam angefochten und damit bewirkt, dass der Eigentumserwerb des T als von Anfang an nichtig anzusehen ist (§ 142 I BGB). Das Strafrecht aber ordnet sich den **zivilrechtlichen Rückwirkungsfiktionen** (vgl. auch § 1953 I BGB) nicht unter, da sonst die Strafbarkeit von (ungewissen) zukünftigen Ereignissen abhängen würde.

11. T nahm in einem Selbstbedienungsladen aus einem Regal ein Päckchen

Ja. Die entscheidende Frage ist hier, ob T die Zigaretten **wegnahm**. Dazu ist notwendig, dass T den Gewahrsam des Filial-

Zigaretten und steckte es in Zueignungsabsicht in seine Hosentasche. Er kam aber nicht weit, da er von der Verkäuferin beobachtet und daraufhin vom Filialleiter F an der Kasse gestellt wurde, der T die Zigaretten abnahm. Hat T einen Diebstahl begangen?
(Vgl. *BGHSt* 16, 271)

Zur Vertiefung: *Rengier I,* § 2 Rn. 10–13, 25.

leiters ohne oder gegen seinen Willen aufhob und neuen Gewahrsam bei sich begründete als er die Zigaretten in seine Hosentasche steckte. Für den Begriff des **Gewahrsams** stehen sich zwei grundsätzlich verschiedene Ausgangspositionen gegenüber. Zum einen lässt sich Gewahrsam definieren als die von **Herrschaftswillen getragene tatsächliche Sachherrschaft**, d.h. die Möglichkeit einer Person, eine Sache faktisch zu beherrschen. Eine solche Betrachtungsweise kommt aber in Fällen wie dem vorliegenden in Schwierigkeiten. Da T beobachtet wurde, hatte er auf Grund der räumlichen Verhältnisse keine Möglichkeit, mit der Zigarettenpackung zu entkommen. Folglich hatte F die bessere faktische Beherrschungsmöglichkeit über die Zigaretten und damit selbst dann noch Gewahrsam, als T die Zigaretten eingesteckt hatte (a.A. vertretbar). Eine Wegnahme durch T würde somit ausscheiden. Ein anderes Ergebnis erzielt die **Lehre vom sozialen Gewahrsamsbegriff**. Diese ordnet jeder Person nach sozialer Anschauung gewisse Tabubereiche (Gewahrsamssphären) zu, wie z.B. die Körper- oder Wohnungssphäre. Sie bejaht eine Wegnahme dann, wenn ein Gegenstand ohne oder gegen den Willen des Berechtigten von einer Gewahrsamssphäre in eine andere verschoben wird. Auf faktische Beherrschungsmöglichkeiten kommt es nicht an. Hiernach hat T die Zigaretten aus der Gewahrsamssphäre des Filialleiters (alle Gegenstände im Supermarkt) in seine Körpergewahrsamssphäre („Gewahrsamsenklave") überführt und diese damit weggenommen. Die **h.M.** kombiniert beide Lehren zum **faktisch-sozialen Gewahr-**

samsbegriff, indem sie die von Herrschaftswillen getragene tatsächliche Sachherrschaft (auch) nach sozialen Gesichtspunkten bestimmt. Sie kommt damit ebenfalls zur Annahme einer Wegnahme durch T und im Ergebnis zur Bestrafung wegen vollendeten Diebstahls.

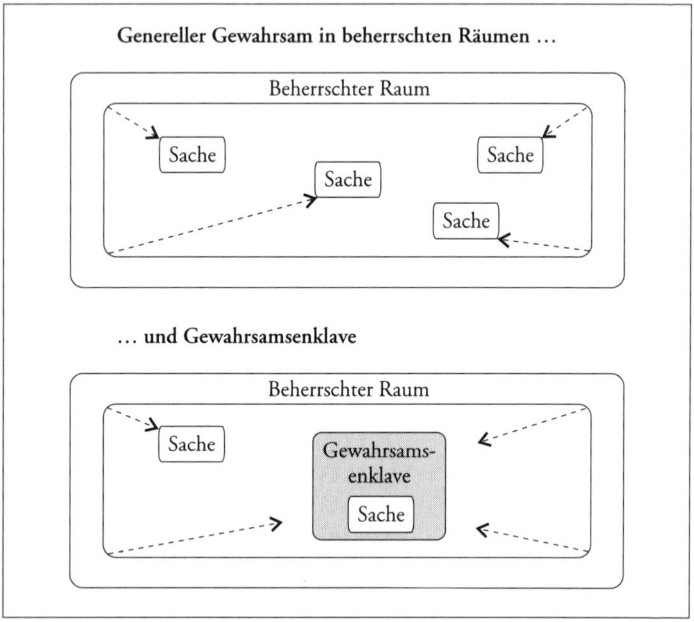

12. Die greise O erlitt bei einem einsamen Spaziergang im Park einen Herzinfarkt und verstarb. T, der den Vorfall sah, eilte herbei und nahm ihr die Brieftasche weg. Wie hat er sich strafbar gemacht, wenn O allein spazieren war?

a) Eine Bestrafung wegen Diebstahls scheidet aus. Die Brieftasche war zwar für T eine fremde bewegliche Sache, da sie den Erben der O (§ 1922 I BGB) gehörte, als T sie an sich nahm. T nahm sie aber nicht weg, da O mit dem Tod den Gewahrsam an der Brieftasche verlor. Zwar waren die Erben der O gem. § 857 BGB Besitzer der Brieftasche geworden; dieser **Erbenbesitz**

Zur Vertiefung: *Rengier I*, § 2 Rn. 12.

ist als solcher allerdings nicht mit tatsächlicher Sachherrschaft verbunden und damit für die Annahme fremden Gewahrsams nicht ausreichend. Allerdings ist T wegen Unterschlagung (§ 246) zu bestrafen („Fundunterschlagung").

Ergänzende Bemerkung:
Zwei weitere Unterschiede zwischen Gewahrsam und Besitz liegen darin, dass der Besitzdiener gem. § 855 BGB zwar kein Besitzer ist, wohl aber (Mit-) Gewahrsam haben kann und der mittelbare Besitzer (§ 868 BGB) nicht schon wegen seines mittelbaren Besitzes (Mit-) Gewahrsamsinhaber ist.

13. T brach nachts in das Haus des alleinlebenden O ein und erbeutete eine wertvolle Briefmarkensammlung. Wie sich später herausstellte, erlitt O noch in dieser Nacht einen Herzinfarkt und wurde bewusstlos ins Krankenhaus eingeliefert, wo er nach einmonatiger ununterbrochener Bewusstlosigkeit verstarb. Der Referendar, der diesen Fall zur Bearbeitung vorgelegt bekommt, meint, dass wie im Fall 12 auch hier keine Wegnahme stattgefunden hat und damit Diebstahl ausscheidet. Was ist davon zu halten?
(Vgl. *BGH* NJW 1985, 1911; anders noch *BayObLG* JR 1961, 188)

Zur Vertiefung: *Rengier I*, § 2 Rn. 13.

Der Referendar **irrt**. T hat einen Wohnungseinbruchdiebstahl (§ 244 I Nr. 3) begangen. Der Gewahrsam des O an den Sachen in seinem Haus wurde nicht durch dessen Schlaf oder Bewusstlosigkeit aufgehoben. Auf dem Boden eines eher faktischen Gewahrsamsbegriffs kann hier nämlich auf einen **generellen/potentiellen Herrschaftswillen** abgestellt bzw. im Sinne des sozialen Gewahrsamsbegriffs ganz allgemein darauf verwiesen, dass die Sachen der **Gewahrsamssphäre des O zugeordnet** waren. An diesem Ergebnis ändert es auch nichts, dass die Bewusstlosigkeit des O unmittelbar in dessen Tod überging. Würde man anders urteilen, hinge die Beurteilung der Tat als Diebstahl von späteren, vom Täterverhalten unabhängigen Ereignissen ab. Eine solche Rückwirkung ist systemwidrig und wegen der damit verbundenen Unsicherheiten abzulehnen.

14. Der Kinoangestellte T fand beim Aufräumen des Kinosaals nach der Vorstellung einen Ring, der von O liegen gelassen worden war. Er nahm ihn mit nach Hause, um ihn zu behalten. Strafbarkeit des T?

Zur Vertiefung: *Rengier I*, § 2 Rn. 14.

T hat einen **Diebstahl** begangen. Zwar befand sich der Ring nicht mehr im Gewahrsam des O, da bei außerhalb des eigenen räumlichen Machtbereichs **verlorenen Sachen** der Gewahrsam untergeht; etwas anderes kann lediglich für den Fall gelten, dass O sich erinnert, wo er den Ring gelassen hat und ihn ohne weiteres zurückerlangen kann (**vergessene Sachen**). Jedoch hatte der Inhaber des fremden Herrschaftsbereichs, hier des Kinos, unmittelbar Gewahrsam am Ring erlangt. Die Verkehrsauffassung schreibt ihm den Willen zu (genereller Gewahrsamswille), die tatsächliche Sachherrschaft über alle Sachen auszuüben, die sich innerhalb dieser Gewahrsamssphäre befinden und an denen kein Sondergewahrsam Dritter besteht. Diesen Gewahrsam brach T, als er den Ring mit nach Hause nahm.

Ergänzende Bemerkung:
Etwas anderes muss aber gelten, wenn eine Gewahrsamserlangung offensichtlich nicht gewollt sein kann, so im Fall, dass jemand heimlich Waffen oder Sprengstoff auf dem Grundstück eines anderen versteckt.

15. T war Angestellter in der Tankstelle des O. Er hatte dort unter anderem die Kasse zu betreuen. Eines Abends entnahm T der Kasse einen 100 €-Schein und steckte ihn in seine Hosentasche, um sich mit seiner Freundin einen netten Abend zu machen. Strafbarkeit des T, wenn …

a) … nur T und O Zugriff auf die Kasse hatten?

a) T hat einen Diebstahl begangen. Insbesondere hat er den Gewahrsam des O gebrochen und damit den Geldschein **weggenommen**. Bei Verkäufern und Angestellten in einem Laden nimmt die Rechtsprechung nach der Verkehrsanschauung regelmäßig Alleingewahrsam des Ladeninhabers an den Waren und dem in der Kasse befindlichen Geld an. Es wäre hier allenfalls an einen **Mitgewahrsam** von T und O an dem in der Kasse befindlichen Geld zu denken, da außer T und O niemand sonst für die Kasse verantwortlich

b) … T alleinverantwortlich die Kasse betreute und für Fehlbeträge aufzukommen hatte?
(vgl. *BGH* NStZ-RR 2001, 268; *BGHSt* 8, 273)

Zur Vertiefung: *Rengier I*, § 2 Rn. 16–18.

war. Bei **gleichrangigem** Mitgewahrsam (z.B. von Eheleuten an gemeinsam benutzten Gegenständen in der Wohnung) kann jeder der Mitgewahrsamsinhaber gegen den anderen einen Gewahrsamsbruch begehen. Auf Grund des Direktions- und Weisungsrechts des O kommt jedoch bei T allenfalls **untergeordneter** Mitgewahrsam in Betracht, so dass zwar T gegenüber O, nicht aber O gegenüber T einen Gewahrsamsbruch begehen konnte.

b) **Anders** liegt es hier. T **nahm** den 100 €-Schein **nicht weg** und ist damit nicht wegen Diebstahls zu bestrafen. Da T die Kasse eigenverantwortlich betreute, hatte er **Alleingewahrsam** und demzufolge der Ladeninhaber keinen Gewahrsam am Kasseninhalt bis zu dessen Ablieferung. Dies folgt daraus, dass T für Fehlbeträge aufzukommen hatte und somit niemand gegen seinen Willen Geldbeträge aus der Kasse nehmen durfte. O hatte zwar als Vorgesetzter ein Weisungsrecht, durfte aber gegen T' s Willen nach den Geschäftsgepflogenheiten selbst keine Beträge aus der Kasse entnehmen. T hat sich allerdings wegen **Unterschlagung** (§ 246) strafbar gemacht.

16. In einer Firma war es wiederholt zu Diebstählen gekommen. Um den Täter zu überführen, legte die Firmenverwaltung in der Teeküche eine Geldbörse mit einem mit Spezialfarbe präparierten 100 €-Schein aus. Am Nachmittag wurden alle Mitarbeiter zu einem „Gespräch" bestellt. T, der

a) T hat zunächst **keinen vollendeten** Diebstahl begangen. Der Geldschein war zwar für T eine fremde bewegliche Sache. T hob auch fremden Gewahrsam (die Geldbörse befand sich im Gewahrsam der Firmenverwaltung, d.h. der zuständigen Person) auf und begründete durch Mitnahme des Geldscheins neuen eigenen Gewahrsam. Dies geschah allerdings **nicht durch Bruch**. Die Firmenverwaltung war nämlich zur Überführung des Täters mit

den Geldschein an sich genommen hatte, wurde überführt, als seine eingefärbten Hände zum Vorschein kamen. Strafbarkeit des T?

Zur Vertiefung: *Rengier I*, § 2 Rn. 33.

einer Übertragung des Gewahrsams einverstanden. Dieses **tatbestandsausschließende Einverständnis** braucht dem Täter nicht bekannt zu sein, sondern muss nur zur Tatzeit objektiv vorgelegen haben.
b) Da aber T von diesem **Einverständnis nichts wusste** und sich somit vorstellte, eine fremde bewegliche Sache wegzunehmen, hat er sich wegen **versuchten Diebstahls** (§§ 242, 22) strafbar gemacht.
c) Demgegenüber scheidet eine Strafbarkeit wegen Unterschlagung im Ergebnis jedenfalls auf Grund von formeller Subsidiarität (§ 246 I a.E., auch gegenüber einem nur versuchten Diebstahl) aus.

Ergänzende Bemerkung:
Rein tatbestandlich erschiene die Annahme einer vollendeten Unterschlagung zwar auf den ersten Blick vertretbar, da das Einstecken des Geldes den Zueignungswillen des T klar zum Ausdruck bringt (zur Zueignung als Manifestation des Zueignungswillens vgl. unten Fälle 65, 69, 70). Allerdings dürfte das Einverständnis mit der Wegnahme zugleich auch eine Einwilligung in die Zueignung darstellen, die damit die Rechtswidrigkeit der Zueignung ausschließt. Da T diese Einwilligung aber nicht kennt, bliebe tatbestandlich der Versuch einer Unterschlagung bestehen.

17. T hatte vom Urlaub noch ein paar ausländische Münzen übrig. Er ging zum Zigarettenautomaten um die Ecke, warf eine ausländische Münze im Wert von 20 Cent ein und erhielt eine Packung „Marlboro". Am nächsten Tag ging er erneut zum Automaten, dachte sich aber, dass das Einwerfen von ausländischem Geld doch nicht so ganz die feine

T hat sich in beiden Fällen wegen **Diebstahls** der „Marlboro" und der „Lord Extra" strafbar gemacht. Die Zigaretten waren für T fremde bewegliche Sachen. Das Übereignungsangebot des Automatenaufstellers sollte nur wirksam werden, sofern auch die geforderte Gegenleistung in voller Höhe entrichtet worden ist. T nahm die Zigaretten auch weg. Zwar ist der Automatenaufsteller grundsätzlich mit einer Entnahme der Zigaretten einverstanden (**antizipiertes generelles Einverständnis**). Dieses Einverständnis ist aber mit der **Be-**

Art sei und warf ordnungsgemäß 3 € ein. Der Automat warf jedoch auf Grund einer Funktionsstörung nicht nur die gewünschte Packung „Davidoff", sondern weitere 20 Packungen „Lord Extra" aus. T war darüber hoch erfreut und nahm auch diese Packungen mit nach Haus. Wie hat er sich strafbar gemacht?

Zur Vertiefung: *Rengier I*, § 2 Rn. 34.

dingung des ordnungsgemäßen Bedienens (nicht: Gewaltanwendung, Einwurf von Falschgeld, ausländischem Geld o.ä.) und des ordnungsgemäßen Funktionierens des Automaten verknüpft. Erst wenn diese Bedingungen von Automat und Benutzer erfüllt werden, entfaltet sich die tatbestandsausschließende Wirkung dieses Einverständnisses. Da T im ersten Fall mit ausländischem Geld zahlte und im zweiten Fall der Automat hinsichtlich der „Lord Extra" nicht ordnungsgemäß funktionierte, lag jeweils kein wirksames Einverständnis vor, so dass die Wegnahme durch Bruch erfolgte. Lediglich hinsichtlich der Packung „Davidoff" entfaltete sich das Einverständnis, da T für diese Packung ordnungsgemäß zahlte, so dass diesbezüglich kein Diebstahl vorlag.

Ergänzende Bemerkungen:
(1) Der Fall zeigt, dass die Konstruktion des „bedingten Einverständnisses" eine Fiktion darstellt, die im praktischen Leben viele Zweifelsfragen aufwirft. Für die Auslegung des konkludent geäußerten Einverständnisses, d.h. für Inhalt und Umfang der Bedingung, wird man auf die zivilrechtliche Einordnung und die objektiven Interessen der Beteiligten abstellen müssen.
(2) Ähnlich wie in Fall 18 könnte man hier ferner diskutieren, ob ein Diebstahl an den Zigaretten deswegen ausscheidet, weil es sich bei der Ausgabe um einen dem Automatenaufsteller zurechenbaren – als Realakt bedingungsfeindlichen – „Gebeakt" handelt. Allerdings liegt dies vom äußeren Erscheinungsbild her beim Zigarettenautomaten zumindest dann eher fern, wenn die Zigaretten nicht wie das Geld „ausgespuckt" werden, sondern einer Schublade entnommen werden müssen.

18. T's Konto war leer. Dennoch wollte er sich Bargeld von einem Geldautomaten verschaffen.

In diesen Fällen zeigt sich die **Problematik des bedingten Einverständnisses**. Die Meinungsverschiedenheiten in Literatur und Rechtsprechung sind groß. Allen Fäl-

a) Er nahm dem O die EC-Karte weg, verschaffte sich die Geheimzahl und hob damit 1.000 € ab. Die EC-Karte brachte er wie geplant zurück.
b) T hatte selbst ein Konto bei der Bank. Dieses war jedoch im Soll, so dass es ihm nach den vertraglichen Bestimmungen untersagt war, weiter Geld abzuheben. Er hob 1.000 € ab und überzog damit sein Konto.
c) T fälschte eine EC-Karte und hob mit ihr 1.000 € ab.
Hat sich T in diesen Fällen jeweils wegen Diebstahls an den erlangten Geldscheinen strafbar gemacht?
(Vgl. *BGHSt* 35, 152; 38, 120; *BayObLG* NJW 1987, 665 einerseits und *OLG Stuttgart* NJW 1987, 666 andererseits)

Zur Vertiefung: *Rengier I*, § 2 Rn. 35.

len ist aber regelmäßig gemeinsam, dass die vom Automaten ausgegebenen Geldscheine jeweils für T **fremde bewegliche Sachen** waren. Die für die Übereignung der Geldscheine notwendige Willenserklärung gem. § 929 S. 1 BGB kann nach den Regeln der Privatautonomie mit jeder **beliebigen Bedingung** (vgl. § 158 BGB) versehen werden. Umstritten ist, ob dies auch für das Einverständnis gilt.
a) Die Geldscheine waren für T fremde bewegliche Sachen, da die Bank zivilrechtlich nur an den berechtigten Kontoinhaber übereignen wollte. Eine Lehre vom unmodifizierten bedingten Einverständnis, die im Grunde jede (vernünftige) Bedingung für zulässig hält, würde hier auch zur Wegnahme und somit zum Diebstahl gelangen. Denn T war nicht befugt, die EC- Karte des O zu benutzen. Der *BGH*, der das Kriterium des „dem Aufsteller zurechenbaren **Gebeaktes**" verwendet, verneint hier Diebstahl ebenso wie die Lehre von den **objektiven Gewahrsamsschranken**, da der Automat in äußerlich ordnungsgemäßer Weise mit einer gültigen Karte bedient wurde.
b) Die Geldscheine waren für T fremd, da die Bank nach den Vertragsbeziehungen mit ihren Kunden das Geld nur überweisen wollte, sofern ausreichend Deckung auf dem Konto bzw. dem Kunden ein Überziehungskredit eingeräumt war. Nach überwiegender, aber bestrittener Meinung scheidet hier dennoch Diebstahl aus. Die **internen zivilrechtlichen Beziehungen** des Kunden zu seiner Bank sind zwar Gegenstand der Übereignungserklärung nach § 929 S.1 BGB, sollten aber **nicht** die Fra-

ge nach dem Einverständnis mit der **Gewahrsamsübertragung berühren**.

c) Die Geldscheine waren für T fremd, da er wie im Fall a) nicht der berechtigte Kontoinhaber war. Nach einigen Auffassungen in der Literatur hat T sich in diesem Fall auch wegen Diebstahls strafbar gemacht. T hat die EC-Karte gefälscht und damit objektive Herausgabeschranken überwunden (der Automat prüft die Echtheit und Gültigkeit der Karte). Da der Automat aber in äußerlich ordnungsgemäßer Weise bedient wurde, würde der *BGH* wohl auch hier einen dem Automaten zurechenbaren Gebeakt annehmen und somit Diebstahl verneinen.

Ergänzende Bemerkungen:

(1) In Fall a) scheidet Diebstahl bezüglich der Geldkarte mangels Zueignungsabsicht aus, da T, wie von Anfang an geplant, die EC-Karte dem O zurückbrachte. Da die Geldkarte nur den „Schlüssel" zum Konto darstellt und selbst keinen unmittelbaren Wert verkörpert, lässt sie sich auch nicht dem Sparbuch (vgl. Fall 22) gleichstellen.

(2) Im Zusammenhang mit dem Missbrauch von Geldautomaten sind neben den Eigentumsdelikten der §§ 242 und 246 (bei dem es mangels Wegnahmeerfordernisses nur auf die Wirksamkeit der Übereignung ankommt) oft insbesondere auch die §§ 263a und 266b zu diskutieren. Bei § 246 ist dann die Subsidiaritätsklausel zu beachten. Vgl. dazu näher unten Fälle 75, 78.

19. T wollte die Tasche mit den Tageseinnahmen der O an sich bringen. Hat T einen Diebstahl begangen, wenn er …

a) … irrtümlich O für die Eigentümerin der Tasche mit den Tageseinnahmen hielt, in Wahrheit aber der S deren Eigentümer war?

a) Ja. T hat einen vollendeten Diebstahl begangen. Sein **Vorsatz** bezog sich auf die Wegnahme einer fremden beweglichen Sache. Dass der Täter eine andere Person für den Eigentümer hält oder sich über die Person des Eigentümers überhaupt keine Gedanken macht, ist unerheblich. Erforderlich und ausreichend ist die Vorstellung, dass irgendein anderer Mensch Eigentümer der Sache ist. Es liegt letztlich

b) … statt der Tasche mit den Tageseinnahmen der O irrtümlich deren Kosmetikköfferchen an sich brachte, das für ihn „eher wertlos" war?
(*BGH* NJW 1990, 2569)

Zur Vertiefung: *Rengier I*, § 2 Rn. 36 f.

der Fall eines unbeachtlichen ***error in objecto*** vor, da Sachen der O und der S hinsichtlich ihrer Fremdheit für T tatbestandlich gleichwertige Objekte sind.
b) Nach einer Entscheidung des *BGH* ist T nicht wegen vollendeten, wohl aber wegen versuchten Diebstahls zu bestrafen. Es liege nämlich die Annahme nahe, dass sich T **lediglich** das in der Tasche befindliche Geld, nicht aber das für ihn wertlose Köfferchen **zueignen wollte**. Da sich aber in der Tasche tatsächlich kein Geld befand, liege bloßer (dann wohl fehlgeschlagener) Versuch vor.

20. T übereignete zur Sicherung eines Darlehens seinen Computer an O, wobei vereinbart wurde, dass der Computer solange in Besitz des T verbleiben solle bis O ihn zur Befriedigung der Darlehensforderung herausverlangt (§ 930 BGB). Kurz darauf veräußerte T den Computer an S, um einen weiteren Kredit aufzunehmen. Wegen Unterschlagung (§ 246) angeklagt, verteidigt sich T damit, er habe angenommen, …
a) … mangels Übergabe des Computers an O sei die Übereignung des Computers unwirksam gewesen, so dass er weiterhin Eigentümer war und an S veräußern dürfe.
b) … eine Sicherungsübereignung nach dem Zivil-

a) Sofern das Gericht dem T Glauben schenkt, wird es ihn vom Vorwurf der Unterschlagung **freisprechen**, da es insoweit am **Vorsatz** des T hinsichtlich einer **fremden** Sache **fehlte**. Bei (vor allem) normativen Tatbestandsmerkmalen muss der Vorsatz des Täters auch die rechtliche Wertung nach Laienart umfassen. Bezüglich der Fremdheit einer Sache ist daher erforderlich, dass der Täter die zivilrechtlichen Eigentumsverhältnisse an der Sache zutreffend erfasst. T legte irrtümlich den § 930 BGB dahingehend aus, dass für die Übertragung des Eigentums zusätzlich zur Einigung über den Eigentumsübergang noch eine Übergabe stattfinden müsse. Damit irrte sich T über eine **zivilrechtliche Vorfrage** und ging deshalb davon aus, weiterhin Eigentümer zu sein. Gem. § 16 I 1 handelte T somit bezüglich der Fremdheit des Computers ohne Vorsatz.
b) Das Gericht wird in diesem Fall T **wegen Unterschlagung verurteilen**. T irrte nicht über eine zivilrechtliche Vorfrage hinsichtlich des Eigentumsübergangs,

recht führe nie dazu, die übereignete Sache im strafrechtlichen Sinn als „fremde“ Sache anzusehen.
Was wird das Gericht tun?

sondern **maß** vielmehr dem **Tatbestandsmerkmal „fremd“** generell einen **engeren Anwendungsbereich** zu als dieses tatsächlich hat. Ein solcher Subsumtionsirrtum, der nicht die zivilrechtliche Vorfrage, sondern unmittelbar die **Verbotsnorm** betrifft, stellt sich aber als Verbotsirrtum gem. § 17 dar, so dass Straffreiheit nur im Falle der Unvermeidbarkeit des Irrtums erlangt wird, an der es hier gewiss fehlt.

21. T entwendete ein Fahrzeug, um es nach längerer Fahrt „irgendwo zwischen Essen, Bochum und Gelsenkirchen“ stehen zu lassen. Strafbarkeit des T?
(Vgl. *BGHSt* 22, 45; *BGH* NStZ–RR 1999, 327)

Zur Vertiefung: *Rengier I,* § 2 Rn. 60.

Fraglich ist, ob T wegen Diebstahls oder lediglich wegen unbefugten Gebrauchs eines Fahrzeugs (§ 248b) zu bestrafen ist. T nahm unproblematisch eine fremde bewegliche Sache weg. Diese müsste er sich aber auch zugeeignet haben. Als Untermerkmal der Zueignungsabsicht ist hierfür erforderlich, dass T zumindest **Eventualvorsatz** hinsichtlich der **dauernden Enteignung** des Pkw hatte. Dieser ist nur dann ausgeschlossen, wenn T zum Zeitpunkt der Wegnahme sicher war, der Eigentümer werde ohne besondere Mühe seine ursprüngliche Verfügungsgewalt über das Fahrzeug alsbald wieder ausüben können. Ob ein solcher **Rückführungswille** des Täters vorliegt, hängt von den Umständen des Einzelfalles ab. So kann es unter anderem darauf ankommen, an welcher Stelle (Parkplatz, Wald, Tatortnähe) oder in welchem Zustand (unverschlossen und damit dem Zugriff Dritter preisgegeben) das Auto abgestellt werden soll und um welchen Fahrzeugtyp es sich handelt (Luxuslimousine oder Kleinwagen). Im vorliegenden Fall hat der *BGH* **Diebstahl bejaht**, da der Vorsatz der Angeklagten dahin ging, den Wagen irgendwo im dicht bevölkerten Ruhrgebiet außerhalb des

Herrschaftsbereichs des Berechtigten sich selbst zu überlassen, also seine **Rückführung** und damit die Wiederherstellung der früheren Verfügungsgewalt **wesentlich zu erschweren**.

22. T nahm im Lagerraum der Firma M. ein Warenpaket an sich, das diese zur Lieferung für ihre Kundin O bereitgestellt und schon mit einer quittierten Rechnung über den Kaufpreis versehen hatte. Das Paket nebst der Rechnung überbrachte T sodann der O, bei der er sich als Fahrer der Firma M. ausgab, kassierte den Kaufpreis und behielt das Geld für sich. Hat sich T wegen Diebstahls strafbar gemacht? (Vgl. *BayOblG* JR 1965, 26)

Zur Vertiefung: *Rengier I*, § 2 Rn. 44 f., 47, 49 u. 58 f.; *Hellmann*, JuS 2001, 353 ff. (zur Entwendung von Pfandleergut); *Thoss*, JuS 1996, 816 ff.

Ja, allerdings nicht hinsichtlich des Pakets, sondern hinsichtlich der Quittung:

a) Zwar nahm er das im Eigentum der Firma M. stehende **Paket** weg. Er wollte es aber alsbald und ohne Wertminderung gerade an diejenige Person überbringen, an die es nach dem Willen des Kaufhauses übereignet werden sollte. Daher kann bei T hinsichtlich des Pakets bereits der **Vorsatz dauernder Enteignung verneint** werden. Selbst wenn man aber eine dauernde Enteignung bejahen sollte, fehlt es zumindest an der **Rechtswidrigkeit** der beabsichtigen Zueignung, da O durch Zahlung an den Überbringer der Quittung von ihrer Kaufpreisschuld gegenüber M frei wurde (§ 370 BGB) und einen fälligen und einredefreien Speziesanspruch auf Übertragung des Pakets erwarb (vgl. unten Fälle 30 und 32).

b) Die **Quittung** ist zwar letztlich – ebenso wie das Paket – an die bestimmungsgemäße Person ausgehändigt worden, so dass es nach einer reinen „Substanzbetrachtung“ auch insoweit am Vorsatz dauernder Enteignung fehlen würde. Jedoch ist anerkannt, dass eine dauernde Enteignung nicht nur vorliegen kann, wenn dem Eigentümer die Substanz der Sache entzogen wird, sondern auch dann, wenn der Täter den in der Sache **verkörperten Sachwert dem Eigentümer entzieht** und eine in ihrem Wert verminderte Sache an den Eigentümer zurückgibt. Es kann keinen Unterschied machen, ob der Dieb etwa entwendete Batterien überhaupt nicht, oder im vollständig entladenen Zustand zurückbringt. Eine solche aus Substanztheorie und Sachwerttheorie gebildete **Vereinigungslehre** wird heute von der **h. M.** vertreten. Vor diesem Hintergrund ist zu fragen, ob T trotz Übergabe an die O dem Eigentümer M einen in der Quittung verkörperten Sachwert entzogen hat. Gem. § 370 BGB legitimierte dic Quittung den T zur Entgegennahme einer Leistung. Nach Auszahlung des Kaufpreises hatte die Quittung diese Legitimationsfunktion nicht mehr, da die schuldbefreiende Wirkung bereits eingetreten war und damit keine Leistung mehr geschuldete wurde, für deren Empfangnahme die Quittung einen Rechtsschein setzen konnte. Diesen durch die Quittung verkörperten Legitimationswert hat T entzogen, um an den Kaufpreis zu gelangen.

Ergänzende Bemerkungen:
(1) Die Ansicht des *BayObLG*, es liege Zueignungsabsicht hinsichtlich des Pakets vor, weil es nicht auf den Verbleib des bestimmungsgemäß übersandten Pakets, sondern auf den Verbleib der Gegenleistung ankomme und sich der Täter gerade diese Gegenleistung des Pakets wirtschaftlich in sein Vermögen einverleiben wollte, entspricht der heute überholten weiten Sachwerttheorie und ist daher abzulehnen.
(2) Hinsichtlich der Quittung ähnelt der Fall der unbefugten Benutzung eines **Gepäckscheins, einer Garderobenmarke oder eines Sparbuchs** (§ 808 BGB), wo jeweils Diebstahl angenommen wird. Im Fall des Sparbuchs wird dieses Prinzip besonders deutlich, wenn nach unbefugtem Abheben des gesamten Guthabens lediglich eine „papierne Hülse“ an den Eigentümer zurückgelangt.
(3) Eine Strafbarkeit des T wegen Betruges (§ 263) scheidet dagegen aus: O hat durch die

Zahlung keinen Vermögensschaden erlitten, weil sie nach § 370 BGB von ihrer Zahlungspflicht frei wurde und selbst bei Annahme eines Abhandenkommens des Paketes i.S.d. § 935 II BGB auf Grund des Kaufvertrages ein dauerndes Besitzrecht nach § 986 BGB hätte. Ein Dreiecksbetrug zum Nachteil der Firma M. durch den Untergange der Forderung (§ 370 BGB) dürfte ausscheiden, weil insoweit kein neuer Vermögensschaden gegenüber dem Diebstahl der Quittung eingetreten ist (a.A. vertretbar, dann aber Betrug als mitbestrafte Nachtat subsidiär).

23. T wollte für die Zeit seines Studiums ein wenig Sport treiben. Er entwendete den Badmintonschläger des Studenten O, spielte damit jede Woche in einem Universitätsverein und gab ihn nach Beendigung des Studiums in tadellosem Zustand an den überraschten O zurück, was er von Anfang an vorhatte. Strafbarkeit des T wegen Diebstahls?

Zur Vertiefung: *Rengier I*, § 2 Rn. 61 u. 63.

Die Frage nach der notwendigen Zeitdauer der in Aussicht genommenen Enteignung ist nach wie vor nicht abschließend geklärt. Unproblematisch sind allein die Fälle, in denen die Sache nie bzw. erst nach ganz erheblicher Zeit zurückkehren soll oder der Rückgabezeitpunkt völlig ungewiss ist. In diesen Fällen liegt Diebstahl nahe. Ansonsten sind die Grenzen fließend, und präzise Vorgaben lassen sich schwer machen. Auf dieses Problem kommt es aber auch nur an, sofern die Sache **ohne Minderung** ihres Wertes zurückgegeben werden soll. Im vorliegenden Fall ist auf Grund der langen Zeitspanne und des Zwecks (Badmintonspiel während des gesamten Studiums) Vorsatz hinsichtlich der dauernden Enteignung des Schlägers und folglich eine Strafbarkeit des T wegen Diebstahls anzunehmen, da die Entziehung über die übliche Gebrauchsdauer des betroffenen Gegenstandes hinausging bzw. diese zumindest weitgehend ausschöpfte.

24. Philosophiestudent T entnahm aus einem Verkaufsstand eines Warenhauses einen neuen Rowohlt-Kriminalroman, den er in

Nichts, denn T ist wegen **Diebstahls zu bestrafen**. Er nahm eine fremde bewegliche Sache weg und eignete sich diese auch zu. Insbesondere ist Vorsatz hinsichtlich dauernder Enteignung zu bejahen. Zwar

die Tasche steckte. Er wurde beobachtet und beim Verlassen des Warenhauses gestellt. Dabei ließ er sich unwiderlegt dahingehend ein, er habe das Buch nur durchlesen und es dann zurückbringen wollen. Von einem Studenten der Rechte habe er erfahren, dass ein Gebrauchsdiebstahl nicht strafbar sei. Diese, den meisten Menschen unbekannte Tatsache habe er ausnutzen wollen. Man könne ihm wohl einen Vorwurf moralischer Art machen, ein Dieb sei er jedoch nicht, denn er habe nicht mit Zueignungsabsicht gehandelt. Was ist davon zu halten?
(*OLG Celle* JR 1967, 38)

Zur Vertiefung: *Rengier I*, § 2 Rn. 61.

hatte T von Anfang vor, das Buch zurückzubringen. Dies sollte allerdings erst nach **erheblicher Wertminderung** des Buches geschehen, da gelesene Bücher nicht mehr als Neu-Bücher zu verkaufen seien, sondern allenfalls zu einem deutlich geringeren Preis im Antiquariat zu verwerten wären.

25. Nachdem sein Plan in Fall 24 nicht aufgegangen war, begab sich T erneut zu der Buchhandlung des O. Diesmal ging er aber anders vor: Er entnahm aus einem Regal ein neues Buch und ging damit unauffällig in die der Buchhandlung angeschlossene Antiquariatsabteilung, wo er das Buch als sein eigenes, „fast neuwertiges" verkaufte. Strafbarkeit des T?

Zur Vertiefung: *Rengier I*, § 2 Rn. 62.

T hat nach **h.M.** erneut einen **Diebstahl** begangen. Zwar sollte das Buch alsbald und auch ohne Wertminderung an den Eigentümer zurückgelangen, was zunächst gegen einen Vorsatz dauernder Enteignung spricht. Allerdings erfolgte die Veräußerung unter **Leugnung des alten Eigentums**. Dadurch glaubte der Eigentümer, er besitze das Buch auf Grund neuen, von T abgeleiteten Eigentumsrechts und gerade nicht auf Grund seines alten Eigentumsrechts. Das mit dem Buch verbundene „alte" Eigentum des O hat T aber durch die Vorspiegelung, selbst Eigentümer des Buches zu sein, auf Dauer

„entwertet“, was sich auch daran zeigt, dass O seine eigene Sache nur gegen Entgelt zurückerwarb. T ist daher mit der h.M. aus § 242 zu bestrafen. Der im Verkauf liegende Betrug tritt als mitbestrafte Nachtat hinter § 242 zurück.

26. T entführte den Hund des O, um anschließend als „ehrlicher Finder“ gegen Rückgabe des Tieres einen Finderlohn von O zu kassieren. Staatsanwalt S meint mit Verweis auf Fall 25, konsequenterweise müsse hier auch ein Diebstahl angenommen werden. Zu Recht?

Zur Vertiefung: *Rengier I*, § 2 Rn. 51, 55, 57.

Nein, da es T hier am Vorsatz dauernder Enteignung fehlte. Im Unterschied zu Fall 25 sollte der Hund nicht nur alsbald, sondern zudem unter **Anerkennung des alten Eigentums** dem Eigentümer zurückgebracht werden. Auch unter Sachwertgesichtspunkten lässt sich eine dauernde Enteignung im Ergebnis nicht bejahen: Sachwert ist nach der ganz herrschenden engen Sachwerttheorie der in der Sache **unmittelbar verkörperte Wert** (*lucrum ex re*). Diesen hat T aber nicht entzogen, da der Hund in unvermindertem Wert zurückgegeben werden sollte. Der an den Besitz des Hundes geknüpfte Finderlohn stellt keinen **in der Sache selbst** verkörperten spezifischen Sachwert dar.

Ergänzende Bemerkung:
Demgegenüber lässt es die kaum noch vertretene weite Sachwerttheorie genügen, wenn der Täter durch ein Geschäft mit der Sache mittelbar einen Gewinn zieht und sich dadurch auf Kosten des Eigentümers bereichert (*lucrum ex negotio cum re*). Dies wäre hier der Fall, da T den Hund dazu benutzte, den Finderlohn von O zu erhalten. Die weite Sachwerttheorie ist jedoch abzulehnen, da sie den dem Eigentümer zugefügten Vermögensschaden berücksichtigen will und somit im Ergebnis aus den Eigentumsdelikten zugleich Delikte gegen das Vermögen als ganzes macht.

27. Abiturient T sollte nach bestandenem Abitur seine ausgeliehenen Schulbücher

Ähnlich wie im Fall 26 **fehlt** es auch hier am **Vorsatz dauernder Enteignung**. Zwar vereitelte T, dass O durch Rückgabe des

an die Schule zurückgeben. Erschrocken stellte er jedoch fest, dass ihm im Laufe der Oberstufe ein Geschichtsbuch abhanden gekommen war. Er nahm daraufhin während der Mittagspause vor dem Abgabetermin das Geschichtsbuch des O aus der Tasche, gab es in der Schulbibliothek ab und entging so einem Regressanspruch. Strafbarkeit wegen Diebstahls? (Vgl. *BGHSt* 19, 387)

Zur Vertiefung: *Rengier I*, § 2 Rn. 56.

Geschichtsbuchs von der gegenüber der Schule bestehenden Rückgabepflicht befreit wird und bewirkte damit letztlich eine Regresspflicht des O. Dies ist aber nach der engen Sachwerttheorie kein in dem Buch verkörperter unmittelbarer Wert, den T zum (für § 242 alleine relevanten) Nachteil der Schule entzogen hat. Deren Rechtsstellung als Eigentümer des Buches sollte nicht beeinträchtigt werden, sondern im Gegenteil das Buch in unversehrtem Zustand unter Anerkennung des fremden Eigentums an die Schule zurückkehren. T hat daher keinen Diebstahl begangen.

28. T und O waren gut befreundet. Als sich O aber dem X zuwandte, reagierte T eifersüchtig. Um einen Streit zwischen O und X auszulösen, entwendete T eine Kette, die X der O geschenkt hatte und verwahrte sie in seiner Wohnung. Falls die O zu ihm zurückkehren sollte, wollte er sie ihr zurückgeben. Darüber hinaus machte er sich keine Gedanken und vergaß dann in der Folgezeit die in einer Schachtel aufbewahrte Kette bald. Hat sich T strafbar gemacht?
(Vgl. *OLG Köln* NJW 1997, 2611; *OLG Frankfurt* StV 1984, 248)

Zur Vertiefung: *Rengier I*, § 2 Rn. 65.

Nein. Die Tat des T ist nicht als Diebstahl, sondern lediglich als straflose Sachentziehung einzuordnen. T nahm zwar eine fremde bewegliche Sache mit dem bedingten Vorsatz dauernder Enteignung weg, er wollte diese aber weder sich noch einem Dritten **aneignen**. Die Absicht (dolus directus I. Grades) einer Aneignung liegt vor, wenn der Täter, sei es auch nur vorübergehend, die Sache in irgendeiner Weise **wirtschaftlich sinnvoll nutzen** und damit dem eigenen Güterbestand (bzw. dem eines Dritten) einverleiben will. An der Aneignung fehlt es daher, wenn der Täter die Sache wegnimmt, um sie sogleich zu zerstören bzw. durch einen Dritten zerstören zu lassen (dann liegt u. U. Sachbeschädigung, Verwahrungsbruch, § 133, oder Urkundenunterdrückung, § 274 I Nr. 1, vor). Auch wenn die Wegnahme lediglich dazu dient, den Eigentümer zu ärgern, ist dieses Ziel bereits mit der Sachentziehung erreicht, so dass eine

Einverleibung in das Tätervermögen dann weder notwendig noch beabsichtigt war. So liegt es im Fall. T hat sich daher nicht strafbar gemacht.

29. In einem Dorf liefen die Gänse des O über die Strasse. Bauer B wollte diese gerne für sich behalten. Da er mit einem gebrochenen Bein im Lehnstuhl saß, sprach er seinen Freund T an, der gerade zu Besuch war, die Gänse des O doch bitte in B's Stall zu treiben. T kam dem nach, da er noch eine alte Rechnung mit O offen hatte und eine Möglichkeit erblickte, ihn zu schädigen. Was mit den Gänsen geschehen würde, war ihm im Übrigen egal. Strafbarkeit der Beteiligten nach § 242?
(Vgl. *RGSt* 48, 58 – „Gänsebuchtenfall")

Zur Vertiefung: *Rengier I*, § 2 Rn. 77, 82f., Jura 2003, 855 ff.

a) T hat jedenfalls **keinen Diebstahl** begangen. Zwar befanden sich die Gänse als für T fremde Sachen nach der Verkehrsanschauung auf der Strasse nach wie vor im Gewahrsam des O, und T nahm sie weg, indem er durch das Treiben in den Stall fremden Gewahrsam bei B begründete. Jedoch fehlte es am Vorsatz wenigstens vorübergehender Aneignung. **Sich selbst** wollte T die Gänse nicht aneignen, da er in keiner Weise einen eigenen wirtschaftlichen Vorteil erstrebte. Aber auch für die durch das 6. StrRG geschaffene altruistische Alternative, die Sache **einem Dritten** anzueignen, ist kein Raum, da es T nicht im Sinne eines *dolus directus* I. Grades gerade auf die Drittaneignung ankam, sondern er diese nur in Kauf nahm, um den O zu schädigen.
b) B dagegen handelte zwar selbst mit Zueignungsabsicht handelte, allerdings fehlte ihm die für eine Bestrafung aus § 242 notwendige Tatherrschaft (über die Wegnahme), sofern man nicht die Konstruktion des absichtslos-dolosen Werkzeugs für eine mittelbare Täterschaft des B genügen lässt.

Ergänzende Bemerkung:
Jedenfalls aber könnte B wegen Unterschlagung (§ 246) bestraft werden, zu der T Hilfe geleistet hat (§ 27). Konstruktiv vertretbar erschiene zwar – da dafür nach h.M. *dolus eventualis* hinsichtlich der Zueignung genügt – auch die Annahme einer täterschaftlichen Drittzueignung (§ 246) des T zu Gunsten des B; allerdings spricht bei einem „Ne-

beneinander" von Selbst- und Drittzueignungsabsicht einiges dafür, i.S. eines „normativen Gefälles" den Beteiligten mit bloßer Drittzueignungsabsicht nur als Teilnehmer zu bestrafen.

30. T hatte beim Händler O eine seltene Pflanze gekauft und auch bereits bezahlt. Es wurde vereinbart, dass sich T die Pflanze am kommenden Tag abholen sollte. Als T am nächsten Tag erschien, machte O Ausflüchte und weigerte sich, dem T die Pflanze zu übergeben. Daraufhin kehrte T am Abend zurück und steckte die im Hinterhof des Geschäfts verwahrte Pflanze eigenmächtig in eine mitgebrachte Tüte. Als er gerade ins Auto einsteigen wollte, wurde er von O gestellt und zur Verhinderung der Flucht sogleich in den „Schwitzkasten" genommen. T konnte sich aber durch einen schnellen Faustschlag ins Gesicht des O ins Auto retten und fuhr davon. Strafbarkeit des T?

Zur Vertiefung: *Rengier I*, § 2 Rn. 86f.

a) Eine Strafbarkeit **wegen Raubes scheidet aus**, da die Wegnahme durch Einstecken der Pflanze in die Tüte bereits vollendet war, als T dem O ins Gesicht schlug. Zu prüfen bleibt daher **räuberischer Diebstahl** (§ 252). Voraussetzung hierfür ist aber zunächst, dass T einen Diebstahl begangen hat. Unproblematisch nahm T eine fremde – zur Übereignung war es noch nicht gekommen – bewegliche Sache in Zueignungsabsicht weg, als er die Pflanze in seine Tüte steckte. Allerdings ist zu berücksichtigen, dass T auf Grund des Kaufvertrages, der sofortigen Bezahlung und der Abholvereinbarung einen **fälligen und auch sonst einredefreien Anspruch auf Übereignung** gerade dieser Pflanze erworben hatte. Das von ihm verfolgte Ziel widersprach damit im Endergebnis nicht der materiellen Eigentumsordnung. Da das Strafrecht nicht die Aufgabe hat, die Besonderheiten des deutschen Trennungs- und Abstraktionsprinzips strafrechtlich zu perpetuieren, ist in einem solchen Fall die **Rechtswidrigkeit der beabsichtigten Zueignung** zu verneinen. Daher hat T keinen Diebstahl und infolgedessen auch keinen räuberischen Diebstahl begangen.

b) T hat sich aber wegen **Körperverletzung in Tateinheit mit Nötigung** (§§ 223, 240, 52) strafbar gemacht. Zu bedenken ist nämlich, dass T gem. § 858 BGB in verbotener Eigenmacht handelte, als er die Pflanze mitnahm, da der Sachverhalt keine Anhaltpunkte für ein Notrecht nach § 34 oder § 229 BGB enthält und demzufolge die **Wegnahme** als friedensstörendes Ereignis nach wie vor **rechtswidrig** war. Insbesondere lässt die fehlende Rechtswidrigkeit der Zueignung nicht automatisch auch die Wegnahme als rechtmäßig (i. S.d. allgemeinen Verbrechensmerkmals) erscheinen. O durfte sich folglich in Notwehr verteidigen (§ 32), so dass der Faustschlag des T seinerseits rechtswidrig war und er zwar kein Eigentumsdelikt, wohl aber eine Körperverletzung und eine Nötigung begangen hat.

Ergänzende Bemerkungen:
(1) Sofern die Zueignung von einem Notrecht (§ 34, § 904 BGB) gedeckt ist, entfällt die Rechtswidrigkeit der Zueignung und die der Wegnahme.
(2) Eine in Betracht kommende räuberische Erpressung (Sicherungserpressung) scheitert jedenfalls daran, dass T einen schuldrechtlichen Anspruch auf Übereignung der Pflanze hatte und somit bei O kein Vermögensschaden entstand.

31. O schuldete dem Gastwirt T 20 € Zeche. Eines Tages traf T den O auf der Strasse an und forderte ihn zur Bezahlung seiner Zechschulden auf. Da O sich zum Weitergehen wandte, verwickelte T den O in ein Gespräch und zog ihm dabei heimlich einen 20 €-Schein aus der Hemdentasche. Strafbarkeit des T?
(Vgl. *BGHSt* 17, 87; vgl. auch *BGH* StV 2000, 78)

Zur Vertiefung: *Rengier I,* § 2 Rn. 88–91.

Bei der Frage, ob T einen Diebstahl begangen hat, ist erneut zu bedenken, dass T einen fälligen und auch sonst einredefreien Anspruch auf die Begleichung der Zechschuld hatte. Bei **Gattungsschulden**, zu denen auch die Geldschuld gehört, richtet sich jedoch der Anspruch des Gläubigers vor erfolgter Konkretisierung (§ 243 II BGB) gem. § 243 I BGB nur auf die Leistung von Sachen mittlerer Art und Güte. Einen Anspruch auf eine bestimmte Sache hat der Gläubiger demnach nicht. Befriedigt er sich dennoch eigenmächtig aus der Gattung, ist neben der Wegnahme auch die beabsichtigte Zueignung rechtswidrig. Fraglich ist, ob dies auch für die **allgemeine Geldschuld** gilt. Denn hier ist das gem. § 243 I BGB dem Schuldner zustehende Auswahlrecht praktisch bedeutungslos. Nach der von Teilen der Literatur vertretenen **Wertsummentheorie** soll nach der Verkehrsanschauung bei Münzen und Banknoten nicht die Sache als solche, sondern die **verkörperte Wertsumme** maßgeblich sein, so dass es bei einem fälligen und einredefreien Anspruch des Täters an der objektiven Rechtswidrigkeit der Zueignung fehlt. Die Rechtsprechung behandelt demgegenüber Geldschulden als Gattungsschulden und bejaht bei eigenmächtiger Zueignung von Münzen oder Banknoten die objektive Rechtswidrigkeit der Zueignung. Sie baut den Tätern aber im **subjektiven Bereich** eine Brücke und stellt die Vorstellung des Täters, als Gläubiger einer Geldforderung die gerade im Besitz des Schuldners befindlichen Geldmittel beanspruchen zu dürfen, dem Irrtum desjenigen gleich, der zwar einen Anspruch auf die Übereignung einer bestimmten Sache hat, sich aber bei der Wegnahme über deren Identität irrt. Damit gelangt die Rechtsprechung nicht zu einem Verbotsirrtum, sondern zum vorsatzausschließenden Tatbestandsirrtum (§ 16 I 1).

32. T hatte seinem Bekannten O zum Geburtstag einen wertvollen Gartenzwerg geschenkt. Einige Tage später kam es jedoch zum Streit, in dessen Verlauf O den T schwer beleidigte und mit Fausthieben und Tritten von seinem Grundstück jagte. T war darüber derart erzürnt,

Nein. T nahm zwar dem O eine fremde bewegliche Sache weg, da der wegen einer schweren Verfehlung des O auf § 530 I BGB gestützte Widerruf die Wirksamkeit des dinglichen Übereignungsgeschäfts nicht berührt. Allerdings begründete der Widerruf einen Herausgabeanspruch gem. §§ 812 ff. BGB des Schenkers gegen den Beschenkten. Dieser Anspruch entsteht aber erst mit **Zugang der Widerrufs-**

dass er sich am nächsten Tag zu O begab, um den geschenkten Gartenzwerg zurückzufordern (vgl. § 530 I BGB). Als er O aber nicht antraf, nahm er kurzerhand den im Garten stehenden Gartenzwerg mit. Am Abend rief T den O an und teilte ihm den Widerruf seines Geschenks mit. Hat sich T wegen Diebstahls am Gartenzwerg strafbar gemacht?

Zur Vertiefung: *Mitsch II/1*, § 1 Rn. 160.

erklärung beim Beschenkten, welcher hier erst durch das Telefonat am Abend erfolgte. Damit war T jedoch zum Zeitpunkt der Wegnahme noch nicht Inhaber des Rückgabeanspruchs, so dass zunächst Rechtswidrigkeit der Zueignung vorzuliegen scheint. Allerdings ist zu berücksichtigen, dass T auf Grund des Vorliegens der Voraussetzungen des § 530 I BGB auch schon zum Zeitpunkt der Wegnahme die Rechtsmacht besaß, durch einseitigen rechtlichen Gestaltungsakt (Widerruf) **die Entstehung des Rückgabeanspruchs jederzeit herbeizuführen.** Da er dies bei der Wegnahme auch beabsichtigte, war die Zueignungsabsicht des T letztlich auf einen rechtskonformen Zustand gerichtet, nämlich die Zusammenführung von Sachherrschaft und Eigentum am Gartenzwerg. Damit dürfte die Rechtswidrigkeit der beabsichtigten Zueignung entfallen (a.A. vertretbar). T hat sich nicht wegen Diebstahls strafbar gemacht (es bleibt aber u. U. eine Strafbarkeit nach § 123).

II. Besonders schwere Fälle des Diebstahls (§ 243)

33. Worin liegt die Bedeutung der in § 243 normierten „besonders schweren Fälle des Diebstahls"?

Zur Vertiefung: *Rengier I*, § 3 Rn. 1 f.; *Gropp*, JuS 1999, 1041 ff.; *Kudlich*, JuS 1999, L 89 ff.; *Zieschang*, Jura 1999, 561 ff.

§ 243 enthält (im Unterschied zu §§ 244, 244a) keinen Qualifikationstatbestand zu § 242, sondern bloße **Strafzumessungsregeln** für den Tatbestand des § 242. Die Regelbeispiele des § 243 ähneln zwar Tatbestandsmerkmalen; ihnen **fehlt** aber eine **zwingende und vollständige** (vgl. § 243 S.2: „in der Regel") Regelung, die für Tatbestände ansonsten unerlässlich ist. Es tritt also bei Vorliegen eines Regelbeispiels zwar die sog. **Regelwirkung** ein, so dass ohne nähere Begründung ein besonders schwerer Fall des Diebstahls angenommen werden darf. Der Richter kann jedoch nach Gesamtwürdigung von Tat und Täter die Regelwirkung zu Gunsten des Täters **widerlegen** und nur aus § 242 bestrafen. Umgekehrt ist es dem Richter trotz Nichtvorliegens eines Regelbeispiels möglich, einen (unbenannten) besonders schweren Fall des Diebstahls nach § 243 anzunehmen, wenn sonstige – in § 243 nicht erfasste – Erschwerungsgründe hinzukommen, die dem Leitbild der Regelbeispiele entsprechen und den Unrechts- und Schuldgehalt der Tat so sehr steigern, dass die Anwendung des normalen Strafrahmens unangemessen wäre.

34. T wollte Gartenmöbel stehlen. Er hatte ausgekundschaftet, dass diese im Außenverkaufsbereich eines Baumarktes gelagert waren. T begab sich zum Baumarkt, hob ohne große Anstrengung einen den Lagerplatz abgrenzenden beweglichen Zaun hoch und drückte ihn zur Seite. Auf das Gelände gelangt, entwendete T eine Reihe hochwertiger Gartenmöbel. Referendar R wird zur Frage, ob ein Fall des § 243 I 2 Nr. 1 vorliegt, von seiner Ausbilderin vor allem auf folgende Aspekte hingewiesen:
a) Erfüllt der umzäunte Lagerplatz das Merkmal des „umschlossenen Raums"?

a) **Ja**. „Umschlossener Raum" ist der Oberbegriff zu „Gebäude" und „Dienst- oder Geschäftsraum". Unter ihm ist jedes **Raumgebilde** zu verstehen, das grundsätzlich **zum Betreten durch Menschen** bestimmt ist und nach dem Willen des Berechtigten mit Vorrichtungen versehen ist, die dem unbefugten Betreten ein tatsächliches und physisch nicht unerhebliches Hindernis entgegensetzen. Ein umzäunter Lagerplatz fällt darunter, da er offensichtlich Unbefugte fernhalten soll und zudem ein tatsächliches Hindernis bereitet.
b) **Nein**. „Einbrechen" ist das **gewaltsame Beseitigen** eines dem Eindringen entgegenstehenden **Hindernisses** (z.B. Schließvorrichtung) unter Aufwendung nicht unerheblicher körperlicher Kraft. Der *BGH* lehnte daher im zu Grunde liegenden Fall mangels erforderlicher Kraftentfaltung ein „Einbrechen" ab, da diese „hinsichtlich des Aufwandes dem Öffnen

b) War T „eingebrochen"?
c) War T „eingestiegen"?
Was wird R antworten?
(Vgl. *BGH* NStZ 2000, 143)

Zur Vertiefung: *Rengier I*, § 3 Rn. 4–8.

eines Gatters gleichkommen" könne (a.a.O.).

c) Das ist **zweifelhaft**, aber wohl zu verneinen. „Einsteigen" ist das Hineingelangen in einen Raum durch eine zum ordnungsgemäßen Eintritt nicht bestimmte Öffnung unter Überwindung von Hindernissen, die den Zugang nicht unerheblich erschweren. Zwar wurde ein Zaun überwunden und damit der Zugang auf einem „außergewöhnlichen" Weg gewählt. Es ist jedoch fraglich, ob der Zaun tatsächlich ein Hindernis bildete, das es Unbefugten nicht unerheblich erschwerte, auf den Lagerplatz zu gelangen. Letztlich ist das von der Schwere des Zauns und dem erforderlichen Kraftaufwand beim Hochheben abhängig, wobei die vorliegende Sachverhaltsschilderung eher dagegen spricht.

35. T brach mit einem Stemmeisen einen fremden Pkw auf, schloss ihn kurz und fuhr damit weg, um ihn anschließend an einen Hehler weiter zu verkaufen. Wie ist T zu bestrafen?

Zur Vertiefung: *Rengier I*, § 3 Rn. 6.

Aus **§§ 242, 243 I**. T war zur Ausführung des Diebstahls am Pkw in einen verschlossenen Raum, den Insassenraum des Pkw, eingebrochen. Dabei spielt es heute für die Anwendung des § 243 I 2 Nr. 1 keine Rolle mehr, ob der Täter nur den Inhalt des Pkw oder diesen selbst stiehlt. Daneben ist vorstellbar, dass der Wagen i.S.d. § 243 I Nr. 2 durch eine Schutzvorrichtung gesichert ist.

36. T hatte bei O ein Büro gemietet. Nach Kündigung des Mietvertrages packte er seine Sachen und räumte das Büro, das von O in der Folgezeit anderweitig verwendet wurde. Einige Monate später entwendete T in Abwesenheit des O aus dem verschlos-

Ja, und zwar des Eindringens mit einem **falschen Schlüssel**. Falsch ist jeder Schlüssel, der zur Tatzeit vom Berechtigten nicht, noch nicht oder nicht mehr zur Schlossöffnung bestimmt ist. Es kommt hierfür auf den äußeren Anschein des **Widmungs- bzw. Entwidmungswillen** des Berechtigten an. Während der Mietzeit war der dem T überlassene Schlüssel

senen Büro einen Computer. Er öffnete dieses mittels eines Schlüssels, den er bei Beendigung des Mietverhältnisses nicht zurückgegeben hatte und von dessen Existenz O nichts mehr wusste. Liegt ein Fall des § 243 I 2 Nr. 1 vor? (Vgl. *BGHSt* 13, 15)

Zur Vertiefung: *Rengier I*, § 3 Rn. 8.

zur ordnungsgemäßen Öffnung bestimmt. Diese Bestimmung war aber für die Zeit der Miete befristet und endete mit deren Ablauf. Nach Ansicht des *BGH* (a.a.O.) bringt „der Vermieter, der den Mieter aus dem Mietverhältnis entlässt und die Räume wieder selbst übernimmt, (...) dadurch zum Ausdruck, dass Schlüssel, die etwa ohne sein Wissen noch im Besitz des Mieters verblieben sein sollten“, nicht mehr zur ordnungsgemäßen Öffnung der Räume bestimmt sind.

37. T hatte vor, beim Kinobesuch ein paar Filmposter „mitgehen zu lassen“. Er blieb daher nach Ende des Films solange auf seinem Platz sitzen, bis alle Zuschauer und auch das Personal, das ihn im Kinosaal übersehen hatte, gegangen waren. Danach nahm er in aller Ruhe die Poster von den Wänden und verließ das Kino durch einen Hinterausgang. Staatsanwalt S zögert, auf eine Bestrafung nach §§ 242, 243 zu plädieren. Zu Recht?

Zur Vertiefung: *Rengier I*, § 3 Rn. 10.

Ja. Zu überlegen wäre allein, ob sich T zur Ausführung des Diebstahls im Kino „**verborgen hielt**“. Zwar war sein Aufenthalt zum Tatzeitpunkt nach Schließung des Kinos unberechtigt (ob er davor berechtigt war, spielt keine Rolle). T müsste seine Anwesenheit aber nach dem Wortlaut des Gesetzes („verborgen“) dem Personal gegenüber **gezielt** (etwa durch Verstecken in den Toilettenräumen o.ä.) verheimlicht haben. Da er aber einfach sitzen blieb und nur übersehen wurde, lässt sich schwerlich sagen, er habe sich „verborgen“. T ist daher tatsächlich nur nach § 242 zu bestrafen.

38. T brach nachts in die Scheune des Bauern O ein.
a) Er wollte lediglich darin übernachten, entdeckte am Morgen aber eine wertvolle Uhr und nahm sie mit.
b) Er wollte etwas „Brauchbares“ stehlen, am besten

a) Nein. T muss „**zur Ausführung** der Tat“ in ein Gebäude eingebrochen, eingestiegen usw. sein. Fehlt dem Täter zum **Zeitpunkt seines Einbruchs**, seines Einsteigens usw. der subjektive Tatbestand (Diebstahlsvorsatz und / oder Zueignungsabsicht), entfällt § 243 I S.2 Nr. 1. Da T nur übernachten wollte, hatte er

Werkzeuge und sonstiges Gerät. Er fand zu seiner Überraschung aber nur eine wertvolle Uhr vor und nahm diese stattdessen mit.
Liegt jeweils ein Fall des § 243 I 2 Nr. 1 vor?
(Vgl. *BGHSt* 22, 350)

Zur Vertiefung: *Rengier I,* § 3 Rn. 11.

zum Zeitpunkt des Einbruchs keinen Diebstahlsvorsatz. Dass er ihn nachträglich fasste, ist unerheblich. T ist daher nur nach § 242 (und § 123) zu bestrafen.
b) Ja, denn bei einem **Vorsatzwechsel** wird ganz überwiegend, dass es für die Anwendung des § 243 I 2 Nr. 1 ausreicht, wenn zum Zeitpunkt des Einbruchs zumindest ein **„genereller Stehlwille"** vorhanden war. Da T allgemein etwas „Brauchbares" stehlen wollte, war diese Voraussetzung auch bezüglich der Uhr erfüllt. T ist daher nach §§ 242, 243 zu bestrafen. Anders ist es nur, wenn der Täter nach dem Einbruch vom Diebstahl einer Sache endgültig Abstand nimmt und erst später, auf Grund eines neu gefassten Tatentschlusses eine andere Sache entwendet (vgl. dazu Fall 48).

Ergänzende Bemerkung:
Sofern die in Aussicht genommene und die letztlich entwendete Sache „auf unterschiedlichen Seiten der Geringwertigkeitsgrenze" des § 243 II liegen, treten besondere Probleme hinzu (vgl. u. Fall 47).

39. T betrat das Geschäft des O. Als er merkte, dass O gerade im Lager war, nutzte T die Gunst der Stunde. Er öffnete die Registrierkasse mit dem im Schloss steckenden Sicherheitsschlüssel, entnahm 1000 € und verschwand. Liegt ein Fall des § 243 I 2 Nr. 2 vor?
(Vgl. *BGH* NJW 1974, 567 und *OLG Frankfurt* NJW 1988, 3028)

Zur Vertiefung: *Rengier I,* § 3 Rn. 13 u. 16a.

Nein. Zwar war die Registrierkasse unzweifelhaft ein **Behältnis**, da sie ein zur Aufnahme von Sachen dienendes Raumgebilde darstellte. Das Behältnis war aber **nicht verschlossen**, da der Schlüssel steckte und es somit gegen einen ordnungswidrigen Zugriff von außen nicht besonders gesichert war. Anders wäre der Fall nach Ansicht des OLG Frankfurt etwa zu beurteilen, wenn der Schlüssel nicht gesteckt hätte und T nur durch Betätigung eines versteckt angebrachten Notöffnungshebels die Kasse geöffnet hätte. In diesem Fall wäre die Kasse verschlossen bzw. gegen Wegnahme besonders gesichert gewesen, da der Notöffnungshebel nicht für die ordnungsgemäße Kassenöffnung vorgesehen war.

40. Bei einem Empfang entwendete T das verschlossene Schmuckkästchen der wohlhabenden O. Zu Hause wollte T es dann aufbrechen, um an die darin befindlichen Wertsachen zu gelangen. Referendar R ist sich mit seinem Ausbilder nicht darüber einig, ob ein Fall des § 243 I 2 Nr. 2 vorliegt. Was ist dazu zu sagen?
(Vgl. *BGHSt* 24, 248)

Zur Vertiefung: *Rengier I,* § 3 Rn. 17.

Diese Konstellation wird in der Tat kontrovers beurteilt. Der *BGH* bejahte in einem vergleichbaren Fall die Anwendung des § 243 mit dem Argument, die in dem Behältnis **befindlichen Sachen**, auf die es dem Täter ankam, seien durch dieses jedenfalls auch **gegen Wegnahme gesichert**. Dass das Behältnis als solches bis zur Tatvollendung keine den Gewahrsam des Berechtigten schützende Funktion mehr erfüllt, sei von untergeordneter Bedeutung. Dieser Begründung treten Teile der Literatur entgegen: Da durch das Entwenden des **mühelos zu transportierenden Behältnisses** in aller Regel zugleich der Gewahrsam an dessen Inhalt auf den Täter übergehe, **erschwere** das Behältnis nur den unmittelbaren Zugriff auf den Inhalt, **nicht** aber bereits dessen **Wegnahme**.

41. T entfernte in Diebstahlsabsicht im Kaufhaus des O das Sicherheitsetikett an einer Lederjacke im Wert von 600 €. Sodann zog er die Lederjacke unter seine eigene Kleidung und verließ das Kaufhaus ohne zu bezahlen. Das AG verurteilt T wegen Diebstahls in besonders schwerem Fall. Zu Recht?
(Vgl. *OLG Düsseldorf* NJW 1998, 1002)

Zur Vertiefung: *Rengier I,* § 3 Rn. 18.

Nein. Sicherheitsetiketten an Waren in Warenhäusern, die bei Verlassen des Warenhauses oder einer Abteilung akustischen oder optischen Alarm auslösen, sind keine Schutzvorrichtungen i.S. d. § 243 I 2 Nr. 2. Sie sind **nicht** dazu geeignet und bestimmt, den **Gewahrsamsbruch** (der in der Regel mit dem Verbergen des Diebesguts am Körper oder in einem Behältnis des Täters innerhalb des Warenhauses und nicht erst mit dessen Verlassen vollendet ist) zu **verhindern**. Sie dienen vielmehr der **Wiederbeschaffung** des bereits an den Täter verlorenen Gewahrsams. Die von ihnen ausgehende psychologische Wirkung macht sie noch nicht zu Schutzvorrichtungen, da es sich hierbei um **physisch wirkende** Vorrichtungen handeln muss.

Ergänzende Bemerkungen:
(1) Sofern die Sicherheitsetiketten derart wirken, dass ohne ihre Überwindung eine Wegnahme nicht möglich ist (z.B. bei großen, nicht in die Körpersphäre passenden Sachen im 4. Stock eines Kaufhauses, wo in jedem Stock eine elektronische „Sperre" angebracht ist), können diese durchaus eine besondere Wegnahmesicherung darstellen.
(2) Auch wenn § 243 Abs.2 Nr. 2 nicht einschlägig sein sollte, ist wegen der aufgewendeten kriminellen Energie des Täters im Einzelfall zu prüfen, ob nicht ein **unbenannter** besonders schwerer Fall des Diebstahls vorliegt (siehe oben Fall 33).

42. T hatte einen 100 €-Schein mit Tesafilmstreifen versehen. Den so präparierten Schein führte er in einen Geldwechselautomaten ein. Nachdem der Schein die Lichtschranke überschritten und dadurch das Umwechseln in Münzen und ihren Auswurf ausgelöst hatte, zog er ihn an den Tesafilmstreifen wieder heraus. Auf diese Weise erhielt T mehrere tausend Euro vom Automaten „ausbezahlt". Wie hat sich T strafbar gemacht? (*OLG Düsseldorf* NJW 2000, 158)

Zur Vertiefung: *Rengier I*, § 2 Rn. 34; *Kudlich*, JuS 2001, 20 ff.

a) T hat sich jedenfalls nach § 242 wegen **Diebstahls** strafbar gemacht. Dabei ist allerdings **fraglich**, ob **Tatobjekt** jeweils die ausgegebenen Münzen oder aber der (eigentlich eingezogene und dann dem Automaten wieder im wahrsten Sinne des Wortes entzogene) Geldschein ist. Die allgemeinen Grundsätze über den Missbrauch von Warenautomaten sprechen eher dafür, einen Diebstahl an den ausgegebenen Münzen anzunehmen. Voraussetzungen ist dafür aber, dass man hier wegen der nicht ordnungsgemäßen Benutzung weder eine Übereignung noch eine Übergabe der Münzen (bzw. ein wirksames Einverständnis) durch den Betreiber an T annimmt (vgl. oben Fall 18). Bewertet man diese – auch durch das Zivilrecht geprägten – Fragen anders, wäre Tatobjekt dann der an den Automatenbetreiber übereignete Geldschein. Dafür würde sprechen, dass eigentlich nach dem vollständigen Passieren des Einzugsmechanismus der Schein klar der Sphäre des Betreibers zuzuordnen ist. T nimmt auf den Schein nur besonders trickreich und „von langer Hand vorbereitet" von außen unberechtigten Zugriff darauf.

b) Die Antwort auf diese Frage hat auch dafür Konsequenzen, ob ein Fall des § 243 I 2 Nr. 2 vorliegt: Denn die **Ummantelung des Automaten** dient zwar dem Schutz des Geldes. Allerdings bezieht sich diese Sicherung nur auf eine Wegnahme durch Einwirkung von außen (z.B. Aufbrechen). Eine solche ließe sich hinsichtlich des Geldscheines noch vertreten, während die Münzen weggenommen würden, nachdem der Automat sie gerade selbst aus der räumlichen Schutzsphäre ausgeworfen hatte.

Ergänzende Bemerkung:
(1) Auch wenn man auf die Münzen abstellt, bleibt aber die Möglichkeit eines unbenannten besonders schweren Falles zu prüfen.
(2) § 263a (Computerbetrug) scheidet aus, da T nicht in den Datenverarbeitungsvorgang des Automaten eingriff.
(3) Auch ein Erschleichen von Leistungen nach § 265a scheidet nach h.M. aus, da dieser nur Leistungsautomaten, nicht aber, wie hier, Warenautomaten (Wechselgeld als „Ware") unter § 265a fasst.

43. P war betrunken Auto gefahren und hatte einen Verkehrsunfall verursacht. Ein Rettungswagen traf ein, und die Helfer leisteten sofort notärztliche Hilfe. T konnte sich in dieser Situation unbemerkt an den unverschlossenen Rettungswagen heranschleichen und einen Medi-

Nach **§§ 242, 243**. T hatte gestohlen und dabei „einen Unglücksfall ausgenutzt". Es ist unerheblich, ob der Unglücksfall verschuldet oder unverschuldet herbeigeführt wurde. Auch muss nicht das Opfer des Unglücksfalles selbst bestohlen werden. Es ist nicht minder verwerflich, wenn rettungswillige Helfer Opfer des Diebstahls werden, die wegen des Unfalls in ihrer Wachsamkeit zwischenzeitlich abgelenkt sind.

kamentenkoffer entwenden. Wie ist T zu bestrafen?

Zur Vertiefung: *Rengier I,* § 3 Rn. 22.

44. Worin liegt die Bedeutung des § 243 II?

Zur Vertiefung: *Rengier I,* § 3 Rn. 24.

§ 243 II enthält eine **zwingende Ausschlussklausel** mit einer **unwiderleglichen** Gegenindikation gegen die Regelwirkung der Regelbeispiele Nr. 1–6 (nicht Nr. 7). Eine abschließende Gesamtprüfung ist weder erforderlich noch überhaupt zulässig. Grund der Regelung ist die Milderung von Erfolgs- und Handlungsunwert, sofern die gestohlene Sache **objektiv geringwertig** ist und außerdem der **Vorsatz** des Täters auf die Wegnahme einer **geringwertigen Sache** gerichtet war („bezieht"). Aus der erforderlichen Kombination von objektiver Geringwertigkeit und subjektiver Vorstellung des Täters ergeben sich eine Reihe von möglichen Vorsatzproblemen (vgl. unten Fälle f.).

Ergänzende Bemerkung:
Ob § 243 II entgegen seinem Wortlaut auch für unbenannte besonders schwere Fälle gilt, wird nicht einheitlich beurteilt. Dafür spricht allerdings, dass ein besonders schwerer Fall erst Recht ausgeschlossen sein müsste, wenn er nicht auf Grund einer Regelvermutung nahegelegt, sondern nur auf der Grundlage einer mehr oder weniger vagen Gesamtbewertung angenommen wird.

45. Wo liegt die Grenze der Geringwertigkeit und wie wird sie ermittelt?
(Vgl. *OLG Zweibrücken* NStZ 2000, 536; *BayObLG* JR 1980, 299)

Zur Vertiefung: *Rengier I,* § 3 Rn. 25.

Eine Sache ist geringwertig, wenn ihr **objektiv zu beurteilender Verkehrswert** allgemein als unbedeutend angesehen wird (vgl. auch § 248a). Die Schwelle wurde lange Zeit bei etwa 50 DM gesehen, dürfte heute aber eher bei 50 € liegen. Auf Sachen, die keinen Verkehrswert, aber einen hohen funktionellen Wert haben (z.B. Scheckkarte, Personalausweis), findet die Geringwertigkeitsklausel, die die Schwere des Falles nach rein wirtschaftlichen Kriterien beurteilt, keine Anwendung. Bei mehreren gestohlenen Sachen wird der Gesamtwert ermittelt. Jedem Mittäter wird gemäß § 25 II die Wegnahme sämtlicher Sachen zugerechnet.

46. T war des Nachts noch spät im Clubhaus seines Rudervereins. Plötzlich überkam ihn die Diebeslust. Auf der Suche nach etwas Stehlbarem brach er einen verschlossenen Wandschrank auf.
a) T fand im Schrank eine 93er Rolex Daytona in Stahl. Er hielt sie zwar, da er ein solches Stück keinem seiner Ruderkollegen zutraute, für eine billige Imitation. Er fand sie trotzdem schön und nahm sie mit.
b) T fand eine billige Imitation der Uhr. Da er aber wusste, dass der Präsident des Clubs eine Neigung zu teuren und extravaganten Gegenständen hatte, hielt er sie für ein Original und nahm sie mit. Strafbarkeit des T?

Zur Vertiefung: *Mitsch II/1*, § 1 Rn. 220; *Rengier I*, § 3 Rn. 26.

a) T hat durch das Aufbrechen des verschlossenen Wandschranks das Regelbeispiel des **§ 243 I 2 Nr. 2** erfüllt. Da die Uhr objektiv wertvoll war, ist wegen des erhöhten Erfolgsunwertes § 243 II nicht anwendbar. Es spielt dann keine Rolle, ob T die Uhr irrtümlich für geringwertig hielt. Dennoch könnte man erwägen, ob wegen der Minderung des **Handlungsunrechts** und der Schuld auf Grund der Gesamtbewertung ein besonders schwerer Fall nach Abs. I zu verneinen ist (Wiederlegung der Regelwirkung, vgl. oben Fall 33). T wäre dann im Ergebnis nur aus § 242 zu bestrafen. Für die Vertreter einer Ansicht, die im Umkehrschluss aus § 243 II „nicht geringwertig" als negatives Merkmal betrachtet, folgt dieses Ergebnis schon aus einer Anwendung des § 16 II (direkt oder entsprechend).
b) Die Anwendung des **§ 243 II scheitert** trotz objektiver Geringwertigkeit der Uhr am **fehlenden subjektiven Bezug**, da der Vorsatz des T nicht auf die Entwendung einer geringwertigen Sache gerichtet war. Wegen Minderung des **Erfolgsunrechts** kommt aber wie unter a) die Anwendung des § 242 in Betracht.

47. T aus Fall 46 brach in einer späteren Nacht in das Clubhaus eines anderen Vereins ein.
a) Er hatte vor, Geld oder sonstige Wertsachen zu entwenden, fand aber nichts dergleichen und nahm stattdessen eine nahezu wertlose Rudertrophäe mit, die er seinem eigenen Verein zukommen lassen wollte.
b) Er hatte von Anfang an vor, die Rudertrophäe zu stehlen. Er fand diese aber nicht und nahm stattdessen einen höheren Geldbetrag und weitere Wertsachen mit.
Wie ist T zu bestrafen?
(Vgl. *BGHSt* 26, 104)

Zur Vertiefung: *Mitsch II/1*, § 1 Rn. 221; *Rengier I*, § 3 Rn. 27 f.

T ist in beiden Fällen wegen **vollendeten Diebstahls in einem besonders schweren Fall** („Einbrechen“) gemäß §§ 242, 243 zu bestrafen. Die Anwendung des § 243 II scheitert in Fall a), weil sich T's Vorsatz beim Einbrechen nicht auf geringwertige Sachen „bezog“, in Fall b), weil objektiv keine geringwertige Sache gestohlen wurde. Der Objektswechsel ließ den Diebstahlsvorsatz **als solchen** unberührt und änderte auch nichts an der Einheitlichkeit und Zusammengehörigkeit des Geschehens. Dies würde übersehen, wenn man in Fall a) versuchten Diebstahl im besonders schweren Fall und einfachen vollendeten Diebstahl, in Fall b) dagegen nur einfachen vollendeten Diebstahl annehmen würde.

48. T brach wieder einmal in ein Clubhaus ein, um Geld zu stehlen. Dieses fand er auch vor. Als sein Blick aber auf ein Buch über die „Rudergeschichte“ des Vereins fiel, wurde er plötzlich nostalgisch, setzte sich hin und begann, in dem Buch zu lesen. Darüber vergaß er völlig, dass er eigentlich Geld stehlen wollte. Fasziniert las er bis in die frühen Morgenstunden, legte das Buch dann beiseite und nahm – einer spontanen Eingebung folgend – eine Rudertrophäe des Vereins für seine Kollegen mit.

Nein. Im Unterschied zu Fall 47 nahm T von dem Vorhaben, Geld zu stehlen, während der Buchlektüre endgültig Abstand. Die Entwendung der Trophäe erfolgte auf Grund eines neuen Diebstahlsentschlusses und ist daher als **selbständiges neues Geschehen** zu beurteilen. Da T aber nicht zur „Ausführung dieser Tat“, sondern allein wegen des Geldes in das Gebäude einbrach, bleibt es hinsichtlich der Trophäe bei einem einfachen vollendeten Diebstahl. Genau genommen kommt es somit auf § 243 II gar nicht mehr an. Hinsichtlich des Geldes lag zunächst ein versuchter Diebstahl in einem besonders schweren Fall („Einbrechen“) vor, von dem T aber freiwillig durch Liegenlassen des Geldes zurückge-

Der Staatsanwalt würde T gerne aus §§ 242, 243 bestrafen. Lässt sich das begründen?

Zur Vertiefung: *Rengier I*, § 3 Rn. 27b.

treten ist (§ 24 direkt bzw. entsprechend). Im Ergebnis ist T daher nur nach § 242 zu bestrafen.

49. T wollte aus dem Lagerschuppen des O Wertsachen entwenden. Gerade als er mit einem Hebelwerkzeug das Vorhängeschloss des Schuppens aufgebrochen hatte, erschien die Polizei. T ergriff die Flucht. Wie hat er sich strafbar gemacht?
(Vgl. *BGH* NStZ 1985, 218)

Zur Vertiefung: *Rengier I*, § 3 Rn. 29; *Kudlich*, JuS 1999, L 89 ff.; *Zieschang*, Jura 1999, 561 ff.

T hat sich nach h.M. wegen versuchten Diebstahls in einem besonders schweren Fall strafbar gemacht. Zwar ist der Diebstahl im Versuchsstadium „stecken geblieben". T hat aber das Regelbeispiel des § 243 I 2 Nr. 1 (Einbrechen) bereits mit der gewaltsamen Beseitigung des Zugangshindernisses (Vorhängeschloss) **voll verwirklicht**. Ein Betreten des Raumes war hierfür nicht erforderlich. Daher bestehen auch gegen den Eintritt der Regelwirkung keine Bedenken.

50. Wie Fall 49. Noch bevor es aber T gelungen war, das Vorhängeschloss mittels des Hebelwerkzeugs völlig aufzubrechen, erschien die Polizei und T ergriff ohne Beute die Flucht. Wie hat er sich nun strafbar gemacht?
(Vgl. *BGHSt* 33, 370)

Zur Vertiefung: *Rengier I*, § 3 Rn. 30.

Entgegen einer Reihe von Stimmen in der Literatur hat der *BGH* in einem vergleichbaren Fall die **Regelwirkung** des § 243 I S.2 Nr. 1 bejaht und versuchten Diebstahl in einem besonders schweren Fall angenommen. Dabei weist der *BGH* zwar zu Recht auf die **Tatbestandsähnlichkeit** von Regelbeispielen hin, die auch sonst (z.B. beim Erfordernis eines „Quasivorsatzes") ähnlich behandelt werden wie Tatbestandsmerkmale. Allerdings spricht ein anderes Argument entscheidend gegen die Ansicht des *BGH*: Nimmt man – wofür vieles spricht (vgl. unten Fall 51) – bei einem nur „versuchten" Regelbeispiel, aber vollendeten Grunddelikt keine Regelwirkung an, kommt man letztlich zu einem höheren **Strafrahmen**, wenn das Grunddelikt im

Versuch stecken bleibt – und zwar selbst unter Berücksichtigung der (ohnehin nur fakultativen) Strafrahmenverschiebung nach § 23 II (vgl. § 242 I: bis fünf Jahre; vgl. §§ 242, 243, 22, 49 I Nr. 2: bis 7½ Jahre). Dieses Ergebnis ist offenkundig unbefriedigend.

Ergänzende Bemerkung:
Zwar könnte der Wertungswiderspruch auch „von der anderen Seite her" aufgelöst werden, indem man bei einem nur „versuchten" Regelbeispiel, aber vollendeten Grunddelikt idealkonkurrierend noch den Versuch eines Diebstahls in einem besonders schweren Fall annimmt. Allerdings ist das nach allgemeinen Konkurrenzregeln kaum überzeugend begründbar.

51. In Fall 49 stellte T bei dem Versuch, das Vorhängeschloss mit dem Hebelwerkzeug aufzubrechen, überraschend fest, dass dieses derart verrostet war, dass er es auch mit bloßen Händen öffnen konnte. T gelang daher mühelos in den Schuppen und entwendete eine wertvolle Briefmarkensammlung. Wie hat er sich strafbar gemacht?

Zur Vertiefung: *Rengier I*, § 3 Rn. 31.

a) Der *BGH* (*St* 33, 370) hat ausdrücklich offen gelassen, ob eine Regelwirkung bei nur „versuchtem" Regelbeispiel auch für den **vollendeten Diebstahl** gelten soll. Zwar ist dies auch mit Blick auf die Ansicht des *BGH* in Konstellationen wie in Fall 50 nicht grundsätzlich widersprüchlich: Man kann nämlich nicht argumentieren, es liege ein größeres Unrecht vor, denn es ist durchaus plausibel, dass ein nur „versuchtes" Regelbeispiel zwar die „Kraft" hat, einen versuchten, nicht aber einen vollendeten Diebstahl in seinem Strafrahmen zu beeinflussen. Allerdings bleibt das oben zu Fall 50 bereits beschriebene Strafrahmenproblem.

b) Betrachtet man den Fall isoliert von der Vergleichskonstellation in Fall , sprechen in der Tat die besseren Gründe gegen den Eintritt einer Regelwirkung: Der wegen der nur beabsichtigten, nicht aber „vollendeten" Verwirklichung des Regelbeispiels „Einbrechen" **geminderte Unrechtsgehalt** der Tat steht dem Eintritt der Regelwirkung für den **vollendeten** Grundtatbestand entgegen. Die vorhandene „Einbruchsabsicht" des Täters vermag dies nicht zu kompensieren, wenn er, wie hier, ein besonderes Zugangshindernis gerade nicht überwinden musste. Da Regelbeispiele keine Tatbestände sind, kann ein unmittelbares Ansetzen zu ihnen auch nicht über § 22 gesondert als Versuch bestraft werden. Es bliebe allein die Möglichkeit, auf Grund einer Gesamtwürdigung einen unbenannten besonders schweren Fall des Diebstahls anzunehmen.

c) Die konsistenteste Lösung dürfte daher sein, sowohl in Fall 50 als auch vorliegend zumindest den Eintritt einer Regelwirkung abzulehnen.

III. Qualifizierte Fälle des Diebstahls (§§ 244, 244a)

52. T entwendete im Haus des O ein wertvolles, ca. 2 x 2 m großes Gemälde, verstaute es in den Laderaum seines vor O's Haus parkenden Lieferfahrzeuges und brachte es in einen unter einem Decknamen angemieteten Lagerraum. Auf dem Weg von diesem Lagerraum nach Hause geriet T in eine Polizeikontrolle. In seiner Aufregung fiel T ein, dass er im Ablagefach der Fahrertür noch eine schussbereite Handfeuerwaffe liegen hatte, und er überlegte sich, ob er sich damit „den Weg frei schießen" sollte. Er beschloss dann aber, die Waffe

V wird zunächst darauf hinweisen, dass T die Waffe jedenfalls bis zur **Vollendung** der Wegnahme **nicht bei sich** geführt hat. Diese Vollendung wird man nämlich selbst bei einem sperrigen Gemälde in dem Moment annehmen können, in dem T das Grundstück des O verlassen hat. Selbst wenn nun ein Bei-sich-Führen nicht voraussetzt, dass der Täter die Waffe stets in der Hand trägt, so muss sie doch ohne größere Schwierigkeiten und im engen räumlichen Zusammenhang griffbereit sein.

Sodann wird V versuchen, das Gericht davon zu überzeugen, dass – **entgegen der h.M.** – ein Bei-sich-Führen bei § 244 **nur bis zur Vollendung** der Tat (und nicht bis zur ihrer Beendigung) vorliegen kann. Als Argument könnte er sich da-

doch nicht einzusetzen. T's Aufregung kam den Polizisten dennoch auffällig vor und sie ließen sich seine Papiere zeigen. Als T die Tür öffnete, um die Papiere herauszugeben, sah einer der Polizisten die Pistole, und T wurde verhört. Dabei gestand er den Tathergang wie hier beschrieben. T wurde wegen Diebstahls mit Waffen nach §§ 242, 244 I Nr. 1a angeklagt. Welche Argumente könnte T's Verteidiger V vorbringen, um eine Verurteilung wegen des qualifizierenden § 244 zu verhindern?

Zur Vertiefung: *Rengier I,* § 4 Rn. 14–17.

rauf stützen, dass allein dieser enge Bezug zur tatbestandlichen Handlung geeignet ist, dem Straftatbestand die notwendige Bestimmtheit zu geben, die Artikel 103 II GG fordert.

Schließlich wird V darauf hinweisen, dass unabhängig davon der T sogar bis zum Zeitpunkt der Beendigung **keinen ausreichenden Vorsatz** hinsichtlich des Bei-sich-Führens hatte. Denn er erinnerte sich erst zu einem Zeitpunkt wieder an seine Waffe, in dem er die Beute bereits in dem Lagerraum in Sicherheit gebracht und damit den Diebstahl beendet hatte.

Ob V freilich mit diesen Argumenten Erfolg haben wird, ist durchaus offen: Denn die h.M. lässt (bedenklicherweise) ein Mit-sich-Führen bis zur Beendigung genügen. Auch sind die Vorsatzanforderungen an das Bei-sich-Führen, bei dem ein sachgedankliches Bewusstsein ausreichend ist, nicht allzu hoch. Für diese Sichtweise (und damit gegen T und V) könnte hier sprechen, dass T sich gerade in einer kritischen Situation an die Waffe erinnert und damit das Eskalationspotential besteht, das § 244 I Nr. 1a pönalisieren soll.

53. T entwendete im Ladengeschäft des O Waren im Wert von knapp 20 €. Während der Tat hatte T einen verschlossenen Rucksack auf, in dem sich ein Messer mit einer feststehenden Klinge von ca. 8,5 cm Länge befand. In der mündlichen Verhandlung vor Gericht erklärte T, er sei

T hat sich nach §§ 242, 248a wegen Diebstahls geringwertiger Sachen strafbar gemacht, der nur auf Antrag bzw. bei besonderem öffentlichen Interesse verfolgt wird. Ein Fall des Diebstahls mit Waffen nach § 244 I Nr. 1, auf den § 248a ausweislich seines klaren Wortlautes („Fälle der §§ 242 und 246") nicht anwendbar wäre, liegt nicht vor. Zwar spricht viel dafür, dass das Messer

viel mit dem Fahrrad unterwegs und brauche daher das Messer für eventuelle Reparaturen. Strafbarkeit des T? (Vgl. *BayObLG* NJW 1999, 2535)

Zur Vertiefung: *Rengier I*, § 4 Rn. 13.

mit einer nicht ganz kurzen, feststehenden Klinge sogar als Waffe (jedenfalls aber als gefährliches Werkzeug) betrachtet werden kann. Allerdings hat T es nicht i.S.d. § 244 I Nr. 1a bei sich geführt. Die hohe Strafdrohung für das bloße Mit-sich- Führen ohne jede Gebrauchsabsicht ist nämlich nur zu rechtfertigen, wenn von dem Gegenstand ein erhebliches Gefährdungspotential ausgeht und der Täter es in einer Weise **griffbereit** hat, dass die **bewaffnete Eskalation** einer kritischen Situation nahe liegt. Dies könnte man z.B. bejahen, wenn T das Messer in einer Schlaufe griffbereit am Gürtel getragen hätte. Hier befand es sich jedoch in einem Rucksack auf seinem Rücken, d.h. er hätte für einen Zugriff erst den Rucksack abnehmen, öffnen und dann das Messer suchen müssen. Das Risiko einer „spontanen Eskalation“, das eine Mindeststrafe von 6 Monaten Freiheitsstrafe rechtfertigen würde, liegt dabei nicht vor.

54. T war Polizeibeamter im Streifendienst. Als er als Angehöriger einer Streifenwagenbesatzung an den Tatort eines Einbruchsdiebstahls gerufen wurde, entwendete er aus dem von ihm zu überprüfenden Verkaufsstand selbst Waren von bedeutendem Wert, da er annahm, man werde den Einbrecher für das Verschwinden dieser Gegenstände verantwortlich machen. Er führte dabei seine

T hat sich wegen Diebstahls mit Waffen, § 244 I Nr. 1a, strafbar gemacht. Am (griffbereiten) Bei-sich-Führen einer Waffe im technischen Sinn besteht vorliegend kein Zweifel. Fraglich ist nur, ob der Tatbestand des § 244 I Nr. 1a auf Grund seines hohen Strafrahmens restriktiv auszulegen bzw. teleologisch zu reduzieren ist, wenn der Täter die Waffe nicht gerade nur zu seinem „Diebeszug“, sondern aus **beruflichen Gründen** stets trägt. Mit der (auch vom Bundesverfassungsgericht gebilligten) Rechtsprechung und herrschenden Lehre ist eine solche **Ein-**

geladene und schussbereite Dienstpistole bei sich. Strafbarkeit des T?
(Vgl. *BGHSt* 30, 44)

Zur Vertiefung: *Rengier I*, § 4 Rn. 21–23.

schränkung jedoch abzulehnen: Zum einen wird im Tatbestand des § 244 I 1a bewusst auf eine Gebrauchsabsicht o.ä. verzichtet, da man bei den dort genannten Gegenständen alleine in ihrer Existenz schon ein gesteigertes Bedrohungspotential als gegeben erachtet. Hinzu kommt, dass gerade berufsmäßige Waffenträger häufig Berufsgruppen angehören werden, denen es (wie hier dem T als Polizeibeamten) besonders „unangenehm" ist, bei einer Straftat erwischt zu werden. Die Gefahr eines unbedachten Einsatzes der Waffe ist daher in diesen Fällen mindestens ebenso groß.

55. Staatsanwalt S übergab Referendar R einen Fall zur Bearbeitung, in dem der schon mehrfach vorbestrafte T beim Verlassen eines Kaufhauses neben dem gekauften Anzug auch noch 3 Hemden und ein Dutzend Krawatten in derselben Tüte hinausschmuggeln wollte. S hatte dabei beiläufig geäußert, angesichts der Dreistigkeit der Tat und der Unverbesserlichkeit des T müsse „schon eine ordentliche Strafe rauskommen". R recherchierte umfänglich und schlug schließlich S vor, T mit folgender Begründung wegen eines qualifizierten Diebstahls nach § 244 I Nr. 1a anzuklagen: Bei der Schaffung des § 244 I Nr. 1a in seiner gegenwärtigen Fassung habe sich der

Nichts. Von den beiden Fragen abgesehen, ob der Kleiderbügel mit dem Anzug in der Tüte wirklich ausreichend rasch greifbar ist (vgl. dazu Fall 53) und ob nicht der Diebstahl durch eine Gewahrsamsenklave in Gestalt der Plastiktüte bereits innerhalb des Kaufhauses vollendet war (so dass nach einer Mindermeinung ein Bei-sich-Führen einer Waffe ebenfalls ausscheiden würde), liegt R hier mit der **Bestimmung der Gefährlichkeit** des Werkzeugs i.S.d. § 244 I 1a **falsch**: Zwar entsprach es in der Tat der in den Materialien geäußerten Absicht des Gesetzgebers, den Begriff des gefährlichen Werkzeugs in Anlehnung an die bekannte Definition der gefährlichen Körperverletzung zu bestimmen. Indes ist der **gesetzgeberische Wille** in dieser Form schlicht **nicht realisierbar**, da es bei der gefährlichen Körperverletzung neben der objektiven Beschaffenheit des Gegenstandes stets auf die **konkrete Art der Verwendung** ankommt. Wird mit einem

Gesetzgeber explizit am Begriff des gefährlichen Werkzeuges in § 223a a.F. (= § 224 I Nr. 2) orientieren wollen (vgl. BT-Drs. 13, 9064, 18). Zu § 223a a.F. habe aber schon der *BGH* entschieden, dass ein Kleiderbügel ein gefährliches Werkzeug sei (vgl. *BGH* bei *Dallinger*, MDR 1975, 367). Da R nun in der Asservatenkammer gesehen habe, dass in dem gekauften Anzug ein massiver Holzkleiderbügel gesteckt habe, und T die Tüte mit diesem Bügel auch beim Verlassen des Kaufhauses als Zeitpunkt der vollendeten Wegnahme auch in unmittelbarer körperlicher Nähe gehabt habe, liege ein Bei-sich-Führen eines gefährlichen Werkzeuges vor. Was ist davon zu halten?

Zur Vertiefung: *Rengier I*, § 4 Rn. 24–25d.

massiven Kleiderbügel etwa in das Gesicht geschlagen, so ist diese Verwendung in der Tat geeignet, erhebliche Verletzungen herbeizuführen. Beim bloßen Bei-sich-Führen i.S.d. § 244 I Nr. 1a fehlt es dagegen gerade an einer solchen (gefährlichen) konkreten Verwendung. Die Definition ist daher ebenso wenig übertragbar wie Entscheidungen zu einzelnen Gegenständen.

Unter den zahlreichen **Lösungsvorschlägen** zu dieser noch nicht geklärten Frage lassen sich **zwei grundsätzliche Gruppen** benennen: Ein subjektivierender Ansatz geht davon aus, dass das Werkzeug gefährlich ist, wenn der Täter einen (wohl unter der Schwelle der Verwendungsabsicht liegenden) „Verwendungsvorbehalt" zu einem gefährlichen Einsatz des Gegenstandes hatte. Gegen diese Ansicht spricht jedoch, dass in Nr. 1a im Unterschied zu Nr. 1b gerade auf ein subjektives Element verzichtet werden sollte. Ein stärker objektivierender Ansatz fragt daher in verschiedenen Spielarten danach, ob der betreffende Gegenstand typischerweise von Dieben in kritischen Situationen benutzt wird, ob sein Mitführen in der konkreten Situation objektiv nur durch den Willen zu einem entsprechenden deliktischen Einsatz erklärbar ist, o.ä. Der Nachteil dieses Ansatzes liegt in seiner großen Unbestimmtheit. Letztlich wird man hier den Tatbestand jedoch nach beiden Meinungsgruppen verneinen müssen: Für einen entsprechenden gefährlichen Verwendungsvorbehalt des T ist nichts mitgeteilt, und der Einsatz des (noch dazu in einer Tüte befindlichen) Kleiderbügels zu gewaltsamen Auseinandersetzungen im Rahmen eines Trickdiebstahls in einem Kaufhaus ist weder nach allgemeiner Lebenserfahrung nahe liegend noch deliktstypisch. Es bleibt daher nur eine Strafbarkeit nach § 242 (zur Abgrenzung zu § 263 in Fällen, in denen Waren in Verpackungen aus einem Geschäft geschmuggelt werden, vgl. u. Fall 115).

56. T entwendete in einem Kaufhaus einen Herrenanzug, zwei Paar Schuhe, zwei Lederjacken sowie einige Silberringe. Während der Tat trug er ein kleines, zusammengeklapptes normales Taschenmesser in seiner Hosentasche. Die Staatsanwaltschaft geht davon aus, dass ein handelsübliches Taschenmesser zwar wohl nicht als „Waffe" bezeichnet werden kann, erhebt aber dennoch Anklage wegen einer Tat nach § 244 I Nr. 1a, da das Messer jedenfalls ein gefährliches Werkzeug i.S. dieser Vorschrift sei. Was ist davon zu halten?
(Vgl. *BayObLG* JR 2001, 205)

Zur Vertiefung: *Mitsch II/1*, § 1 Rn. 235 f.; *Erb*, JR 2001, 206 f.

Diese Auslegung wird der (gebotenen!) Konturierung des Merkmals „gefährliches Werkzeug" wohl nicht gerecht. Im Sinne der beiden o.g. großen Meinungsgruppen (vgl. Fall 55) ist hier weder ein Verwendungsvorbehalt des T ersichtlich, noch ist ein handelsübliches **kleines Taschenmesser** ein Gegenstand, der typischerweise zur Überwindung von Widerstand bei Diebstählen verwendet wird bzw. dessen nur in diesem Sinne deliktisch erklärt werden Mitführen könnte. Vielmehr handelt es sich um einen **sozialadäquaten Alltagsgegenstand**, dessen Mitführen keinen nennenswert erhöhten Unrechtsgehalt begründet. Berücksichtigt man das Erfordernis, das Messer erst aufzuklappen, sowie die fehlende Festigkeit der Klinge, so dürfte ein solches Taschenmesser möglicherweise sogar weniger „eskalationsgeeignet" sein als z.B. ein langer spitzer Schraubenzieher o.ä (anders aber das *BayObLG* a.a.O.).

57. Maler T ging in seiner Mittagspause in einen nahe gelegenen Supermarkt, um sich eine Brotzeit zu holen. Während er an der Kasse

Ob allein eine Berufung auf den fehlenden Vorsatz erfolgreich ist, erscheint durchaus fraglich. Die Rechtsprechung lässt bei § 244 I Nr. 1a auch ein **„sachgedankliches Mitbewusstsein"** genügen,

wartete, konnte er der Versuchung nicht widerstehen und steckte zwei Schachteln Zigaretten in seine Jackentasche, die er ohne zu bezahlen mitnahm. Während der gesamten Zeit hatte T – wie stets – sein Tapetenmesser in seiner Beintasche stecken. Er hatte aber keinen Moment daran gedacht, es gegen eine Person einzusetzen. T's Verteidiger V plant, in der Hauptverhandlung das Gericht davon zu überzeugen, dass von einem ausreichenden Vorsatz keine Rede sein könne, wenn dem T die Existenz des Messers nur „unterschwellig bewusst" gewesen sei. Wird er damit erfolgreich sein und auf welches „zweite Standbein" könnte V seine Verteidigung noch stützen?

d.h. der Täter muss nicht permanent aktuelle Kenntnis vom Bei-sich-Führen des Werkzeugs haben. Gerade weil T (möglicherweise anders als der Täter in Fall 52) das Messer bei der Arbeit immer bei sich trägt, ist davon auszugehen, dass ein solches sachgedankliches Mitbewusstsein ähnlich wie etwa bei dem Polizisten in Fall 54 angenommen würde. Erfolgreicher könnte demgegenüber eine **Argumentation im objektiven Tatbestand** sein. Zum einen ist bereits generell fraglich, ob ein Tapetenmesser (das oft vorne nicht besonders angespitzt ist) trotz seiner feststehenden Klinge überhaupt als gefährliches Werkzeug i.S.d. § 244 I Nr. 1a in Betracht kommt oder ob nicht die Erwägungen zu Fall 56 hier entsprechend gelten müssen. Selbst wenn man dies aber grundsätzlich anders sieht, weil ein Tapetenmesser generell nicht so verbreitet ist wie ein Taschenmesser und außerdem nicht aufgeklappt werden muss, wäre hier zu berücksichtigen, dass T das Messer **aus beruflichen Gründen** trägt. Das wurde zwar oben in Fall 54 für berufsmäßige Waffenträger als unbeachtlich erachtet. Allerdings besteht ein Unterschied darin, dass der Begriff der Waffe objektiv relativ unproblematisch abstrakt bestimmt werden kann. Dies ist – wie in Fall 55 gezeigt – bei gefährlichen Werkzeugen nicht ohne weiteres der Fall. Bei einem berufsbedingten Tragen des Gegenstandes könnte man nun eine **restriktive Auslegung** dahingehend heranziehen, dass grundsätzlich eben kein gefährlicher Verwendungsvorbehalt angenommen wird bzw. dass das Bei-sich-Führen dieses Gegenstandes sehr einfach auch **nicht-deliktisch erklärt** werden kann. Allerdings ist zuzugestehen, dass auch dieser Ansatz keine Erfolgsgarantie für V leistet. Denn es ist durchaus vorstellbar, dass ein Gericht unter (freilich wesentlich zu kurz gegriffener!) Bezugnahme auf die berufsmäßigen Waffenträger auch die Berufsmäßigkeit des Tragens anderer gefährlicher Werkzeuge für unbeachtlich hält.

58. Die Ganoven T und A kamen überein, in der Zukunft mehrere Diebstähle begehen zu wollen, um die „Haushaltskasse" aufzubessern. Sie führten in der Folgezeit die Diebstähle durch, die sie in den Einzelheiten jeweils kurz vorher geplant hatten. Sind T und A eine Bande? (Vgl. *BGH[GS]St* 46, 321)

Zur Vertiefung: *Rengier I*, § 4 Rn. 44 f., *Franke*, JA 2002, 106 ff.; *Kudlich/Christensen*, JuS 2002, 144 ff.

Nein. Nach dem *BGH* setzt der Begriff der „Bande" nunmehr einen Zusammenschluss von **mindestens drei Personen** voraus, die sich mit dem Willen verbunden haben, künftig für eine gewisse Dauer mehrere selbständige, im Einzelnen noch ungewisse Straftaten des im Gesetz genannten Deliktstyps zu begehen. Für die Mindestanzahl von drei Mitgliedern spricht neben dem Wortlaut auch die erhöhte Bindungs- und Anreizwirkung (Gruppendynamik) eines solchen Zusammenschlusses. Außerdem ist es ein einfaches Mittel, die wiederholte mittäterschaftliche Begehung von der wiederholten bandenmäßigen Begehung abzugrenzen. T und A sind daher keine Bande.

59. Die Arbeiter A, B und T waren es leid, sich für wenig Geld jeden Tag auf der Baustelle „kaputt" zu arbeiten. Um sich eine zweite Einnahmequelle zu schaffen, beschlossen sie, in Zukunft eine Reihe von Einbrüchen, Überfällen u.ä. nach der Arbeit begehen zu wollen. Die genaue

a) Ja. Neben den Ausführungen zu Fall 58 bleibt zu erwähnen, dass das ohnehin unbestimmte Erfordernis eines „gefestigten Bandenwillens" oder eines „Tätigwerdens in einem übergeordneten Bandeninteresse" im Gegensatz zur früheren Rechtsprechung vom *BGH* nicht mehr verlangt wird. Im Unterschied zur kriminellen Vereinigung nach § 129 ist auch **keine feste Organisation** erforderlich.

Planung der Taten sollte jeweils kurz vor Ausführung stattfinden. Eines Tages erzählte T, wie er Bekanntschaft mit dem Safeknacker X gemacht habe, der plane, in die Villa des reichen O einzusteigen, um den dortigen, mit vielen Kostbarkeiten gefüllten Safe „Jäger Berlin" zu plündern. X könne die Tat aber nicht allein ausführen, sondern brauche Hilfe. A war nicht interessiert. B sagte zu, das benötigte Werkzeug von einem Kollegen zu besorgen. T plante und organisierte die Tat mit X. In der darauf folgenden Nacht fuhren T und X zur Villa des O und drangen gemeinsam in das Haus ein. X öffnete mit dem von B besorgten Werkzeug den Safe und entnahm Geld und andere Kostbarkeiten, die er in seinem Rucksack verstaute. T stand währenddessen „Schmiere". Nach dem Bruch trennten sich die beiden. T bekam den Rucksack, den er mit nach Hause nahm und die Beute sicherte. Ein paar Tage später wurde der Erlös unter den Beteiligten aufgeteilt.

Dem den Fall bearbeitenden Staatsanwalt stellte der ihm zugewiesene Referendar nun folgende Fragen:

a) Sind A, B und T eine Bande?

b) Der **bandenfremde X** hat sich zwar wegen Wohnungseinbruchdiebstahls (§ 244 I Nr. 3, der §§ 242, 243, 123 verdrängt), nicht aber auch wegen Bandendiebstahls strafbar gemacht. Auf die Frage, ob die Bandenmitgliedschaft ein tatbezogenes oder ein besonderes persönliches Merkmal i.S.d. § 28 II darstellt, kommt es nicht an. X war ausgehend vom Wortlaut der §§ 244 I Nr. 2, 244a I nicht „Mitglied einer Bande" und konnte sich daher des (schweren) Bandendiebstahls täterschaftlich nicht schuldig machen.

c) T hat einen **schweren Bandendiebstahl** (§ 244a I) begangen. T war Mitglied einer Bande, die sich zur fortgesetzten Begehung von Raub oder Diebstahl verbunden hat (s.o.). Zwar hat T die Wegnahme der Wertsachen und damit den eigentlichen Diebstahl nicht selbst durchgeführt. Da auf Grund der gemeinsamen Planung und arbeitsteiligen Vorgehensweise T und X aber als Mittäter anzusehen sind, wird die von X vorgenommene Wegnahmehandlung dem T nach § 25 II zugerechnet. Auch beim Bandendiebstahl gelten insofern die allgemeinen Teilnahme- und Zurechnungsregeln. Fraglich ist jedoch weiter, ob T den Diebstahl auch „unter **Mitwirkung eines anderen Bandenmitglieds**" begangen hat. Die ältere Rechtsprechung forderte hierfür ein örtliches und zeitliches Zusammenwirken von mindestens zwei Bandenmitgliedern am Tatort. Davon hat sich der *BGH* nunmehr abgewandt: Es genügt, wenn ein Bandenmitglied mit einem anderen **in irgendeiner Weise**, etwa als Gehilfe, zusammenwirkt, ohne

b) Wie hat sich X strafbar gemacht?
c) Wie hat sich T strafbar gemacht?
d) Wie hat sich B strafbar gemacht?
e) Wie hat sich A strafbar gemacht?
(Vgl. *BGH[GS]St* 46, 321)

Zur Vertiefung: *Rengier I*, § 4 Rn. 46–53.

zugleich persönlich am Ort der Wegnahme beteiligt sein zu müssen. Der *BGH* räumt damit der abstrakten Organisationsgefährlichkeit einer Dreier-Bande einen höheren Stellenwert ein als der gesteigerten Durchführungsgefährlichkeit, die von zwei am Tatort anwesenden Bandenmitgliedern ausgeht. Da **B** durch Bereitstellen des Werkzeugs unproblematisch einen **Beitrag zur Förderung** des Diebstahls geleistet hat, wirkte er an diesem auch mit. Dass B selbst am Tatort nicht anwesend war, ist nunmehr unerheblich. Da es sich bei der Tat um einen Wohnungseinbruchdiebstahl (§ 244 I Nr. 3) handelte und überdies gewerbsmäßig gestohlen wurde (vgl. § 243 I 2 Nr. 3: „zweite Einnahmequelle"), ist T nicht nur aus § 244 I Nr. 2, sondern überdies aus § 244a I zu bestrafen.

d) B's Tatbeitrag ist als Hilfeleistung zu qualifizieren. Er hat sich demnach wegen **Beihilfe zum schweren Bandendiebstahl** (§§ 244a I, 27) strafbar gemacht. Da B Bandenmitglied ist, ergibt sich dies unabhängig davon, ob man die Bandenmitgliedschaft als tatbezogenes oder besonderes persönliches Merkmal (§ 28 II) auffasst.

e) Die Beteiligung des A an der Bandenabrede führte dazu, dass überhaupt von einer „Bande" mit B und T gesprochen werden kann. Er war insofern der „notwendige Dritte". An der konkreten Tat wirkte er jedoch in keiner Weise mit. Daher hat sich A hier nicht strafbar gemacht.

Ergänzende Bemerkung:
§ 30 II entfällt bei A mangels Bestimmtheit der Verbrechensverabredung: Zwar wären potentielle

Taten nach §§ 249, 250 oder auch § 244a (anders als solche allein nach § 244!) Verbrechen; die auf die Begehung von im Einzelnen noch unbestimmten Straftaten ausgerichtete Bandenabrede ist als solche jedoch nicht strafbewehrt.

60. Nachdem Student S die Ausführungen zu Fall 59 aufmerksam gelesen hat, fragt er sich, wo neben § 244a noch ein Anwendungsbereich für § 244 I Nr. 2 sein könne. Was antworten Sie ihm?

Zur Vertiefung: *Rengier I*, § 4 Rn. 54.

Da die Täter auf der Grundlage des Bandenzusammenschlusses **oft gewerbsmäßig** im Sinne von § 243 I S. 2 Nr. 3 handeln werden (fortlaufende Einnahmequelle von einigem Umfang und einer gewissen Dauer), ist in der Tat oft § 244a einschlägig und geht damit dem § 244 vor. Für § 244 I Nr. 2 verbleiben daher im Wesentlichen nur Fälle, in denen die Bande nicht auf die Schaffung einer Einnahmequelle (von nicht unerheblicher Dauer und einigem Umfang) abzielt.

61. Es war in Fall 59 davon gesprochen worden, dass A den „notwendigen Dritten" für die Annahme einer Bande darstellte. Ändert sich etwas an dieser Beurteilung, wenn nach der Bandenabrede A stets nur Gehilfenbeiträge erbringen sollte?
(Vgl. *BGHSt* 47, 214)

Zur Vertiefung: *Rengier I*, § 4 Rn. 45; *Erb*, JR 2002, 338 ff.

Nach Ansicht des *BGH*: **nein**. „Die Bandenabrede begründet die erhöhte abstrakte Gefährlichkeit der Bande, denn sie stellt die enge Bindung sicher, die die Mitglieder für die Zukunft und für eine gewisse Dauer eingehen und die einen ständigen Anreiz zur Fortsetzung der kriminellen Tätigkeit bildet. Diese der Bande innewohnende erhöhte ‚**Ausführungsgefahr**' besteht unabhängig davon, ob dem einzelnen Mitglied bei der Verwirklichung des durch die Bandenabrede bestimmten deliktischen Zwecks eine ‚täterschaftliche' Beteiligung zufällt. Diese Beurteilung dient im Übrigen auch der Rechtsklarheit, da sich eine genaue Abgrenzung zwischen mittäterschaftlicher und gehilfenschaftlicher Einbindung in die Bande nur schwer beurteilen lässt, soweit – wie häufig – zum Zeitpunkt der Bandenabrede noch gar nicht feststehe, welcher Art die in Zukunft zu erbringenden Tatbeiträge sein werden."

62. T drang eines Nachts mit einem Dietrich in das von Gast O vorübergehend bewohnte Hotelzimmer ein und entwendete dessen Uhr im Wert von 10 €. Wie hat sich T strafbar gemacht?
(Vgl. *BGH* StV 2001, 624; aber auch *OLG Schleswig* NStZ 2000, 479 zu Kellerräumen in einem Wohnblock)

Zur Vertiefung: *Rengier I,* § 4 Rn. 42a.

T hat sich wegen **Wohnungseinbruchdiebstahls** (§ 244 I Nr. 3) strafbar gemacht. Fraglich ist dabei allein, ob es sich bei dem Hotelzimmer um eine **„Wohnung"** i.S.d. § 244 I Nr. 3 handelt. Für den Begriff der „Wohnung" wird regelmäßig auf § 123 verwiesen. Unter diese Vorschrift sollen allerdings nicht nur die eigentliche Wohnung und deren Nebenräume wie Flure und Treppen fallen, sondern ebenso z.B. Wohnwagen, Zelte oder eine frei stehende Garage. Auch ein nur vorübergehend genutztes Hotelzimmer soll nach dem *BGH* eine „Wohnung" darstellen. Ein derart **weiter Wohnungsbegriff** ist allerdings bei § 244 I Nr. 3 Bedenken ausgesetzt. Angesichts der (gegenüber § 243 deutlich erhöhten) Strafdrohung des § 244 und des Fehlens einer dem § 243 II entsprechenden Geringwertigkeitsklausel sollte der weite Wohnungsbegriff in § 244 I Nr. 3 auf einen inneren Kern der privaten Lebensführung beschränkt werden. Dies ergibt sich auch aus der Entstehungsgeschichte dieser erst 1998 neu geschaffenen Qualifikation, deren Grund der Gesetzgeber im „tiefen Eindringen in die Intimsphäre des Opfers" sah. Demgegenüber lassen sich beim Diebstahl eines Handtuchs aus einem Waschkeller oder eines Fahrrads aus der Garage auch bereits über § 243 I 1 Nr. 1 („Gebäude") befriedigende Ergebnisse erzielen. Dass sich die Wohnungsbegriffe in § 123 und § 244 dann nicht mehr decken, steht dem nicht entgegen, da insoweit unterschiedliche Schutzzwecke verfolgt werden. Auch bei einer solchen restriktiven Interpretation wäre freilich die Bejahung von § 244 I

Nr. 3 begründbar: Zwar bilden Hotelzimmer nicht den inneren Kern des normalen Alltagslebens; anders als in den o.g. Funktionsräumen handelt es sich aber auch hier – wenngleich nur für jeweils begrenzte Zeit – um Räumlichkeiten, in die man sich ungeschützt zurückzuziehen pflegt und in denen die Anwesenheit eines zu deliktischen Zwecken eingedrungenen Straftäters als besonders verunsichernd empfunden wird.

63. T wollte die Eheleute O bestehlen. Er verschaffte sich zu deren Wohn- und Geschäftshaus Zugang, indem er eine Scheibe des von der Strasse nicht einsehbaren Badezimmerfensters herauslöste, das Fenster öffnete und in das Badezimmer einstieg. Von dort gelangte er über den Flur in den im Erdgeschoss befindlichen Geschäftsraum, wo er 60 € aus einer Schreibtischschublade an sich nahm und sodann mit seiner Beute das Haus verließ. Der Verteidiger des T trägt in der Verhandlung vor, es könne schon gar kein Wohnungseinbruchdiebstahl vorliegen, da T nicht in der Wohnung, sondern im Geschäftsraum der Eheleute den Diebstahl begangen habe. Was ist davon zu halten?
(Vgl. *BGH* NJW 2001, 3203)

Zur Vertiefung: *Rengier I*, § 4 Rn. 42.

Nichts. § 244 I Nr. 3 setzt bereits nach seinem Wortlaut **nicht** voraus, dass die **Wegnahmehandlung** selbst in einer Wohnung erfolgt. Es wird vielmehr derjenige Täter bestraft, der **zur Ausführung der Tat** in eine Wohnung einbricht, einsteigt usw. Es reicht daher aus, wenn der Täter nach Einbruch in ein Wohngebäude die Wegnahmehandlung selbst in einem angrenzenden Geschäftsraum vornimmt. Diese Auffassung steht nach dem *BGH* auch im Einklang mit dem Willen des Gesetzgebers, dem es nicht darum ging, die Wegnahme von in der Wohnung aufbewahrten Sachen schärfer zu ahnden, sondern die mit einem Wohnungseinbruch verbundene Verletzung der Privatsphäre des Opfers unter eine erhöhte Strafdrohung zu stellen. T war in das Badezimmer, das als Nebenraum Teil der Wohnung ist (vgl. Fall 62), eingestiegen und hatte hierbei auch den **bei Einbruch** in eine Wohnung erforderlichen Diebstahlsvorsatz („zur Ausführung", vgl. Fall 38). T hat sich daher nach § 244 I Nr. 3 strafbar gemacht.

IV. Unterschlagung (§ 246)

64. Worin liegen die Gemeinsamkeiten von Unterschlagung und Diebstahl, worin die Unterschiede?

Zur Vertiefung: *Rengier I,* § 5 Rn. 1 f.

Tatobjekt der Unterschlagung ist wie beim Diebstahl eine **fremde bewegliche Sache**. Diesbezüglich kann auf die Ausführungen zu § 242 verwiesen werden. Geschütztes Rechtsgut der Unterschlagung ist daher noch deutlicher als beim Diebstahl allein das **Eigentum**. Ebenso wird das Element der **Zueignung** bei der Unterschlagung in die wenigstens vorübergehende Aneignung und die dauernde Enteignung zerlegt. Hinsichtlich des Gegenstandes der Zueignung (Substanz oder verkörperter Sachwert) gilt ebenfalls das zu § 242 Gesagte. Im Gegensatz zum Diebstahl genügt jedoch die bloße Absicht der Zueignung im Sinne einer überschießenden Innentendenz nicht, sondern die **Zueignung** selbst stellt die **tatbestandsmäßige Handlung** dar. Das bedeutet jedoch wiederum nicht, dass der Zueignungserfolg, und damit insbesondere die dauernde Enteignung, tatsächlich eingetreten sein muss. Unter Zueignung i.S.d. § 246 ist nach h.M. vielmehr eine Handlung zu verstehen, durch die der Täter seinen Zueignungsvorsatz nach außen erkennbar werden lässt (manifestiert). Über die genaue Qualität dieser Handlung bestehen in Rechtsprechung und Literatur freilich Meinungsverschiedenheiten. Weiterhin fehlt es bei der Unterschlagung am Tatbestandsmerkmal der Wegnahme, so dass **kein Gewahrsamsbruch** erforderlich ist.

65. Welches sind die Elemente des Unterschlagungstatbestandes und in welcher Reihenfolge werden sie geprüft?

I. Tatbestand
  1. Objektiver Tatbestand
    a) Tatobjekt: fremde bewegliche Sache

Angriffsrichtungen bei Diebstahl und Unterschlagung

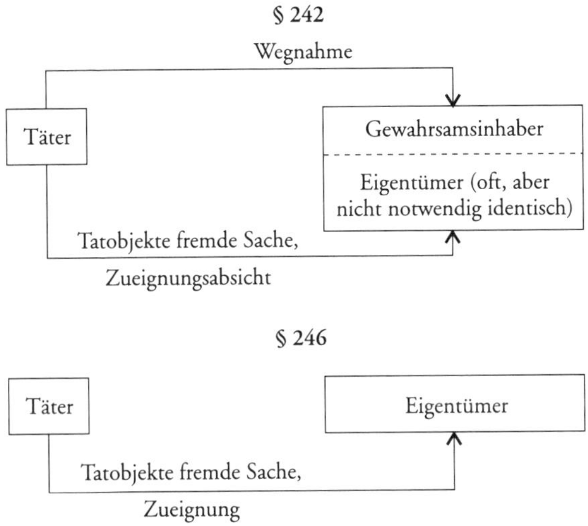

Zur Vertiefung: *Kindhäuser II*, § 6 Rn. 50; *Rengier I*, § 5 Rn. 4 f.

b) Tathandlung: rechtswidrige Zueignung
   (1) Verhalten, das sich objektivem Betrachter als Manifestation eines Zueignungswillens darstellt, d.h. eines Vorsatzes hinsichtlich dauerhafter Enteignung und vorübergehender Aneignung
   (2) Rechtswidrigkeit der Zueignung

2. Subjektiver Tatbestand
Zumindest bedingter (str. hinsichtlich Zueignung) Vorsatz hinsichtlich fremder beweglicher Sache und rechtswidriger Zueignung

II. Rechtswidrigkeit

III. Schuld

Ergänzende Bemerkungen:
(1) Durch die gängige Definition des Merkmals „zueignen" als „Manifestation des Zueignungswillens" kommt man in gewisse Aufbauschwierigkeiten. Oft wird auch (explizit oder jedenfalls in der Sache) so vorgegangen, dass unter Aufhebung der strengen Trennung von objektivem und subjektivem Tatbestand bereits beim Merkmal „Zueignung" der **tatsächliche** Zueignungswille und anschließend dessen Manifestation geprüft wird; im subjektiven Tatbestand bliebe dann nur noch der Vorsatz hinsichtlich der fremden beweglichen Sache. Zumindest in Fällen, in denen auch tatsächlich ein solcher Zueignungswille vorliegt, wird dieses Vorgehen in der Klausur nicht beanstandet werden.
(2) Die Rechtswidrigkeit der Zueignung wird regelmäßig auch bei § 246 als Tatbestandsmerkmal verstanden, von dem die Rechtswidrigkeit (der Tat insgesamt) als allgemeines Verbrechensmerkmal zu unterscheiden ist. Da allerdings – anders als bei § 242 – neben der Zueignung keiner weitere Tathandlung mehr besteht, ist die Bedeutung des allgemeinen Rechtswidrigkeitsmerkmal bei § 246 gering.

66. § 246 wurde durch das 6. StrRG von 1998 wesentlich umgestaltet. Was hat sich geändert?

Zur Vertiefung: *Rengier I*, § 5 Rn. 1; *Cantzler*, JA 2001, 567 ff.; *Duttge/Fahnenschmidt*, ZStW 110 (1998), 884 ff.; *Duttge/Sotelsek*, Jura 2002, 526 ff.; *Jäger*, JuS 2000, 1167 ff.; *Kudlich*, JuS 2001, 767 ff.

Im Wesentlichen **dreierlei**. Ebenso wie bei § 242 ist nunmehr auch die **Drittzueignung** einer Sache erfasst. § 246 verlangt **nicht mehr**, dass der Täter die Sache in **Besitz oder Gewahrsam** hat. Es wurde weiterhin eine auf Delikte mit schwerer Strafdrohung bezogene **Subsidiaritätsklausel** eingefügt.

67. T hatte mehrere Büros samt Einrichtungsgegenständen angemietet. Um sich etwas Geld nebenher zu verdienen, schloss T mit O einen Kaufvertrag, in dem er O eine „Büroeinrichtung samt Büromöbel" aus seinem an-

Nein. Unabhängig von den weiteren Voraussetzungen der Unterschlagung fehlt es bereits an der notwendigen **Konkretisierung** derjenigen Sachen, die Gegenstand der Zueignung sein sollen. Beim Diebstahl vollzieht sich diese Konkretisierung im Rahmen der Wegnahme. Bei der Unterschlagung muss aus der Zueignung er-

gemieteten Bestand verkaufte. Hat sich T wegen Unterschlagung strafbar gemacht? (Vgl. *OLG Düsseldorf* StV 1992, 422)

Zur Vertiefung: *Rengier I*, § 5 Rn. 5.

sichtlich sein, auf welche einzelnen Sachen sich die Tat bezieht. Bei der Veräußerung von Sachgesamtheiten genügt hierfür nicht der Abschluss des Vertrages, sondern es muss die **Aussonderung** der Zueignungsobjekte hinzukommen.

68. Unternehmer T hatte gegen Gewährung eines Darlehens seinen Baukran an die O-Bank zur Sicherheit nach §§ 929, 930 BGB übereignet. T geriet in vorübergehende Zahlungsschwierigkeiten. Er musste daher bei A einen Überbrückungskredit aufnehmen.
a) Als Sicherheit verpfändete T dem A den Baukran (wirksam) nach §§ 1205, 1207, 932 BGB unter Übergabe des Krans. T ging davon aus, den Kran kurzfristig wieder auslösen zu können.
b) T übereignete dem A den Kran zur Sicherheit (unwirksam) nach §§ 929, 930 BGB, wobei er aber von der Wirksamkeit der Übereignung ausging. T glaubte auch hier, den Kran alsbald wieder auslösen zu können.
Hat sich T nach § 246 I strafbar gemacht?
(Vgl. *BGHSt* 1, 262 und 12, 299)

Zur Vertiefung: *Mitsch II/1*, § 2 Rn. 33; *Rengier I*, § 5 Rn. 7–9.

a) **Nein**. Zwar stellt das Sicherungseigentum ebenso wie das Vorbehaltseigentum eine i.S.d. § 246 **vollgültige Eigentumsform** dar. Es fehlte T aber an dem für den Zueignungswillen notwendigen Vorsatz **dauernder Enteignung** bezüglich des Krans. T ging davon aus, diesen alsbald zurückzuerhalten und glaubte sich hierzu auch in der Lage. Zueignung und damit Unterschlagung würde nach dem *BGH* nur dann vorliegen, „wenn der Täter unter Umständen gehandelt hat, die eine rechtzeitige Wiedereinlösung des Pfandes ausschlossen". T hat daher lediglich eine (straflose) Gebrauchsanmaßung begangen.
b) Nach überwiegender Ansicht: **ja**. Anders als bei der Verpfändung soll bei der Sicherungsübereignung **stets Zueignung** vorliegen, sofern der Übereignende sie als wirksam ansieht bzw. sonst die Eigentümerrechte des Sicherungsnehmers zu vereiteln sucht. Damit zeige der Täter, dass er das Eigentum des Berechtigten zum Erlöschen bringen will. Auf einen Willen zur Wiedereinlösung komme es nicht an, weil der (gewollte) Entzug des Eigentums über einen bloßen Gebrauch der Sache hinausgehe. Mit der **Gegenansicht** ließe sich hingegen gut argumentieren, dass letztlich das Sicherungseigentum eine moderne Form des Pfandrechts („**besitz-**

loses Pfandrecht“) darstellt und eine unterschiedliche Bewertung daher nicht interessengerecht sei. Danach müsste auch bei der Sicherungsübereignung fremder Sachen eine Zueignung verneint werden, sofern der Täter das Sicherungseigentum rechtzeitig wieder auslösen kann und will; dafür würde schließlich auch der Vergleich der Varianten a) und b) sprechen, da durch die wirksame Verpfändung die Position der O stärker tangiert wird als durch eine unwirksame Sicherungsübereignung. Folgt man allerdings der überwiegenden Meinung, hat sich T wegen Unterschlagung strafbar gemacht.

69. T hatte es auf die rotgoldene „Lange 1“ seines Nachbarn O abgesehen. Da T wusste, dass O die Uhr niemals verkaufen würde, ging er folgendermaßen vor: Er verklagte O auf Herausgabe der Uhr an sich als „Eigentümer“ und benannte seine Freundin als Zeugin, die zu seinen Gunsten falsch aussagen sollte. Noch vor Stellung der Anträge im Prozess bekam T jedoch ein schlechtes Gewissen und nahm seine Klage zurück (§ 269 ZPO). Hat T durch sein Verhalten den objektiven Tatbestand des § 246 erfüllt?

Zur Vertiefung: *Rengier I*, § 5 Rn. 10f.; *Otto*, Jura 1996, 383 f.

Nach bestrittener, aber wohl herrschender Ansicht: **ja**. Die Uhr des O ist als **fremde bewegliche Sache** taugliches Tatobjekt. T hatte auch unzweifelhaft den Willen, sich diese zuzueignen, da er O auf Dauer enteignen und sich die Uhr aneignen wollte. Fraglich ist jedoch, ob T diesen **Zueignungswillen** auch äußerlich **manifestiert** hat.

a) Die Rechtsprechung lässt es mitunter genügen, wenn der Täter **irgendeine Handlung** vornimmt, die von seinem Zueignungswillen getragen ist. Dafür ist bereits ausreichend, wenn die Handlung als Betätigung des Zueignungswillens deutbar ist, ohne dass der Zueignungswille einem Außenstehenden eindeutig erkennbar sein muss (sog. „weite Manifestationstheorie“). Danach hat T durch Klageerhebung unzweifelhaft seinen Zueignungswillen manifestiert.

b) Nach der überwiegenden Ansicht in der Literatur wird demgegenüber eine Handlung gefordert, die sich auf Grund objektiver Umstände für den neutralen Beobachter **eindeutig als Manifestation** des Zueignungswillens darstellt („enge Manifestationstheorie"). Auch hiernach hat T seinen Zueignungswillen manifestiert, da jeder Beobachter unmissverständlich erkennen konnte, dass T den Eigentümer O dauerhaft enteignen und sich das Bild aneignen wollte.

c) Eine noch weitergehende Einschränkung wird zum Teil dahingehend gemacht, es müsse durch die Tathandlung bereits die **konkrete Gefahr** einer dauerhaften Enteignung gesetzt worden sein. Angesichts der Zeugenbenennung und der damit günstigen Beweislage für T könnte auch diese Ansicht zu keinem anderen Ergebnis gelangen. Allein wenn man – noch weitergehend – bereits den Beginn der Aneignungshandlung forderte, ließe sich eine Manifestation des Zueignungswillens verneinen.

70. Nach der Lektüre von Fall 69 fragt Student S seinen Professor P scherzhaft, ob er denn auch eine Unterschlagung beginge, wenn er seiner Freundin beim romantischen Abendspaziergang mit ernstem Gesicht„die Welt zu Füßen lege". Was wird P dazu sagen?

Zur Vertiefung: *Rengier I*, § 5 Rn. 17–18a.

Falls P zu der Sorte von Professoren gehört, die meinen, ihren Studenten auch in allen Lebensfragen kluge Ratschläge geben zu müssen, wird er S davor warnen, einer Frau etwas zu versprechen, was er nicht halten kann. Falls er aber wenigstens ein guter Strafrechtler ist, wird er auf folgendes hinweisen: Von der ersichtlich fehlenden Ernstlichkeit eines solchen Ausspruches einmal abgesehen, beschreibt S plastisch das Dilemma, das mit der Streichung der Gewahrsamsklausel in § 246 einhergeht. Wegen der Weite des Tatbestandes kommen nun grundsätzlich auch Konstellationen in Betracht, in denen der Täter keinerlei Herrschaftsbeziehung zum Tatobjekt aufweist. Es sollte aber weitgehend Einigkeit darüber bestehen, dass auf anderem Wege eine Einschränkung des § 246 erforderlich ist, um eine Ausdehnung der Strafbarkeit ins Vorfeld der Zueignungsdelikte zu verhindern. Verbreitet wird daher auch nach Streichung der Gewahrsamsklausel eine **nicht völlig untergeordnete Herrschaftsbeziehung** des Täters zum Tatobjekt gefordert. Diese besteht evident im Fall des Alleingewahrsams, jedoch immer noch ausreichend auch im Fall des mittelbaren Besitzes. Alternativ könnte man danach fragen, ob der Täter irgendwie an einer besitzändernden Verfügung beteiligt ist, wie sie für einen gutgläubigen Erwerb i.S.d. §§ 932 ff. BGB genügt, da die „Manifestation" des Zueignungswillens und die **Rechtsscheinstatbestände der §§ 932 ff. BGB** hinsichtlich ihrer Publizitätswirkung trotz ganz unterschiedlicher Sachbereiche ähnliche Zwecke verfolgen. Weiter formuliert könnte man sich auch mit der Forderung begnügen, dass der Täter in irgendeiner Weise „Umgang mit der Sache" hat.

71. Zur Sicherung von Krediten hatte T einer Sparkasse Baugeräte nach §§ 929, 930 BGB übereignet. Nach Kündigung der Kredite wollte die Sparkasse die Geräte verwerten und forderte T daher zur Rückgabe auf.
a) T verweigerte jedoch die Herausgabe und teilte mit, er sei mit dem Verkauf nicht einverstanden und habe die Geräte „sichergestellt". Er be-

Beiden Konstellationen liegt als Ausgangspunkt zugrunde, dass das **bloße Unterlassen** einer zivilrechtlich **geschuldeten Rückgabe nicht** ohne Weiteres als **Manifestation des Zueignungswillens** angesehen werden kann. Hinzu kommen müssen stets weitere Umstände. Im Einzelnen hat das folgende Konsequenzen:
a) **Ja**. Die Berechtigung zur Benutzung der Geräte endete mit dem Rückgabeverlangen der Sparkasse. Da T die Geräte fortschaffte, um die Verwertung zu verhindern, und sie in der beschriebenen

hielt die fortgeschafften Geräte in der Folgezeit für sich und setzte diese noch Monate später auf Baustellen ein.
b) T verweigerte die Herausgabe, da er mit der Sparkasse eine Fortsetzung des Darlehensvertrages erreichen wollte.
Hat sich T jeweils wegen § 246 I bezüglich des Baugerätes strafbar gemacht?
(Vgl. *BGHSt* 34, 309; *OLG Hamburg* StV 2001, 577)

Zur Vertiefung: *Rengier I*, § 5 Rn. 12.

Weise weiter benutzte, brachte er zum Ausdruck, das Sicherungseigentum der Sparkasse nicht mehr achten zu wollen. Damit hat T seinen Zueignungswillen manifestiert und sich somit die Geräte rechtswidrig zugeeignet.
b) **Nein**. Da T das Vertragsverhältnis fortsetzen wollte, erkannte er das Eigentumsrecht der Sparkasse ausdrücklich an. Es fehlte T daher bereits der auf die dauernde Enteignung der Sparkasse gerichtete Zueignungswille, jedenfalls aber dessen Manifestation nach außen hin.

72. T füllte an einer Tankstelle 50 l Superbenzin in seinen Pkw. Anschließend wollte er bezahlen. Als er sah, dass der Kassierer über einer Zeitung eingeschlafen war und ihn gar nicht gesehen hatte, fuhr er davon, ohne zu bezahlen. Hat sich T wegen Unterschlagung am Benzin strafbar gemacht?
(Vgl. *OLG Hamm* NStZ 1983, 266; anders *OLG Düsseldorf* NStZ 1982, 249 und 1985, 270)

Zur Vertiefung: *Rengier I*, § 5 Rn. 6; *Lange/Trost*, JuS 2003, 961 ff.

Nach verbreiteter Ansicht: **ja**. Das Benzin blieb auch nach Einfüllen in den Tank für T eine **fremde** bewegliche Sache. T erwarb daran zwar Miteigentum durch Vermischung mit dem Restbenzin im Tank (§ 948 BGB), nicht aber Alleineigentum. Nach der Verkehrsanschauung erfolgt der Eigentumsübergang am Benzin erst beim Bezahlen an der Kasse. Zum selben Ergebnis gelangt man, wenn man einen Eigentumsvorbehalt des Verkäufers an dem getankten Benzin bis zur Bezahlung als stillschweigend vereinbart ansieht. Die Gegenauffassung, die einen Eigentumsübergang schon mit Einfüllen in den Tank annimmt, wird der Verkehrsanschauung nicht gerecht. Ein Eigentumsübergang am Benzin bereits beim Einfüllen entspricht nicht dem Interesse des Verkäufers und ist überdies zum Schutz des Kunden nicht erforderlich. Folgt man der überwiegenden Meinung, hat T durch das Wegfahren ohne zu bezahlen seinen Zueignungswillen auch manifestiert. T hat sich daher wegen Unterschlagung strafbar gemacht.

Ergänzende Bemerkung:
Diebstahl scheidet mangels Wegnahme aus, da die Zapfsäule in äußerlich einwandfreier Weise benutzt wurde (konkludentes Einverständnis) bzw. mit dem *BGH* das Tanken als ein dem „Aufsteller zurechenbaren Gebeakt" angesehen werden kann (vgl. oben Fälle 17, 18). Betrug bzw. Betrugsversuch entfallen zumindest **in dieser Konstellation** mangels Täuschung bzw. mangels Täuschungsvorsatzes.

73. T war damit betraut, für eine Privatschule das wöchentlich von den Schülern zu zahlende Essensgeld in Empfang zu nehmen. Er hatte die eingezahlten Gelder in einer Einzahlungsliste unter einer fortlaufender Nummer zu erfassen, den Schülern einen Einzahlungsbeleg auszuhändigen und hiervon eine Durchschrift zu verwahren. Jeden Monat wurden von der Schulleitung Kasse, Einzahlungsliste und Einzahlungsbelege überprüft und abgerechnet. Eines Tages stellte T zu seinem Schrecken fest, dass in der Kasse 500 € fehlten. Da er nicht imstande war, diesen Fehlbetrag sofort auszugleichen, unterließ er die vorgeschriebene Meldung an die Schule, um nicht in den Verdacht der Unterschlagung zu geraten, und ging wie folgt vor: Am nächsten

Nach überwiegender Ansicht: **ja**. Der Vorbehalt des T, die eingezahlten Gelder in Höhe von 500 € zur Verschleierung des Fehlbetrages zu verwenden, hindert den Eigentumsübergang von den Schülern auf die Schule nicht (§ 116 S. 1 BGB). Die **Banknoten** bzw. Münzen waren daher für T **fremde** bewegliche Sachen. Fraglich ist allein, ob sich T diese Gelder zugeeignet hat. Dies könnte damit begründet werden, T habe durch **Verheimlichung des Einganges der Gelder** die Verfügungsbefugnis der Schule über diese Gelder beseitigt und das Geld letztlich für eigene Zwecke eingesetzt, wodurch die Schule unter Leugnung aus ihrer ursprünglichen Eigentümerposition verdrängt worden sei. Sieht man es so, wird T nicht anders behandelt, als wenn er 500 € mitsamt der Einzahlungsbelege aus der Kasse herausgenommen, um z.B. andere Schulden zu begleichen, und den Betrag später wieder zurückerstattet hätte. Dagegen ließe sich vorbringen, dass T vorhatte, den Fehlbetrag schnellstmöglich zu ersetzen, wodurch ihm zwar (hinsichtlich der konkreten Geldscheine)

„Essensgeld-Zahltag" rechnete er überwiegend ordnungsgemäß ab, brachte jedoch Einzahlungen in Höhe von insgesamt 500 € in die Kasse, ohne diese Beträge in die Einzahlungsliste einzutragen. Auch die hierzu gehörenden Einzahlungsbelege hielt er zurück. Dadurch erreichte T, dass bei der nächsten Abrechnung durch die Schulleitung der Fehlbetrag nicht entdeckt wurde, da Kasse, Liste und Belege übereinstimmten. Als T schließlich 500 € angespart hatte, zahlte er diesen Betrag in die Kasse ein, legte die zurückgehaltenen Einzahlungsbelege dazu und trug die den Belegen entsprechenden Beträge von insgesamt 500 € in die Einzahlungsliste ein. Dadurch stimmten Kasse, Liste und Belege wieder überein. Als dennoch alles herauskommt, erstattet die Schule Anzeige und T wird wegen Unterschlagung angeklagt. Zu Recht?

Zur Vertiefung: *Rengier I*, § 5 Rn. 8; 25–27.

nicht der Vorsatz dauernder Enteignung fehlte, aber eine Parallele zu den Fällen des „eigenmächtigen Geldwechselns" nahe liegen könnte, was die Rechtswidrigkeit der Zueignung entfallen lassen würde. Allerdings greift diese Parallele wohl in dem Fall nicht ein, in dem Gelder aus einer Kasse für fremde Zwecke entnommen werden und diese erst bei **später wiedererlangter Zahlungsfähigkeit** ersetzt werden sollen. Bejaht man deshalb mit der überwiegenden Ansicht eine Zueignung der 500 € durch Verheimlichen ihres Eingangs, hat sich T wegen Unterschlagung strafbar gemacht. Da dem T die Gelder zur Verwaltung **anvertraut** waren, ist diese nach § 246 II qualifiziert.

Ergänzende Bemerkungen:
(1) Handelt es sich um **öffentliche** Kassen, so soll sich dieses Ergebnis nach Ansicht des *BGH* (*St* 24, 115, 125) schon daraus ergeben, dass „staatliche Gelder den öffentlichen Kassen auch nicht für kurze Zeit entzogen werden dürfen. Diese Rechtsauffassung gründet sich auf bestehende Dienstvorschriften, die den Kassenführern keinen Spielraum lassen. Sie muss im Interesse der Sauberkeit der Amtsführung und der Ordnung im öffentlichen Dienst aufrecht erhalten bleiben."
(2) Ein Diebstahl des T scheidet aus: Ist er persönlich ausgleichspflichtig, wird man ihm einen Allein- (oder zumindest übergeordneten Mit-) Gewahrsam an den Kassenbeständen bis zur jeweils nächsten Abrechnung zusprechen müssen.

74. T war hoher Staatsfunktionär in der ehemaligen DDR für die gesamte, in der DDR flächendeckend und systematisch praktizierte Postkontrolle verantwortlich. Auf

Der *BGH* hat die Entscheidung des Landgerichts bestätigt. Führt der Funktionär eines Staates Sachen dem Haushalt zu, so könne – soweit er nicht ausnahmsweise eigene wirtschaftliche Anliegen verfolge – **nicht** angenommen werden,

Befehl seines Vorgesetzten erließ er Durchführungsanweisungen an seine Abteilung, in denen im Einzelnen die Abläufe der Postkontrolle und das Einbehalten von Zahlungsmitteln und Wertgegenständen in Postsendungen geregelt wurden. Entsprechend diesen Anweisungen wurden in den Jahren 1984 bis 1989 insgesamt Zahlungsmittel im Wert von 32 Mio. DM vereinnahmt und bei der Staatsbank der DDR eingezahlt. Das Landgericht ist der Auffassung, T habe sich nicht nach dem z.Z. der Tat geltenden § 246 a.F. strafbar gemacht. Wie hat der *BGH* entschieden?
(Vgl. *BGH[GS]St* 41, 187)

§ 246 a.F. lautete:
„(1) Wer eine fremde bewegliche Sache, die er in Besitz oder Gewahrsam hat, sich rechtswidrig zueignet, wird mit Freiheitsstrafe bis zu drei Jahren oder mit Geldstrafe und, wenn die Sache ihm anvertraut ist, mit Freiheitsstrafe bis zu fünf Jahren oder mit Geldstrafe bestraft.
(2) …"

Zur Vertiefung: *Otto*, Jura 1998, 550 ff.

dass er die Sachen damit **sich zueignet**. Die Förderung der Staatsziele oder die Abwendung der drohenden Zahlungsunfähigkeit der DDR und des damit verbundenen Verlustes des Gehalts stellen ebenso wenig „wirtschaftliche Vorteile aus der Nutzung der Sache" dar wie die Absicherung der beruflichen Existenz und Stellung durch systemkonformes Verhalten. Da § 246 a.F. vor dem 6. StrRG aber nur das „sich zueignen" unter Strafe stellte, hat sich T daher nicht wegen Unterschlagung strafbar gemacht. Der **Gesetzgeber** hat u.a. diesen Fall zum Anlass genommen, den Tatbestand um die **Drittzueignung**, die hier unzweifelhaft vorliegt, zu erweitern.

Ergänzende Bemerkungen:
(1) Die vom Gesetzgeber ausdrücklich erfolgte Anknüpfung an diese Fälle ist freilich problematisch: Wegen Art. 315 EGStGB und § 2 I führt die Änderung in den zurückliegenden DDR-Fällen selbstverständlich nicht zu einer Verurteilung. Für die Zukunft eine solche historisch singuläre Konstellation zum Grund für eine Gesetzesänderung mit der Folge einer Strafbarkeitsausdehnung zu machen, erscheint aber zweifelhaft, zumal die Aufnahme der Drittzueignung in vielen anderen Konstellationen eher zu neuen Schwierigkeiten als zu Vereinfachungen geführt hat, so etwa bei der Grenzziehung zu strafbarem Verhalten in Fällen, in denen mit bloßem dolus eventualis die Zueignung durch einen Dritten ermöglicht wird.
(2) Der *BGH* hielt es nicht für grundsätzlich ausgeschlossen, dass Organwalter, Mitglieder oder Bedienstete einer Organisation eine fremde Sache sich zueignen, wenn sie diese der Organisation zuwenden. Dies liege z.B. – anders als bei dem dem Staatshaushalt Sachen zuführenden Funktionär – bei dem Einmanngesellschafter und Geschäftsführer einer GmbH durchaus nahe.

75. T war städtischer Beamter. Zu seinen Aufgaben gehörte es, Lebensmittelproben bei Kaufleuten zu entnehmen und diesen etwaige Beanstandungen mitzuteilen. Zugleich hatte er den Kaufleuten Rechnungen des Untersuchungsamtes über die Untersuchungskosten nebst Zahlkarte mit der Aufforderung zu überreichen, den Kostenbetrag dem Untersuchungsamt zu überweisen. Die Forderungen einzuziehen war T nicht befugt.

a) T kassierte dennoch bei einigen Kaufleuten den Kostenbetrag unter Vortäuschung seiner Berechtigung. Hat sich T neben dem begangenen Betrug auch noch wegen Unterschlagung strafbar gemacht?

b) Nachdem T das Geld kassiert hatte, ging er nach Hause und kaufte sich davon ein neues Fernsehgerät. Strafbarkeit wegen Unterschlagung am Geld?

(Vgl. *BGHSt* 14, 38)

Zur Vertiefung: *Rengier I*, § 5 Rn. 28–30, 22; *Murmann*, NStZ 1999, 14 ff.

a) Nein. Nach Ansicht des ***BGH*** liegt schon tatbestandlich keine Unterschlagung vor, wenn sich der Täter die fremde Sache gleichzeitig mit Zueignungswillen durch eine strafbare Handlung wie z. B. Diebstahl, Raub, Erpressung oder Betrug verschafft hat. Es könne nicht Sinn des Unterschlagungstatbestandes sein, in allen diesen Fällen zusätzlich angewendet zu werden. Strittig ist, ob diese sog. „**Tatbestandslösung**“ auch nach Einführung der **Subsidiaritätsklausel** in § 246 noch haltbar ist. Dies wird zu bejahen sein, da deren Wortlaut eine **weitergehende tatbestandliche Einschränkung** des Anwendungsbereichs des § 246 zulassen dürfte. Nach h.L. dagegen tritt die tatbestandlich erfüllte Unterschlagung erst im Konkurrenzwege zurück, sofern das gleichzeitig begangene Delikt mit schwerer Strafe bedroht ist, andernfalls im Wege der Gesetzeskonkurrenz („**Konkurrenzlösung**“).

b) Nein. Darüber besteht im Ergebnis weitgehend Einigkeit, allerdings gehen auch hier die Begründungen auseinander: Der ***BGH*** vertritt im Fall der „**wiederholten Zueignung**“ ebenfalls seine These, die Unterschlagung setze tatbestandlich voraus, dass sich der Täter die fremde Sache nicht bereits durch ein Zueignungs- oder Bereicherungsdelikt zugeeignet hat. Er verweist auf Unbilligkeiten, die ansonsten hinsichtlich der Strafbarkeit einer Teilnahmehandlung und der Verjährung entstünden (Förderung der Verwertungstat als strafbare Beihilfe zur Unterschlagung trotz Straflosigkeit des Haupttäters, Neubeginn der Verjährung mit jeder erneuten Zueignungshandlung). Die **Literatur** hingegen bejaht bei wiederholten Zueignungshandlungen den Tatbestand des § 246 und lässt diesen lediglich im Wege der Gesetzeskonkurrenz zurücktreten (**mitbestrafte Nachtat**). Sie nimmt die dann gegebene Teilnahmestrafbarkeit sowie die Verjährungsfolgen hin. Die in § 246 eingefügte **Subsidiaritätsklausel** hat für wiederholte Zueignungshandlungen **keinerlei Bedeutung**, da sie sich nach überzeugender (wenngleich nicht ganz unbestrittener) Meinung nur auf „Gleichzeitigkeitsfälle" bezieht („die Tat", vgl. auch Fall 79).

76. In Fall 75b gab G, ein Freund des T, dem T in Kenntnis aller Umstände einen Tipp, wo dieser am günstigsten ein Fernsehgerät für das erlangte Geld erwerben könne. Hat sich G strafbar gemacht, wenn ihm im Prozess eine Vorteilssicherungsabsicht i.S.v. § 257 nicht nachgewiesen werden kann?

Zur Vertiefung: *Rengier I,* § 5 Rn. 23 f.

Hier wirkt sich der Streit um Tatbestands- oder Konkurrenzlösung nicht nur in der Begründung, sondern auch im Ergebnis aus: Nach dem ***BGH*** entfällt **mangels** Vorliegens einer vorsätzlichen rechtswidrigen **Haupttat** (§§ 27, 11 I Nr. 5) zugleich eine in Betracht kommende Teilnahmestrafbarkeit (s.o.). Nach der **Literatur** kann die lediglich im Konkurrenzwege zu Gunsten des T zurücktretende wiederholte Unterschlagung durchaus Anknüpfungspunkt einer Teilnahme bilden, da sie eine tatbestandsmäßige, vorsätzliche und rechtswidrige Tat i.S.d. §§ 26, 27 ist. G hat sich nach dieser Ansicht daher durch seinen Ratschlag wegen **Beihilfe** zur Unterschlagung strafbar gemacht (§§ 246, 27).

77. T wollte Möbel erwerben. Da es um seine Finanzen schlecht bestellt war, täuschte er der Firma O seine Kredit-

a) Nein. Durch den vorausgegangenen Betrug verschaffte sich T lediglich den **(Fremd-) Besitz** an den Möbeln ohne die Absicht, sich diese zuzueignen. Erst

würdigkeit vor und bewog diese dadurch zum Verkauf hochwertiger Möbel auf Ratenzahlungen unter Eigentumsvorbehalt. T hatte dabei die Absicht, die Möbel entsprechend den Bedingungen des Kaufvertrages zu benutzen und wollte sie nicht vertragswidrig verwenden. Als sich seine Vermögensverhältnisse jedoch noch weiter verschlechterten, fasste T den Entschluss, die noch nicht vollständig abbezahlten Möbel zu veräußern und setzte diesen Plan alsbald in die Tat um. Das Gericht möchte T nicht nur wegen Betruges, sondern auch wegen Unterschlagung verurteilen, sieht sich hieran aber durch die Entscheidung *BGHSt* 14, 38 (Fall 75) gehindert. Zu Recht? (Vgl. *BGHSt* 16, 280)

Zur Vertiefung: *Rengier I*, § 5 Rn. 29 f.

als T die Möbel veräußerte, erkannte er das Eigentum der O nicht mehr an, sondern bekundete einen neuen weitergehenden Willen zur alleinigen und uneingeschränkten Herrschaft über die fremden Sachen. Diese Verfügung über das fremde Eigentum stellte damit die **erste Zueignungshandlung** dar. Daher liegt in dem Verkauf der Möbel eine dem vorausgegangenen Betrug nachfolgende selbständige Unterschlagung. *BGHSt* 14, 38 steht dem nicht entgegen, da dort, anders als hier, lediglich für den Fall einer **wiederholten Zueignungshandlung** die Tatbestandslosigkeit der nachfolgenden Unterschlagung ausgesprochen wurde. T hat sich damit nicht nur wegen Betruges, sondern auch wegen Unterschlagung strafbar gemacht (§§ 263, 246, 53 – Tatmehrheit).

b) Ergänzend ist darauf hinzuweisen, dass (wie auch in den Fällen 68b, 71a und 73) sogar eine veruntreuende Unterschlagung in Betracht kommt. Die Zueignung **anvertrauter Sachen** ist als Qualifikation der einfachen Unterschlagung in § 246 II geregelt. Die Veruntreuung setzt Verfügungsgewalt des Täters i.S.v. (mittelbarem) Besitz oder Gewahrsam voraus. Anvertraut sind solche Sachen, die der Täter vom Eigentümer oder einem Dritten mit der Verpflichtung erlangt hat, sie zu einem bestimmten Zweck zu verwenden, zu verwahren oder zurückzugeben. Dies trifft für gemietete, geliehene oder zur Erfüllung eines Auftrages übergebene Sachen ebenso zu wie für unter Eigentumsvorbehalt erworbene oder sicherungsübereignete Sachen. An ein Anvertrautsein werden damit trotz gleicher Strafdrohung weit geringere Anforderungen gestellt als an ein Treueverhältnis i.S.d. § 266.

78. T war auf nicht näher zu klärende Weise in den Besitz eines „Order- und Verrechnungsschecks" gelangt, der von A über 20.000 € ausgestellt und in dem B als Zahlungsempfänger bezeichnet worden war. T legte den Scheck bei seiner Bank vor und ließ sich den Betrag auf seinem Konto gutschreiben.

a) Hat sich T wegen Unterschlagung strafbar gemacht?

b) Wie verhält sich hierzu ein in Betracht kommender Betrug zum Nachteil des Scheckausstellers?

(Vgl. *BayObLG* NJW 1999, 1648)

a) Ja. Durch das Vorhaben, sich den im Scheck verkörperten Sachwert gutschreiben und damit dem eigenen Vermögen zufließen zu lassen, **gerierte** sich T unter Ausschluss des Berechtigten **wie ein Eigentümer** der Scheckurkunde. Durch die Vorlage an die Bank zum Zweck des Inkassos dokumentierte er dies auch nach außen hin, womit die Unterschlagung vollendet war.

b) Im Verhältnis zum Scheckaussteller bzw. dem sonst Scheckberechtigten wird durch die wirtschaftliche Verwertung des Schecks, insbesondere also die Auszahlungen, zwar tatbestandlich wohl ein (Dreiecks-) Betrug verwirklicht. Allerdings führt dies zur keiner Erweiterung oder Vertiefung der bereits durch die Unterschlagung bewirkten Eigentumsverletzung. Daher handelt es sich insoweit lediglich um **mitbestrafte Nachtat**. Das Beispiel zeigt, dass es Fälle gibt, in denen die Unterschlagung trotz der gesetzlich angeordneten Subsidiarität gegenüber anderen (tatmehrheitlich nachfolgenden) Vermögensdelikten vorrangig sein kann.

Ergänzende Bemerkung:

Ob ein eigenständiger – zur Unterschlagung in Tatmehrheit stehender – Betrug gegenüber und zu Lasten der Bank vorliegt, hängt im einzelnen von der Art des Schecks ab, wofür der Sachverhalt keine ausreichenden Anhaltspunkte erhält.

79. T erstach O und nahm anschließend auf Grund eines neuen Entschlusses dessen Mobiltelefon und Geldbeutel an sich. Das Landgericht verurteilte T wegen Totschlags in Tatmehrheit mit Unterschlagung. Zu Recht?
(*BGHSt* 47, 243)

Zur Vertiefung: *Mitsch II/1*, § 2 Rn. 75 ff.; *Rengier I*, § 6 Rn. 29; *Duttge/Sotelsek*, NJW 2002, 3756 ff.; *Otto*, NStZ 2003, 87 f.

Nach der (allerdings verbreitet kritisierten) Ansicht des *BGH*: **nein**. Soweit in derartigen Fallgestaltungen nicht Tatmehrheit, sondern **Tateinheit** zwischen dem Tötungsdelikt und dem Vermögensdelikt vorliegt, ist grundsätzlich der Anwendungsbereich der Subsidiaritätsklausel des § 246 I a.E. eröffnet (vgl. oben Fall 75b). Fraglich ist allerdings, ob die Subsidiaritätsklausel auch in Fällen anwendbar ist, in denen es sich bei der Vorschrift mit höherer Strafandrohung (z.B. um einen Totschlag und) nicht um ein Zueignungsdelikt handelt. Der *BGH* bejaht dies mit der Begründung, eine einschränkende Auslegung sei mit dem Wortlaut der **allgemeinen Subsidiaritätsklausel** in § 246 unvereinbar. Dies zeige insbesondere ein Vergleich mit Tatbeständen, die eine spezielle Subsidiaritätsklausel enthalten, wie etwa §§ 265, 316. Dagegen lässt sich freilich **einwenden**, dass der **Gesetzgeber § 246** in seiner Fassung durch das 6. StrRG als **Auffangtatbestand** aller Delikte im **Zueignungsbereich** konzipieren wollte. Allerdings ist dem *BGH* zuzugestehen, dass dieser Wille im Wortlaut des Gesetzes nicht mit der möglichen Klarheit zum Ausdruck gebracht worden ist, wie etwa der Vergleich mit dem im gleichen Gesetz geänderten § 265 zeigt. Da die Ablehnung einer Subsidiarität den Täter letztlich belastet, spricht trotz systematischer Bedenken daher einiges dafür, den Gesetzgeber tatsächlich „beim Wort zu nehmen“ und die Subsidiaritätsklausel des § 246 gegenüber allen Delikten mit höherer Strafdrohung anzuwenden.

Ergänzende Bemerkung:
Das Zusammentreffen der Unterschlagung mit einem Nichtzueignungs- oder Bereicherungsdelikt im Fall der Tateinheit stellt sich damit als quasi eigenständiger Anwendungsfall der Subsidiaritätsklausel dar, da die Subsidiarität sich hier (anders als gegenüber vielen Vermögensdelikten) nach den allgemeinen Grundsätzen der materiellen Subsidiarität kaum begründen ließe.

80. **a)** E gab dem T Geld zum Ankauf von Diebeswerkzeug. T gab es für private Zwecke aus.
b) Dieb D gab seine Beute dem Hehler T zur Verwahrung. T veräußerte sie ohne Wissen des D für eigene Zwecke weiter.
Wurden T jeweils Sachen i.S.v. § 246 II anvertraut?

Zur Vertiefung: *Rengier I,* § 5 Rn. 25 f.

a) Nach überwiegender, wenngleich bestrittener Ansicht: **ja**. Ein missbilligtes Opferverhalten alleine solle **nicht** zu einer **Verwirkung** des strafrechtlichen Schutzes führen. Man kann dies allerdings mit guten Gründen auch anders sehen: Bei § 246 II ist neben der Eigentumsverletzung der **Vertrauensbruch** Grund für die erhöhte Strafe. Dieses Vertrauen verdient aber bei sittenwidrigen Verhältnissen gerade **keinen Schutz**.
b) Nach allgemeiner Ansicht: **nein.** Die zusätzliche Besonderheit gegenüber Variante a) liegt hier darin, dass die Überlassung der Sachen den Eigentümerinteressen zuwiderläuft. Diese sind daher nicht anvertraut i.S.d. § 246 II, da die Vorschrift zwar auch den Vertrauensbruch pönalisieren soll (vgl. o.), aber auf Grund der alleine auf den Eigentümer gewandten Schutzrichtung des § 246 nur das **Vertrauen des Eigentümers** schützt.

V. Haus- und Familiendiebstahl (§ 247) und Diebstahl und Unterschlagung geringwertiger Sachen (§ 248a)

81. T hatte auf einer Faschingsveranstaltung die unverheiratete O kennen gelernt. T schlug einige Tage später vor, „doch zusammenzuleben", womit O einverstanden war. T hatte dabei von Anfang an vor, „das Interesse der O an ihm auszunutzen und unter verschiedenen erfundenen Vorwänden die O zu veranlassen, ihm ihr erspartes Geld auszuhändigen und das so erlangte Geld für sich zu verbrauchen". Auf dieses Weise erschwindelte sich T im Laufe des Zusammenlebens mehrere tausend Euro. O war es zu peinlich, Strafantrag zu stellen. Sind die Taten des T auch ohne Strafantrag verfolgbar?
(Vgl. *BGHSt* 29, 54)

Zur Vertiefung: *Rengier I*, § 6 Rn. 1 f.

Ja. Zwar werden nach § 247 Diebstahl und Unterschlagung (einschließlich der §§ 243–244a und § 246 II) sowie durch Verweisung die Taten nach §§ 248c, 259, 263, 263a, 265a, 266 **nur auf Strafantrag** (§ 158 II StPO) verfolgt, wenn durch die Tat ein **Angehöriger**, der Vormund oder der Betreuer verletzt ist oder der Täter zur Zeit der Tat mit dem Verletzten **in häuslicher Gemeinschaft** lebt. Grund hierfür ist nicht etwa geringeres Unrecht oder verminderte Schuld, sondern der Schutz des häuslichen Friedens vor unerwünschter Strafverfolgung. Das Antragserfordernis gibt den Mitgliedern der Gemeinschaft die Möglichkeit, die Angelegenheit unter sich zu bereinigen und den häuslichen Frieden von selbst wieder herzustellen. Allerdings ist zweifelhaft, ob T mit O in **häuslicher Gemeinschaft** i.S.d. § 247 i.V.m. § 263 IV lebte. Als solche kommen neben dem gemeinsam geführten Haushalt von Familienmitgliedern auch tatsächliche Wohn- und Haushaltsgemeinschaften in Betracht, soweit sie auf **freiem Entschluss** (also nicht: Soldaten in einer Kaserne) beruhen und **ernstlich** auf ein Zusammenleben von gewisser Dauer ausgerichtet sind. Am letzten Merkmal fehlt es jedoch, da T von vornherein das Zusammenleben nur dazu ausnutzen wollte, Betrügereien zu Lasten der O zu begehen. Ihm fehlte daher der Wille zu einem ernsthaften Zusammenleben. Die Taten sind somit mangels Eingreifens des § 247 auch ohne Antrag verfolgbar.

82. In Fall 81 nahm O dem T eines Abends aus Ärger über das verschwendete Geld dessen Uhr im Wert von 100 € mit, um sie für sich zu behalten. O ging die ganze Zeit davon aus, dass T zwar „Fehler gemacht habe“, die Beziehung aber an sich „ehrlich und auf Liebe gegründet war“. Ist auch hier die Verfolgung des Diebstahl ohne Antrag wegen § 247 möglich?

Zur Vertiefung: *Mitsch BT II/1*, § 1 Rn. 271.

Ja. Ist wie hier (vgl. Fall 81) bei einem Mitglied einer häuslichen Gemeinschaft der Wille zum gemeinsamen ernstlichen Zusammenleben nicht vorhanden, liegt insgesamt keine häusliche Gemeinschaft i.S.d. § 247 vor. Dass O sich eine solche vorstellte, ist unerheblich. Da das Strafantragserfordernis allein vom objektiven Vorliegen einer durch § 247 privilegierten persönlichen Beziehung abhängt und sich der Vorsatz hierauf nicht zu beziehen braucht, bleibt ein diesbezüglicher **Irrtum bedeutungslos.** § 247 greift damit nicht ein. Eine Verfolgung ist auch ohne Antrag möglich.

83. Ist die Verfolgung des Diebstahls in Fall 82 ohne Antrag vielleicht wegen § 248a ausgeschlossen?

Zur Vertiefung: *Rengier I*, § 6 Rn. 3.

Nein. Zum einen könnten – anders als bei § 247 – die Strafverfolgungsbehörden auch ohne gestellten Strafantrag von Amts wegen einschreiten, sofern sie dies wegen des besonderen öffentlichen Interesses für geboten halten. Dies erklärt sich daraus, dass § 248a keine spezielle Gemeinschaft schützt, sondern nur die Verfolgung von **Bagatellkriminalität** steuern soll. Zum anderen liegt der **Verkehrswert** der von O entwendeten Uhr **zur Tatzeit** jedenfalls über der Geringwertigkeitsschwelle (25–50 €, vgl. Fall 45).

Ergänzende Bemerkung:
Anders als § 247 bezieht sich § 248a beim Diebstahl nur auf § 242 (also nicht auf §§ 244, 244a und auch nicht auf § 243, sofern nicht über die Anwendung des § 243 II ohnehin nur § 242 zum Zuge kommt), bei der Unterschlagung aber wiederum auch auf § 246 II. Auf § 248a verweisen §§ 248c, 259, 263, 263a, 265a, 266 (wie bei § 247) und darüber hinaus § 266b.

VI. Jagdwilderei (§ 292)

84. T war Eigentümer einer größeren zusammenhängenden Waldfläche, die einen Eigenjagdbezirk bildete. Da er kein Interesse an der Jagd hatte, übertrug er die Ausübung des Jagdrechts mittels Jagdpachtvertrages dem O. Als T eines Tages Besuch in seinem Landhaus erhielt, wurde der Wunsch geäußert, doch für den Abend einen leckeren Hasen zu schießen. T gab nach, holte seine alte Schrotflinte aus dem Schuppen und erlegte einen Feldhasen auf einer zu seinem Grundstück gehörenden Wiese. O war empört. Hat sich T strafbar gemacht?

Zur Vertiefung: *Rengier I*, § 29 Rn. 1 u. 5.

Ja. T hat sich zwar mangels Fremdheit des Hasen nicht wegen Diebstahls, aber wegen **Jagdwilderei** nach § 292 I Nr. 1 strafbar gemacht, der (vorrangig) das Aneignungsrecht des Jagdausübungsberechtigten schützt. Tatobjekt des § 292 I Nr. 1 ist herrenloses lebendes Wild, d.h. die in § 2 BJagdG aufgezählten jagdbaren Tiere, während seine Nr. 2 unter dem Begriff „eine Sache, die dem Jagdrecht unterliegt", gem. § 1 V BJagdG im Wesentlichen herrenloses „Fallwild" (verendetes Wild) betrifft. T hat nach § 292 I Nr. 1, Var. 3 Wild, und zwar einen Feldhasen, erlegt. Voraussetzung für beide Tatbestände ist aber weiterhin die **Verletzung** fremden **Jagdrechts** oder **Jagdausübungsrechts**. Das Jagdrecht als dingliches Recht folgt aus dem Eigentum am Grund und Boden und darf nur in Jagdbezirken ausgeübt werden. T wäre daher grundsätzlich befugt gewesen, in seinem Revier zu jagen. Allerdings hat er wirksam die **Ausübung** des Jagdrechts auf O **übertragen**, so dass das Jagdausübungsrecht des O nunmehr dem dinglichen Jagdrecht des T vorgeht. Dieses Jagdausübungsrecht hat T verletzt, als er den Hasen schoss. Er hat folglich auf seinem eigenen Grundstück eine Wilderei begangen.

85. Ganove T wollte mit dem illegalen Handel von geschossenem Edelwild Geld verdienen. Als Wilderer W ihm ein erlegtes Alpenschneehuhn zeigte, wollte T es unbedingt

Im Ergebnis: **nein**.

a) Eine Bestrafung wegen **Diebstahls** scheidet **mangels Vorsatzes** aus. Das Huhn wurde zwar vom Jagdausübungsberechtigten J erlegt sowie in Besitz genommen und war daher nicht mehr her-

haben, sah sich aber außerstande, den horrenden Preis zu bezahlen. T sah auch nicht ein, dass er für ein, wie er dachte, ohnehin gewildertes Huhn so viel Geld zahlen sollte. Kurz entschlossen riss er daher H das Huhn aus den Händen und machte sich damit aus dem Staub. In Wirklichkeit war das Huhn von Jagdpächter J erlegt und an W verkauft worden. Hat sich T strafbar gemacht?

Zur Vertiefung: *Rengier I*, § 29 Rn. 8–10.

renlos, sondern gem. § 958 I und II BGB eine fremde bewegliche Sache. T verwirklichte folglich den objektiven Tatbestand des Diebstahls, als er H das Huhn aus der Hand riss. Allerdings hatte T die Vorstellung, das Huhn sei gewildert worden und damit gem. § 958 II BGB immer noch herrenlos. T fehlte damit der Vorsatz bezüglich der Wegnahme einer **fremden Sache** (§ 16 I).

b) Aber auch **Jagdwilderei** scheidet aus. § 292 I Nr. 1 entfällt, da dort nur lebendes Wild erfasst ist (vgl. oben Fall 84). § 292 I Nr. 2 erfast zwar totes Wild, setzt aber voraus, dass dieses (noch) dem Jagdrecht unterliegt. Mit der Aneignung des Huhns durch den Jagdausübungsberechtigten J und dessen Eigentumserwerb gem. § 958 I BGB hatte das Huhn die Eigenschaft verloren, **dem Jagdrecht zu unterliegen**. § 292 ist damit schon objektiv nicht verwirklicht. Der (untaugliche) Versuch des T, sich eine dem Jagdrecht unterliegende Sache zuzueignen, bleibt straflos, da § 292 den Versuch der Wilderei nicht mit Strafe bedroht. T hat sich daher im Ergebnis nicht strafbar gemacht.

c) Diese „Strafbarkeitslücke" ergibt sich aus der gesetzlichen Konzeption, die zwischen Eigentum und Aneignungsrechten unterscheidet, und ist mit dem fragmentarischen Charakter des Strafrechts zwanglos zu vereinbaren. Versuche, etwa durch die Konstruktion eines generell deliktischen Vorsatzes (bei dem von Laien zwischen Eigentum und Aneignungsrechten ohnehin nicht unterschieden werde) dennoch zu einer Strafbarkeit zu kommen, sind abzulehnen.

Zum einen ist der Wildereivorsatz qualitativ etwas anderes als der Diebstahlsvorsatz (daher kein § 242). Zum anderen kann die subjektive Vorstellung des Täters den Mangel am objektiven Tatbestand nicht ersetzen (sog. „Plus-Minus-Theorie"; daher kein § 292).

Ergänzende Bemerkungen:
(1) Eine Strafbarkeit kann auch nicht etwa wegen (untauglichen) Versuchs mit dem Hinweis begründet werden, dass § 292 (insbesondere in der Variante des Nachstellens) als unechtes Unternehmensdelikt verstanden wird. Denn diese Figur kann nicht die fehlende rechtliche Qualifikation des Tatobjekts überwinden.
(2) In der **umgekehrten Situation**, in welcher der Täter annimmt, das Tier sei ordnungsgemäß vom Jagdausübungsberechtigten erlegt und dann entwendet worden, dieses in Wahrheit aber gewildert wurde, kann dagegen mit der überwiegenden und überzeugenden Meinung ein versuchter Diebstahl bejaht werden: Zwar war das Tier mangels Eigentumserwerbs (§ 958 II BGB) noch herrenlos und damit kein taugliches Objekt des Diebstahls. Die Vorstellung des Täters ist dann aber auf einen Sachverhalt gerichtet, bei dessen tatsächlichem Vorliegen nach § 958 I BGB ein Eigentumserwerb stattgefunden hätte, so dass ein Diebstahlsvorsatz zu bejahen wäre.

86. Wie liegt der Fall, wenn T annimmt, Wilderer W habe das Huhn dem Jagdausübungsberechtigtem, der es erlegt hatte, entwendet, während W es in Wahrheit von Oberwilderer X erworben hatte und dabei der irrigen Meinung war, X habe mittlerweile eine Jagdausübungsberechtigung und das Huhn somit „legal" geschossen?

T hat sich in diesem Fall wegen **vollendeten Diebstahls** strafbar gemacht. Das Huhn war zwar zunächst von X gewildert und damit herrenlos. W hat daran aber **gutgläubig Eigentum** erworben, da er der Meinung war, X habe es ordnungsgemäß erlegt und sei damit Eigentümer des Huhnes (§§ 958 I, 929 S. 1, 932 I S. 1 BGB). § 935 I BGB steht dem gutgläubigen Erwerb des W nach h.M. nicht entgegen, da das Huhn dem jeweiligen Jagdausübungsberechtigten nicht abhanden gekommen ist. Der Vorsatz des T bezog sich auch auf die Wegnahme eine fremden beweglichen Sache. Dabei ist unerheblich, dass T den Jagdausübungsberechtigten J für den Eigentümer hielt, während in Wahrheit W auf Grund seines gutgläubigen Erwerbs Eigentümer war (vgl. dazu oben Fall 19a). T ist daher aus § 242 zu bestrafen.

VII. Pfandkehr (§ 289)

87. T war mit den Mietzahlungen an seinen Vermieter O erheblich im Verzug. Eines Abends zog er heimlich aus der Wohnung aus, nahm all seine Sachen mit und verschwand. O stellte Strafantrag. Wie hat sich T strafbar gemacht?

Zur Vertiefung: *Rengier I,* § 28 Rn. 6 f.

Nach überwiegender Meinung: nach **§ 289**. Die Vorschrift schützt bestimmte dingliche und obligatorische Rechte an beweglichen Sachen gegen Wegnahme und ergänzt dadurch die Eigentumsdelikte. An den eingebrachten Sachen des T bestand ein **Vermieterpfandrecht** des O aus § 562 BGB. Dieses Pfandrecht erlosch zwar nicht (§ 562a BGB), wurde aber durch die Mitnahme wirtschaftlich entwertet. Fraglich ist jedoch, ob T seine eigenen beweglichen Sachen dem Pfandgläubiger O auch **weggenommen** hat. Die wohl überwiegende Ansicht, darunter die Rspr., verlangt für die „Wegnahme" i.S.d. § 289 keinen Gewahrsamsbruch wie bei § 242. Es soll vielmehr ausreichen, dass die Sache dem tatsächlichen Macht- und Zugriffsbereich des Rechtsinhabers so entzogen wird, dass diesem die Ausübung der genannten Rechte unmöglich gemacht wird. Nach dieser Ansicht sind auch die Inhaber **besitzloser gesetzlicher Pfandrechte**, wie bei § 562 BGB, geschützt, ohne dass dem Schuldner zugleich die Zwangsvollstreckung drohen muss (dann § 288). Gegen diese Sichtweise spricht zwar, dass an sich innerhalb des StGB die einheitliche Verwendung bestimmter Begriffe (wie hier der „Wegnahme“) durch den Gesetzgeber nahe liegen würde. Andererseits erscheint der Inhaber eines gesetzlosen Pfandrechts sogar in höherem Maße schutzwürdig, da es ihm kaum möglich ist, sich selbst gegen die Entwertung seines Pfandrechts zu schützen. Für den subjektiven Tatbestand ist neben dem Tatbestandsvorsatz ein Handeln in rechtswidriger Absicht erforderlich. Hierfür genügt **direkter Vorsatz**, und zwar bezüglich der Vereitelung des fremden Rechts durch endgültiges Wiederherstellen der eigenen uneingeschränkten Verfügungsmöglichkeit. Folgt man der überwiegenden Meinung zur „Wegnahme“, hat sich T durch sein „Rücken“ daher nach § 289 strafbar gemacht. Der nach § 289 III erforderliche Strafantrag wurde durch O gestellt.

Ergänzende Bemerkung:
Hätte statt des T dessen Freund F die Sachen aus der Wohnung vorübergehend mit zu sich nach Hause genommen, so hätte auch dieser sich in Form der Wegnahme zu Gunsten des Eigentümers nach § 289 strafbar gemacht. Diese ist nicht nur dann möglich, wenn der Dritte dem Eigentümer den unmittelbaren Besitz verschaffen will, sondern auch dann, wenn er im Einverständnis mit dem Eigentümer die Sache wegnimmt, um sie für diesen zu verwahren oder selbst zu gebrauchen.

88. Wie wäre Fall 87 zu entscheiden, wenn …
a) T nur seine (wertvolle) Siam-Katze mitgenommen hätte?
b) T zwar mitsamt seinen Sachen ausgezogen wäre, aber eine hochwertige Stereoanlage

a) Gesetzliche Pfandrechte entstehen nicht an **unpfändbaren Gegenständen**. Gem. §§ 562 I S. 2 BGB, 811c I ZPO erstreckte sich das Vermieterpfandrecht des O nicht auf die Hauskatze des T. § 289 scheidet daher aus.
b) Gem. § 562a S. 2 aE BGB kann der Vermieter der Entfernung der Sachen

hinterlassen hätte, die O zur Befriedigung der Mietschulden verwerten hätte können?

nicht wiedersprechen, wenn die zurückbleibenden Sachen zu dessen **Sicherung** offenbar **ausreichen**. Das Pfandrecht erlischt in diesem Fall mit dem Herausschaffen der Sachen aus der Wohnung, auch wenn dies ohne Wissen des Vermieter geschieht. § 289 scheidet daher aus, da die zurückgelassene hochwertige Stereoanlage offenbar zur Sicherung des O ausreichte.

89. Jurastudent T veräußerte seinem Wohnheimnachbarn O eine Angelausrüstung unter Eigentumsvorbehalt. Noch bevor O den Kaufpreis zahlen konnte, bereute T das Geschäft und entwendete die Ausrüstung in O' s Abwesenheit aus dessen Zimmer, um sie dauerhaft für sich selbst zu behalten. Hat sich T nach § 289 strafbar gemacht?

Zur Vertiefung: *Rengier I,* § 28 Rn. 2.

Ja. Zu den „Gebrauchsrechten" i.S.d. § 289 gehört neben dem Gebrauchsrecht des Mieters oder Entleihers auch das des **Vorbehaltskäufers** oder des Sicherungsgebers bei der Sicherungsübereignung. Dieses Gebrauchsrecht hat T absichtlich vereitelt, als er O die Angelausrüstung wegnahm. Die Wegnahme der unter Eigentumsvorbehalt verkauften Sache fällt also bis zur Zahlung des Kaufpreises zwar noch nicht unter § 242 (noch Eigentum des T, §§ 449 I, 929, 158 I BGB), sehr wohl aber unter § 289.

C. Betrug und betrugsähnliche Delikte

I. Betrug (§ 263)

90. Wie lautet das gängige Prüfungsschema zum Betrug?

Zur Vertiefung: *Kindhäuser II*, § 26 Rn. 1–5; § 27 Rn. 108; *Rengier I*, § 11 Rn. 3.

I. Tatbestand
- **1. Objektiver Tatbestand**
  - a) Täuschung
  - b) Irrtum
  - c) Vermögensverfügung
  - d) Vermögensschaden
  - e) Kausalität zwischen a–d
- **2. Subjektiver Tatbestand**
  - a) Vorsatz hinsichtlich der objektiven Merkmale
  - b) Absicht der rechtswidrigen Bereicherung
    - (1) Absicht (dolus directus 1. Grades) der Eigen- oder Drittbereicherung
    - (2) Stoffgleichheit bzw. Unmittelbarkeit der erstrebten Bereicherung
    - (3) Objektive und subjektive Rechtswidrigkeit der erstrebten Bereicherung

II. Rechtswidrigkeit
III. Schuld

91. Trickbetrüger T hatte sich beim Maßschneider O einen edlen Anzug maßfertigen lassen. Als er den Anzug abholte, beteuert er gegenüber O, dass er morgen noch einmal zum Bezahlen vorbeikommen werde, weil er in Eile sei. O ließ sich drauf ein und

Unter gewisser Lösung vom Wortlaut der drei Varianten des Tatbestands wird die Tathandlung des Betruges herkömmlich als „Täuschung über gegenwärtige oder vergangene Tatsachen“ definiert. Tauglicher Täuschungsgegenstand sind grundsätzlich vergangene und gegenwärtige Tatsachen, also alle Umstände, die dem Beweis zugänglich

sah den T nie wieder. Hat T den O getäuscht?

Zur Vertiefung: *Rengier I*, § 13 Rn. 2 f.

sind. Hier ist hinsichtlich des Täuschungsgegenstandes problematisch, dass die **Rückkehr** am nächsten Tag eine **zukünftige Tatsache** ist. Mit Erklärungen über zukünftige Tatsachen kann nur dann ausnahmsweise getäuscht werden, wenn sie naturgesetzlich zwingend determiniert sind (z.B. Sonnenfinsternis). Dies ist hier nicht der Fall. Die ganz h.M. wertet jedoch Erklärungen über zukünftige Tatsachen oft zugleich als Erklärung der **gegenwärtigen Überzeugung** des Erklärenden und damit als sog. „**innerer Tatsache**". T hat hier somit über seinen gegenwärtigen Willen getäuscht, am nächsten Tag bezahlen zu wollen.

Ergänzende Bemerkung:
Bedeutung (in Klausur und Praxis) kommt der Täuschung über innere Tatsachen etwa bei der „Zechprellerei" zu.

92. Jungunternehmer T hatte im Frühjahr 2000 die Firma „something.com" gegründet, deren Geschäftsziel „irgendetwas mit dem Internet" war. Um Kapital zu beschaffen, schwärmte er gegenüber seinem Freund O, dass sein Unternehmen „enorme Expansionsmöglichkeiten habe und der Geschäftserfolg sicher sei, da er schließlich eine Spitzengeschäftsidee und finanzstarke Partner habe". O beteiligte sich daraufhin mit 100.000 €. Als das Unternehmen zwei Jahre später einer gewissen „Konsolidierung" zum Opfer

T hat allenfalls im Prinzip Recht. Zwar sind bloße **Stellungnahmen** des „Meinens" ohne überprüfbaren Tatsachengehalt oder Prognosen in der Tat **kein tauglicher Täuschungsgegenstand**. Dies trifft bei isolierter Betrachtung auf die behaupteten „Expansionsmöglichkeiten" und die „Spitzengeschäftsidee" zu. Allerdings sind diese hier mit der nachprüfbaren Behauptung der „finanzstarken Partner" verbunden. Selbst wenn man der Beurteilung als „finanzstark" auch ein Element der Stellungnahme zuspricht, so enthält diese Behauptung zumindest einen **Tatsachenkern**, nämlich das Vorliegen von Partnern überhaupt und eine – gemessen an den Umständen und dem Ge-

gefallen war, zeigte O den T wegen Betruges an. Die „finanzstarken Partner“ existierten leider nur in der Fantasie des T. Gegenüber dem Staatsanwalt verteidigt sich T damit, dass der prognostizierte Geschäftserfolg ein bloßes Werturteil über eine künftige Entwicklung sei, welches kein tauglicher Täuschungsgegenstand sei. Hat T Recht?

Zur Vertiefung: *Rengier I*, § 13 Rn. 2 f.

schäftsbedarf – zumindest gewisse finanzielle Leistungsfähigkeit. Ein solcher Tatsachenkern ist aber nach h.M. für eine Täuschung über Tatsachen ausreichend.

Ergänzende Bemerkung:
Weitere Fälle, in denen Werturteile nach h.M. ein tauglicher Täuschungsgegenstand sein sollen, sind die Äußerungen von Sachverständigen (deren überlegene Sachkunde es dem Adressaten erschwert, die Täuschung zu durchschauen) sowie Äußerungen innerhalb von Vertrauensbeziehungen mit Beratungselementen.

93. T las in der Zeitung, dass der Sohn einer stadtbekannten Industriellenfamilie vermisst wird. Da er notorisch „pleite“ war, rief er die Eltern an und teilte Ihnen mit, dass er ihren Sohn entführt habe und gegen 1 Mio. € Lösegeld freilassen werde. Aus Sorge um ihren Sohn zahlten die Eltern den Betrag. Kurze Zeit später kehrte ihr Sohn, der lediglich wegen eines Streits weggelaufen war, nach Hause zurück. T wurde später festgenommen, da er die Eltern von seinem Mobiltelefon aus angerufen hatte, ohne die „Rufnummernanzeige“ zu unterdrücken. Wird T auch wegen Betrugs verurteilt werden?

Zur Vertiefung: *Mitsch II/1*, § 7 Rn. 44 ff.

Nein, T wird nicht wegen Betrugs verurteilt werden, weil nach dem ***BGH*** **keine Täuschung** vorliegt. Zwar hat T die Eltern ausdrücklich darüber getäuscht, ihren Sohn entführt zu haben. Dennoch entspricht nach Ansicht des *BGH* eine Täuschung aus systematischen Gründen nicht dem Typus des Betrugs, wenn sie nur zur **Glaubhaftmachung** einer erpresserischen **Drohung** diene. Nach anderer Auffassung wäre zwar der Tatbestand erfüllt, der Betrug soll jedoch im Wege der Gesetzeskonkurrenz hinter die §§ 253, 255 StGB zurücktreten.

94. T hatte im Spielcasino sein gesamtes Vermögen verspielt. Dennoch begab er sich daraufhin an die Bar des Casinos und „ertränkte" seinen Frust in etlichen Cocktails. Zur Sperrstunde stellte sich heraus, dass T nicht zahlen konnte, was ihm auch von Anfang an bewusst gewesen war. Vor Gericht argumentierte T's Anwalt, dass T vom Vorwurf des Betruges freizusprechen sei, weil er keinerlei Erklärungen über seine Zahlungsfähigkeit abgegeben habe und daher den Barkeeper O nicht getäuscht habe. Ist diese Verteidigungsstrategie erfolgversprechend?

Zur Vertiefung: *Rengier I,* § 13 Rn. 4f.

Nein. Zwar hat T hier tatsächlich **ausdrücklich nichts** über seine Zahlungsfähigkeit erklärt; Täuschungen durch aktives Tun können aber nicht nur durch ausdrückliche Erklärungen mittels zur Informationsübermittlung bestimmten Zeichen begangen werden (Worte, aber auch Gesten, wie z.B. Kopfnicken). Vielmehr ist eine aktive Täuschung auch durch **konkludente Erklärungen** möglich, wenn das Gesamtverhalten nach der Verkehrsauffassung einen bestimmten Erklärungswert ergibt (h.M.). Die Eingehung einer Vertragsverpflichtung enthält grds. die Erklärung, erfüllungswillig und –fähig zu sein, bzw. bei später fälliger Leistung den aktuellen Erfüllungswillen und aktuelle Überzeugung späterer Erfüllungsfähigkeit. Demnach hatte T bei seinen Bestellungen konkludent über seine Erfüllungswilligkeit und -fähigkeit getäuscht.

Ergänzende Bemerkung:
Nach a.A. soll eine konkludente Täuschung vorliegen, wenn der Täter durch Verletzung einer Aufklärungspflicht eine Fehlvorstellung hervorruft. Diese Aufklärungspflicht sei normativ auf Grund der geschäftstypischen Risikoverteilung zu bestimmen. Bei der Bestellung von Waren oder Leistungen darf sich der Leistende grds. auf die für ihn schwer überprüfbare Erfüllungswilligkeit und -fähigkeit verlassen. T hätte auch nach dieser Ansicht den Barkeeper getäuscht.

95. T unterhielt bei der O-Bank ein Girokonto. Auf Grund eines Tippfehlers der Sachbearbeiterin S bei einer bankinternen Umbuchung von Geldern kam es zu einer fehlerhaften Buchung von

Bei der Ausführung der Überweisungsaufträge des T hat die O (durch ihre Mitarbeiter) vermögensschädigende Überweisungen getätigt. **Fraglich** ist jedoch, ob dies auf Grund eines von T hervorgerufenen Irrtums erfolgte, genauer also: ob T die O **getäuscht** hat. Dies könnte man annehmen,

6 Mio. € auf das Konto des T. Als T seinen Kontoauszug ansah, fiel ihm zwar sofort auf, dass dies nicht mit rechten Dingen zugehen konnte. Unbeirrt tätigte er aber Überweisungen in Höhe der gesamten 6 Mio. €, um Schulden zu tilgen sowie einer Firma, an der er beteiligt war, eine Finanzspritze zu verschaffen. In der Folgezeit löste er das Konto bei der O-Bank auf. Strafbarkeit des T?
(Vgl. *BGH* NJW 2001, 453)

Zur Vertiefung: *Rengier I,* § 13 Rn. 8; *Hefendehl,* NStZ 2001, 281; *Pawlik,* Lampe-FS (2003), S. 689 ff.

wenn in der Abgabe eines Überweisungsauftrages **konkludent** die Erklärung stecken würde, dass dem Überweisenden ein **entsprechendes Guthaben** auch materiell zustehe. Allerdings ist nicht nur dieser **Ausgangspunkt** bereits **fragwürdig**, weil in der Bankenwirklichkeit auch Überweisungen ohne eine entsprechende Kontodekkung keinesfalls ausgeschlossen sind. Vielmehr würde in dieser Behauptung auch gar **keine Täuschung** liegen, da sie im Moment der Abgabe des Überweisungsauftrages auch der Wahrheit entsprach: Entgegen der früher h.M., die einen Anspruch des Bankkunden zwar bei einer Fehlüberweisung, nicht aber bei einer Fehlbuchung angenommen hatte, ist nach zutreffender neuerer Ansicht des *BGH* (a.a.O.) ungeachtet etwaiger Rückforderungs- bzw. Stornierungsrechte bis zu deren Ausübung ein **Anspruch des Kunden** aus dem in der Buchung liegenden abstrakten Schuldversprechen nach **§ 780 BGB** zu bejahen. Das unterschiedliche Rückabwicklungsverhältnis bei einer Fehl**überweisung** einer- und einer Fehl**buchung** andererseits ändern nichts daran, dass im Moment der Überweisung in beiden Fällen ein Anspruch besteht und durch die Ausfüllung der Überweisung mithin über die Deckung des Kontos nicht getäuscht wird.

96. Nachdem der Barkeeper den T im Fall 94 unter Feststellung seiner Personalien hatte gehen lassen, schwankte T in sein Hotelzimmer zurück, das er seit einer Woche bewohnte. Trotz seines „Bankrotts" beschloss er, noch einen

Nein, denn T hat nicht über seine Erfüllungsfähigkeit bzw. -bereitschaft getäuscht. Eine ausdrückliche Täuschung liegt ersichtlich nicht vor, und auch die bloße Annahme der Beherbergungsleistungen kann nicht als konkludente Erklärung der Erfüllungsfähigkeit bzw. -bereitschaft ausgelegt werden. Dies er-

weiteren Tag „auszuspannen" und sich von seiner Niederlage zu erholen. Als er dem Portier begegnete, grüßte er diesen genauso fröhlich, wie er es in den Tagen zuvor getan hatte. Daher glaubte dieser, dass T wohl eine Glückssträhne gehabt hatte. Bei der Abreise des T kam dann dessen Zahlungsunfähigkeit ans Tageslicht. Der Justiziar des Hotels überlegte später, ob er seine Zahlungsklage gegen den T auch auf §§ 823 II BGB i.V.m. § 263 I stützen soll. Hat T einen Betrug begangen?

Zur Vertiefung: *Rengier I,* § 13 Rn. 7, 10–14.

gibt sich insbesondere daraus, dass das Hotel das Risiko der Insolvenz seiner Gäste trägt. Daher kommt allenfalls ein Betrug durch **Unterlassen** in Betracht. Zwar irrte der Portier ab dem Zeitpunkt, als T „bankrott" war, über die Zahlungsfähigkeit des T, und T hat diesen Irrtum durch Nichtaufklärung des Portiers bei ihrem späteren Zusammentreffen auch quasikausal aufrechterhalten. Allerdings hatte T **keine Garantenstellung**, die hier allenfalls aus dem Vertrag abgeleitet werden könnte. Dieser weist aber das Irrtumsrisiko bzgl. späterer Insolvenz des T dem Hotel zu. Eine früher angenommene Garantenstellung aus Treu und Glauben gem. § 242 BGB steht wegen ihrer strafbegründenden Wirkung in Konflikt mit Art. 103 II GG. T ist somit straflos.

Ergänzende Bemerkungen:
Die Möglichkeit eines Betrugs durch Unterlassen wird vereinzelt generell bezweifelt, weil der bei § 263 I vorausgesetzte dolus directus 1. Grades die finale Steuerung des Geschehens erfordere, welche bei bloßem Unterlassen nicht möglich sei. Die h.M. geht dagegen davon aus, dass diese Vorsatzform auch beim Nichtunterbrechen einer Kausalkette vorliegen kann. Auch das Erfordernis der Modalitätenäquivalenz gem. § 13 steht einem Betrug nicht notwendig entgegen.

97. Hat T in Fall 94 beim Barkeeper einen Irrtum verursacht, wenn dieser wegen vieler Bestellungen „im Stress" war, und über die Zahlungsfähigkeit des T überhaupt nicht konkret nachgedacht hat?

Zur Vertiefung: *Mitsch II/1,* § 7 Rn. 56 f.; *Rengier I,* § 13 Rn. 16 u. 18.

Ja. Ein **Irrtum** ist das **Auseinanderfallen von Vorstellung und Wirklichkeit**. Ein solches liegt zweifellos dann vor, wenn das Opfer über die vorgetäuschte Tatsache bewusst, aktuell und konkret reflektiert. Hier ist O jedoch nur im **„sachgedanklichen Mitbewusstsein"** davon ausgegangen, dass T selbstverständlich zahlungsfähig- und willig ist, wenn er Getränke bestellt. Hätte man aber O dazu spontan befragt, so hätte er mit Sicherheit ohne Zögern geantwortet, dass er an die Zahlungsfähigkeit und -willigkeit des T glaube. Ein solches Vorstellungsbild reicht nach h.M. aus, so dass O einem Irrtum erlag.

Ergänzende Bemerkung:
Noch schwächer als das „sachgedankliche Mitbewusstsein" ist die allgemeine Vorstellung, „alles sei in Ordnung". Ein Beispiel hierfür ist etwa die Vorstellung eines Schaffners bezüglich der Existenz von Schwarzfahrern. In solchen Fällen liegt nur dann ein betrugsrelevanter Irrtum vor, wenn sich das Vorstellungsbild auf vorangegangene Kontrollen stützt (z.B. die Frage: „Jemand zugestiegen?"). Macht sich das „Opfer" aber keinerlei Gedanken über einen bestimmten Sachverhalt (sog. „ignorantia facti"), so soll nach h.M. kein Irrtum vorliegen.

98. T fand auf der Straße das Sparbuch des O. Er ging sofort zur nächsten Bankfiliale und legte dem Bankangestellten O das Sparbuch vor, um 1.000 € abzuheben. O machte sich keine weiteren Gedanken über die Inhaberschaft des T und zahlte den Betrag aus. Hat T einen Betrug begangen?

Zur Vertiefung: *Rengier I,* § 13 Rn. 18.

Nein. Zwar hat T den O (nicht ausdrücklich, aber) durch das Auszahlungsbegehren schlüssig über seine Berechtigung bzw. Bevollmächtigung getäuscht. Fraglich erscheint aber, ob im konkreten Fall O dadurch einem Irrtum erlag, dass er sich **keine Gedanken über die Berechtigung** des T gemacht hat. Bei der Vorlage von Legitimationspapieren, z.B. bei Abhebungen vom Sparbuch, ist der Einlösende gem. § 808 BGB zwar berechtigt, nicht aber verpflichtet, die Legitimation des Vorlegenden zu überprüfen. Zwar kann nach bestrittener, aber letztlich überzeugender Ansicht in solchen Fällen ein Irrtum vorliegen, weil der Einlösende als ungeschriebene Ausnahme zu § 808 BGB bei **grober Fahrlässigkeit** hinsichtlich der fehlenden Legitimation nicht von seiner Verbindlichkeit gegenüber dem tatsächlich Berechtigten freiwird. Auch die allgemeine Lebenserfahrung lehrt, dass sich Bankangestellte trotz der Legitimationswirkung sehr wohl gelegentlich entsprechende Gedanken machen. Eine entsprechende Pflicht besteht aber selbst bei einem Haftungsrisiko für grobe Fahrlässigkeit nicht, wenn keine besonderen Anhaltspunkte für die Nichtberechtigung des Vorlegenden bestehen. Da dies hier offenbar der Fall war und O sich auch **tatsächlich** keine Gedanken gemacht hat, hat T keinen Betrug begangen. Da nichts dafür spricht, dass T irrig davon ausging, dass O sich über seine fehlende Legitimation irrte, hat T auch keinen versuchten Betrug begangen.

Ergänzende Bemerkung:
In ganz ähnlicher Weise ist umstritten, ob bei bestimmten Fällen des „Prozessbetrug" der Rückschluss von der prozessualen Wahrheitspflicht der Parteien auf die Überzeugung des Richters bzw. Rechtspflegers von der Wahrheit des Parteivortrags zulässig ist (vgl. auch unten Fall 120).

99. Urlauber O flanierte eines Abends auf der Strandpromenade von El Arenal auf Mallorca. Dabei weckte der fliegender Händler T sein Interesse, der nach eigenem Bekunden „Markenuhren zu Schnäppchenpreisen" anbot. O erwarb einen angeblich neuen Original „Breitling Navitimer" in Stahl für 500 €. Da O diese Uhr einmal in einem heimischen Juweliergeschäft für ca. 2.500 Euro gesehen hatte, beschlichen ihn bei seinem „Schnäppchenkauf"

Ja. Da T hier unproblematisch eine Täuschungshandlung vorgenommen hat, hängt seine Strafbarkeit entscheidend davon ab, welche Anforderungen man an eine **strafrechtlich relevante Mitverantwortung des Opfers** für seine Fehlvorstellung bzw. Schädigung beim sog. „**Irrtum unter Zweifeln**" stellt. Die h.M. bejaht dabei einen Irrtum selbst noch dann, wenn der Täuschungsadressat die Richtigkeit der behaupteten Tatsache nur für möglich gehalten hat und deshalb zu einer Vermögensverfügung veranlasst wurde. Danach entfiele ein Irrtum nur bei Gleichgültigkeit des „Opfers" gegenüber der Wahrheit. Etwas anderes würde

erhebliche Zweifel, ob es sich nicht eventuell um ein Plagiat aus Fernost handeln könnte. O hielt es nicht einmal für überwiegend wahrscheinlich, dass es sich um eine Original-Uhr handelte. Er schloss dass Geschäft vielmehr nur ab, weil er dies immerhin für möglich hielt und ihm der geringe Kaufpreis das Risiko wert war, eventuell einem „Betrüger" zum Opfer zu fallen. Wäre O wirklich im Rechtssinne betrogen worden, wenn es sich bei der Uhr um eine Fälschung gehandelt hätte? (Vgl. auch *BGH* NJW 2003, 1198)

Zur Vertiefung: *Rengier I,* § 13 Rn. 21.

nach abweichenden Konzepten gelten, die einen Irrtum dann verneinen, wenn das Opfer die Unrichtigkeit seiner Überzeugung für wahrscheinlicher hält als ihre Richtigkeit. Noch restriktiver urteilen die Vertreter der Ansicht, die einen Betrug jedenfalls bei in zumutbarer Weise behebbaren Zweifeln ausschließt, da das Opfer für den Schutz seines Vermögens selbst verantwortlich sei (Ansatz der sog. **Viktimodogmatik**). Gegen dieses einschränkende Verständnis spricht aber nicht nur, dass „gutgläubige" Opfer des strafrechtlichen Schutzes besonders bedürfen (während die Täter nicht schutzwürdig sind), sondern auch die Tatsache, dass im jeweils konkreten Fall das Opfer als Folge eines tatbestandlichen Verhaltens des Täters gerade auch die Vermögenseinbuße erlitten hat, vor der § 263 schützen soll.

100. Was besagt die „Lehre von der unbewussten Selbstschädigung" bzw. was versteht man unter der „Doppelfunktion des Irrtums"? In welchen Konstellationen wird dieser Streit relevant?

Zur Vertiefung: *Rengier I,* § 13 Rn. 61 f.

a) Bei diesem Streit geht es darum, ob die Täuschung und der Irrtum nicht nur die Funktion haben, die Vermögensverfügung kausal zu veranlassen (unstreitig), sondern darüber hinaus noch dem Getäuschten die **vermögensmindernde Wirkung** seiner Verfügung zu **verschleiern**. Während Rspr. und Teile der Lit. dieses Erfordernis ablehnen, fordern andere Teile des Schrifttums diese ungeschriebene Restriktion. Zur Begründung wird vor allem angeführt, dass sich das Opfer beim Betrug gleichsam in mittelbarer Täterschaft als „Werkzeug gegen sich selbst" schädige.
b) Relevant wird dieser Streit bei allen **bewusst „einseitigen" Geschäften,**

d.h. solchen, die nach dem Vertragsinhalt dem Verfügenden keinerlei kompensierenden Vermögenszufluss bringen sollen. Wichtige Beispiele sind hier der sog. Bettel- und Spendenbetrug (vgl. Fall 129), aber etwa auch das „Ablisten" eines Geschenks (Exemplarisch: Der Sohn belügt den Vater über seine Examensnote und wird für das vermeintlich gute Examen mit einem Kleinwagen belohnt) oder das Erschleichen einer Subvention. In all diesen Fällen weiß der Verfügende, dass er „ärmer" wird und sich daher **bewusst** selbst „schädigt". Nach der „Lehre von der unbewussten Selbstschädigung" kann der Schaden also niemals im Verlust des Verfügungsobjektsselbst bestehen, sondern nur im Ausbleiben einer Kompensation (vgl. u. Fälle 129, 131).

101. Welche beiden Funktionen hat das ungeschriebene Merkmal der Vermögensverfügung in § 263?

Zur Vertiefung: *Rengier I*, § 13 Rn. 22.

Das ungeschriebene Merkmal der Verfügung ist zum einen das **notwendige Bindeglied** zwischen dem Irrtum und dem Vermögensschaden. Denn ein Irrtum allein bewirkt noch keine Veränderung in der Zusammensetzung des Vermögens, die einen Schaden entstehen lassen könnte. Zum anderen kennzeichnet die Verfügung den Betrug als ein **Selbstschädigungsdelikt**. Daher leistet das Merkmal der Verfügung auch die Abgrenzung des Sachbetrugs zum Fremdschädigungsdelikt des Diebstahls.

102. T fuhr mit dem Taxi von einem Taxistand in der Innenstadt zum Bahnhof. Taxifahrer O nannte als Fahr-

Ja. T hat den O über seine noch nicht geleistete **Zahlung getäuscht** und dadurch einen entsprechenden Irrtum des O verursacht. Fraglich ist, ob das bloße

preis bei Abschluss der Fahrt 23 Euro. Da T zunächst länger in seinem Geldbeutel kramte, begann O – entgegen seiner üblichen Gewohnheit – schon einmal, das Gepäck des T aus dem Kofferraum auszuräumen. Als er T die Koffer ausgehändigt hatte, war er sich nicht mehr ganz sicher, ob er denn bereits kassiert habe und fragte daher den T. Dieser fasste blitzschnell den Entschluss, sich den Fahrpreis zu sparen, und meinte „Ja aber sicher doch!". Daraufhin setzte O sich ins Auto und fuhr davon. Hat sich T nach § 263 I strafbar gemacht?

Zur Vertiefung: *Rengier I*, § 13 Rn. 23.

„Weiterfahren" eine Vermögensverfügung darstellt. Dies ist jedes Handeln, Dulden oder Unterlassen, das unmittelbar vermögensmindernd wirkt, und es erfordert insbesondere **beim Forderungsbetrug auch kein Verfügungsbewusstsein**. O unterließ es hier, seinen Anspruch aus dem Beförderungsvertrag geltend zu machen und gab ihn damit unbewusst faktisch preis, da er die Identität des T nicht kannte. Da dieser Anspruch unzweifelhaft zu seinem Vermögen gehörte, wirkte dieses Verhalten auch unmittelbar vermögensmindernd. Da hier in keiner Weise ein kompensierender Zufluss in das Vermögen des O erfolgte, erlitt dieser auch einen Vermögensschaden. T handelte auch vorsätzlich und in der Absicht rechtswidriger Bereicherung, so dass er sich nach § 263 strafbar gemacht hat.

103. Skizzieren Sie kurz die Kernaussagen des juristischen, wirtschaftlichen und juristisch-ökonomischen Vermögensbegriffs und die jeweils an Ihnen geäußerte Kritik!

Zur Vertiefung: *Kindhäuser II*, § 26 Rn. 13 ff.; *Rengier I*, § 13 Rn. 54–60.; *Kargl*, JA 2001, 714 ff.

a) Der mittlerweile nicht mehr vertretene rein **juristische Vermögensbegriff** beinhaltete **alle subjektiven Rechte**, also auch solche ohne wirtschaftlichen Wert (z.B. die Locke der Geliebten). Zugleich sollten aber auch **nur** subjektive Rechte geschützt werden. Durch den Schutz auch wertloser subjektiver Rechte verliert der Betrug jedoch seinen Charakter als Vermögensdelikt, während es umgekehrt in der heutigen Wirtschaftsordnung unvertretbar erscheint, wirtschaftlich wertvollen Positionen, wie z.B. dem „know-how", den Vermögensschutz zu entziehen, nur weil sie keine subjektiven Rechte sind.

b) Als Gegenposition gewährt der **wirtschaftliche Vermögensbegriff** im Ausgangspunkt **allen wirtschaftlich wert-**

vollen Positionen Vermögensschutz, während subjektive Rechte ohne wirtschaftlichen Wert demnach nicht zum strafrechtlich geschützten Vermögen gehören. Dann wären aber nicht nur Positionen ohne Rechtsqualität, sondern auch rechtlich missbilligte bzw. verbotene Positionen geschützt, z.B. die „Arbeitskraft" eines gedungenen Mörders. Dies könnte zwar ein Mindestmaß an Ehrlichkeit auch „unter Ganoven" sicherstellen, steht aber möglicherweise im Konflikt mit dem Grundsatz der Einheit der Rechtsordnung.

c) Als Synthese aus dem juristischen und dem wirtschaftlichen Vermögensbegriff gewährt der **juristisch-ökonomische Vermögensbegriff** ebenfalls nur **wirtschaftlich wertvollen Positionen** Vermögensschutz, ist aber bestrebt, diese einer einschränkenden – im einzelnen freilich umstrittenen – **Bewertung an Hand der Gesamtrechtsordnung** zu unterwerfen (Kriterien: subjektive Rechte; rechtliche gebilligte Positionen; rechtlich zumindest nicht missbilligte / nicht zu rechtswidrigen Zwecken eingesetzte Positionen).

Ergänzende Bemerkung:
Da sich die Verfügung vermögensmindernd auswirken muss, kann in Problemfällen bereits bei diesem Prüfungspunkt geklärt werden, ob das Verfügungsobjekt überhaupt zum strafrechtlich geschützten Vermögen gehört. Daher behandeln die folgenden Fragen in ihrem Zentrum Probleme des Vermögensbegriffs. In der Literatur erfolgt die Behandlung jedoch meist beim Merkmal des „Vermögensschadens".

104. O hatte für seine Freundin F ein Liebeslied geschrieben und damit eine Kassette für sie bespielt. Als F's Bruder T das Lied hörte, wandte er sich an O und bat ihn unter dem Vorwand, das Lied auch seiner Freundin singen zu wollen, um den Text und die Noten. Der sentimentale O händigte T beides aus. T gelang dann es, das Lied an Musikproduzent M zu verkaufen, der daraus mit dem Schlagersternchen S einen großen Hit produzierte, aus dessen Vermarktung T rund 50.000 Euro Tantiemen erhielt. Hat sich T wegen Betrugs strafbar gemacht?

Zur Vertiefung: *Rengier I,* § 13 Rn. 28–30.

Nein. Zwar hat T den O über seine wahre Verwendungsabsicht getäuscht, und dieser hat sich entsprechend geirrt. O hat jedoch **nicht** irrtumsbedingt über sein **Vermögen** verfügt. Zwar können auch Immaterialgüter Vermögenswert besitzen. Der Betrug ist jedoch ein **Vermögensverschiebungsdelikt**, welches einen Vermögensschaden voraussetzt. Daraus folgt, dass die jeweilige Position schon im Zeitpunkt der Verfügung und nicht erst durch eine spätere Verwertung beim Täter Bestandteil des strafrechtlich geschützten Vermögens gewesen sein muss. Hier hat T aber den Vermögenszuwachs von 50.000 Euro nicht durch eine Schädigung des O erzielt, da das Lied zunächst keinen Vermögenswert besaß, sondern O lediglich ein Affektionsinteresse an ihm hatte. T ist daher nicht wegen Betrugs strafbar.

105. Als T zu seinem geparkten Fahrzeug zurückkam, sah er aus der Entfernung gerade noch, wie Politesse P ihm eine Verwarnung an die Windschutzscheibe klemmte. Als er diese schon ärgerlich unter dem Scheibenwischer herausziehen wollte, kam der Inhaber des neben ihm stehenden Wagens, um wegzufahren. T bat ihn, ihm seinen vor einer halben Stunde ausgestellten und noch eine weitere halbe Stunde geltenden Parkschein gegen Erstattung der Parkgebühr zu überlassen, was dieser

Fraglich ist, ob T einen Betrug gegenüber P und zu Lasten des Fiskus begangen hat. P konnte zwar grundsätzlich über das Vermögen des Fiskus verfügen, da sie auf Grund ihres Arbeitsvertrages dazu rechtlich befugt war. Dennoch nimmt nur eine **Mindermeinung** an, dass der staatliche **Anspruch auf Zahlung von** Geldstrafen, Geldbußen oder **Verwarnungsgeldern** zum strafrechtlich geschützten Vermögen gehöre. Dafür spräche, dass die entsprechenden Beträge schließlich auch zuvor zum Vermögen des jeweiligen Schuldners gehört hätten. Dagegen geht die **h.M.** davon aus, dass dies trotz des wirtschaftlichen Werts nicht der Fall ist, weil **Sanktionen**

nur zu gerne tat. Er legte diesen rasch in seinen Wagen hinter die Windschutzscheibe und fing an furchtbar zu schimpfen und nach P zu rufen. Als P kam, zeigte T auf das „Knöllchen" und den Parkschein und fragte, was das solle. P kontrollierte den Parkschein, sah, dass dieser schon vor einer halben Stunde ausgestellt worden war, und nahm an, sie habe diesen nur übersehen. Sie entschuldigte sich bei T, machte sich einen Vermerk und zerriss die Verwarnung. Strafbarkeit des T?

keinem wirtschaftlichen Zweck dienten und für sie nicht die Regeln wirtschaftlicher Geschäftsbeziehungen gelten würden. Ferner würde auch teilweise das Selbstbegünstigungsprivileg des § 258 StGB ausgehöhlt, etwa wenn ein zu Recht Angeklagter seine Verurteilung zu einer Geldstrafe durch eine Täuschung abwendete. Für die h.M. spricht, dass ein Konflikt mit dem Selbstbegünstigungsprivileg in der Tat unbedingt zu vermeiden ist. Ihr ist aber auch darin zuzustimmen, dass tatsächlich Zweifel am wirtschaftlichen Wert von Sanktionsansprüchen bestehen. Denn ein solcher Wert kann sich nur aus der Bewertung einer Position als werthaft durch die Teilnehmer eines Marktes ergeben, der aber für staatliche Sanktionsansprüche evident nicht besteht, da deren Zession wohl unzulässig wäre. Daher hat sich T nicht strafbar gemacht.

106. T beschloss, sich nach seinem Umzug in eine größere Stadt seine neue Heimat ebenso fachkundig wie kostengünstig zeigen zu lassen. Daher meldete er sich bei Makler O als Interessent für den Erwerb eines Einfamilienhauses. Er sagte dem O, dass es ihm nicht entscheidend darauf ankomme, an welchem Ende der Stadt das Haus liege, da er im Zentrum arbeite. In den nächsten Wochen fuhr O den T mit seinem Pkw kreuz und quer durch die Stadt und zeigte ihm diverse Objekte, an de-

T hat den O hier über seine Absicht getäuscht, an der Vermittlung eines Kaufvertrags ernsthaft interessiert zu sein, und O erlag auch einem entsprechenden Irrtum. Fraglich ist aber, ob O durch die Fahrten auch über sein **Vermögen** verfügt hat. Dabei ist zu beachten, dass nicht die Arbeitskraft als solche Vermögensbestandteil ist, sondern die Möglichkeit diese auf Grund der Nachfrage innerhalb eines Marktes „zu Geld zu machen". Dies wäre aber dem O zum einen nicht ohne weiteres möglich gewesen, da ihm die für die Gewinnerzielung durch individuelle, entgeltliche Personenbeförderung erforderlichen Faktoren wie Konzession, spezielle Fahrzeuge und

nen T allerdings nicht interessiert war, da er sich schon vorher eine Doppelhaushälfte günstig gemietet hatte. Strafbarkeit des T nach § 263 ?

Zur Vertiefung: *Mitsch II/1*, § 7 Rn. 86, 89.

entsprechend eingerichteter Gewerbebetrieb fehlten. Zum anderen sind **Maklerleistungen** üblicherweise gem. § 652 BGB nur dann entgeltpflichtig, wenn es zum Abschluss eines entsprechenden Vertrages zwischen dem Kunden des Maklers und einem Dritten kommt. Insofern ist die Arbeitsleistung des Maklers **a priori** mit dem **Risiko** behaftet, **unvergütet** zu bleiben, wenn es zu keinem Vertragsschluss kommt, was sich hier realisiert hat.

107. Gelegenheitskonsument O lernte auf eine Party den Kleindealer T kennen. T prahlte damit den „billigsten und besten Stoff weit und breit" zu liefern, weshalb er auch „heute Abend schon wieder völlig ausverkauft" sei. Um sich den „guten Tageskurs" zu sichern, übergab O dem T 500 €, für die er am nächsten Abend von T Rauschgift erhalten sollte. T kam aber wie von Anfang an geplant nicht zum verabredeten Treffpunkt und behielt das Geld ohne Gegenleistung. Hat sich T nach § 263 strafbar gemacht?
(Vgl. *BGH* NJW 2002, 2117)

Zur Vertiefung: *Rengier I*, § 13 Rn. 54 f. u. 58; *Kindhäuser/Wallau*, NStZ 2003, 152 ff.; *Mitsch*, JuS 2003, 122 ff.

T hat den O über die gegenwärtige, innere Tatsache seiner Lieferungswilligkeit getäuscht und bei O dadurch auch einen entsprechenden Irrtum erregt. Fraglich erscheint aber, ob bei O ein **Vermögensschaden** eingetreten ist. Denn einen **Anspruch auf die Lieferung von Drogen** kann man dem O auf Grund der aus §§ 134, 138 I BGB folgenden **Nichtigkeit** des Vertrages nicht zubilligen. Nach Ansicht des *BGH* (a.a.O.) steht dies jedoch der Annahme eines Betruges (und sogar einem zivilrechtlichen Rückzahlungsanspruch des geprellten Käufers) nicht entgegen, da der Käufer den Besitz an seinem (zunächst redlich erworbenen) „guten Geld" verliert. Dieses Ergebnis versteht sich bei einem rein wirtschaftlichen Vermögensbegriff praktisch von selbst, ist aber auch auf dem Boden eines juristisch-ökonomischen Vermögensbegriffes begründbar, da das erlangte Geld als solches – unabhängig von den damit verfolgten gesetzeswidrigen Zwecken – dem Schutz der Rechtsordnung untersteht. Freilich könnte man auch mit der Gegenmeinung die Wertungen der §§ 134, 138, 817 S. 2 BGB einfließen lassen und argumentieren, dass der Partner eines solchen Vertrages sich gewissermaßen außerhalb den Schutzbereich des staatlichen Rechts und damit auch das § 263 stellt (vgl. etwa *Kindhäuser/Wallau*, NStZ 2003, 152 ff.).

108. T suchte die Prostituierte O auf. Nach vollzogenem Geschlechtsverkehr spiegelte er der O vor, sein Geld vergessen zu haben, aber bei seinem nächsten Besuch am darauffolgenden Tag bezahlen zu wollen. Entsprechend seiner von Anfang an bestehenden Absicht besuchte T die O jedoch nie wieder. Hat T sich nach § 263 I strafbar gemacht?

Zur Vertiefung: *Rengier I*, § 13 Rn. 58.

Das kommt davon an, **wann** sich die Geschichte zugetragen hat: Bis 2002 vertrat nur eine Minderansicht bei der **„Dirnenlohn-Prellerei"** einen rein wirtschaftlichen Vermögensbegriff und bejahte somit die Möglichkeit eines Betrugs des Freiers gegenüber der Prostituierten. Dagegen ging die h.L. und auch die Rechtsprechung – obwohl diese grundsätzlich ebenfalls einen wirtschaftlichen Vermögensbegriff vertritt – davon aus, dass die Arbeitskraft der Prostituierten wegen ihrer **Sittenwidrigkeit** keinen Vermögensschutz genieße. Das am 1.1.2002 in Kraft getretene **Gesetz zur Regelung der Rechtsverhältnisse der Prostituierten** gewährt gemäß § 1 der Prostituierten nun jedoch zumindest nach erbrachter Leistung einen **durchsetzbaren Anspruch**. Zwar wollte und konnte der Gesetzeber nicht regeln, ob solche Dienstleistungen sittenwidrig sind. Er bewertete aber unter Bezugnahme auf ein Urteil des *VG Berlin* (NJW 2001, 983 ff.) zum GaststättenG entgeltliche, sexuelle Leistungen jedenfalls nicht automatisch als sittenwidrig. Daher stellt die Neuregelung des ProstG jedenfalls ein gewichtiges Argument dafür dar, dass der Lohn von Prostituierten Bestandteil des strafrechtlich geschützten Vermögens ist. Konsequenterweise müsste daher nach der geltenden Rechtslage ein Betrug bejaht werden.

109. T fasste nach einem der unzähligen Ehestreits mit seiner Frau F den Entschluss, die F umbringen zu lassen. Er begab sich daher in die einschlägigen Kneipen des Milieus und kam so in Kontakt mit dem „Profikiller“ O. T erzählte dem O von seinem Vorhaben und bat ihn, diesen Auftrag zu übernehmen. Allerdings könne er dem O keine Vorkasse leisten, da er auf das Erbe der F angewiesen sei. Dafür versprach der T dem O den doppelten „Werklohn“. Insgeheim hatte er jedoch nie vorgehabt, den O zu „entlohnen“. Nachdem O zur Tat ge-

Das würde er **wahrscheinlich nicht** tun. Denn die ganz h.M. und auch der *BGH* nehmen in solchen Fällen an, dass die **verbotene Arbeitskraft** keinen selbständigen wirtschaftlichen Wert habe. Diese Annahme wird noch dadurch bestärkt, dass die Bezahlung eines Auftragsmörders als eigenständige Straftat gemäß § 140 Nr. 1 betrachtet werden könnte.

Ergänzende Bemerkung:
Im umgekehrten Fall, in dem der zahlende „Vertragspartner“ um seine Leistung geprellt wird, also etwa der Profikiller trotz Erhalts eines Vorschusses den versprochenen Mord wie von Anfang an geplant nicht durchführt, erfährt zwar Geld an sich grundsätzlich die Billigung der Rechtsordnung und gehört daher zum strafrechtlich geschützten Vermögen (vgl. auch Fall 107). Allerdings hat dies in Fällen der vorliegenden Art die merkwürdige Konsequenz,

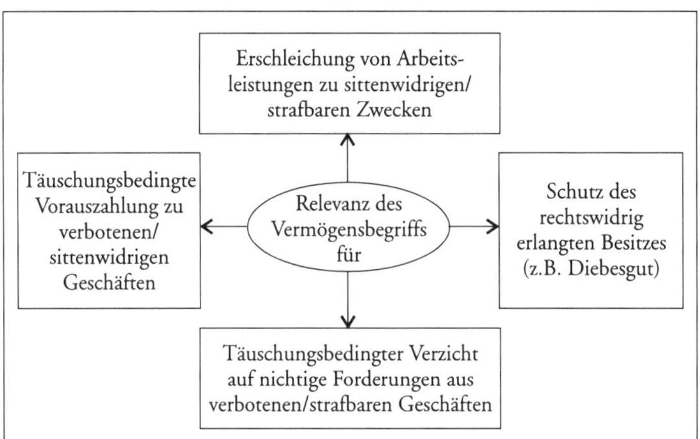

schritten war, und bei T „sein" Geld abholen wollte, bedeutete dieser ihm, dass er leider umsonst „gearbeitet" hätte. Würde ein Staatsanwalt, der von diesem Sachverhalt Kenntnis erlangte, den T nicht nur wegen Anstiftung zum Mord, sondern auch wegen Betrugs anklagen?

Zur Vertiefung: *Rengier I,* § 13 Rn. 56 f.

dass das Strafrecht mittelbar die Nichtbegehung von Straftaten sanktionieren würde. In solchen Fällen wird noch einmal besonders deutlich, dass bei derartigen Geschäften beide Parteien verwerflich handeln und insoweit nicht schützenswert erscheinen. Vgl. zur Vertiefung *KG* NJW 2001, 86 m. Anm. *Hecker,* JuS 2001, 228 ff.

110. T klingelte bei der Rentnerin O und gab sich als Heizungsableser aus. Die ängstliche O, die sonst niemanden in die Wohnung ließ, überlegte kurz, bat den sympathisch aussehenden T dann aber doch herein. Als sie im Wohnzimmer waren, bat T die O um ein Glas Wasser. Als O in die Küche ging, steckte T die offen auf dem Wohnzimmertisch liegende Brieftasche der O ein, in der sich 400 € befanden, und verließ eiligst und unbemerkt die Wohnung. Hat die O eine Vermögensverfügung dadurch getätigt, dass sie den T in ihre Wohnung ließ?

Zur Vertiefung: *Rengier I,* § 13 Rn. 25–27.

Nein. Zwar hat die O letztlich durch die Gewährung des Zutritts kausal ihr Vermögen um 400 € gemindert. Das Verfügungsverhalten muss aber nach ganz h.M. seine vermögensmindernde Wirkung **unmittelbar,** d.h. ohne weiteres (insbesondere deliktisches) Verhalten des Täters oder des Opfers entfalten. Hier führte jedoch der T den Vermögensschaden der O erst durch den anschließenden Diebstahl der Geldscheine herbei, so dass das vorherige Einlassen durch die O keine Vermögensverfügung darstellt.

Ergänzende Bemerkung:
Eine Mindermeinung lehnt das Merkmal der Unmittelbarkeit ab, da auch eine Gewahrsamslockerung (im Einzelfall) eine unmittelbar die Vermögensverschiebung bewirkende Verfügung sein könne, wenn man beim Schaden eine Vermögens*gefährdung* ausreichen lasse. Da aber auch nach dieser Ansicht eine Verfügung über das Vermögen nur dann vorliegen soll, wenn der Getäuschte dem Täter die Sache zum Zwecke wirtschaftlicher Nutzung überlässt, kommen beide Ansichten hier zum Ergebnis, dass die O nicht verfügt hat, als sie den T in ihre Wohnung einließ.

111. T wartete mit einer blauen Schirmmütze und einer gestreiften Weste bekleidet vor der Schließfachanlage des Hamburger Hauptbahnhofs. Als sich O mit seinem Aktenkoffer den Fächern näherte, stellte sich T als Gepäckträger vor und bot ihm seine Dienste an. O war erfreut und nahm dieses Angebot an. T führte den O zu einem freien Schließfach, verstaute für ihn den Koffer darin und verschloss das Fach. Doch anstatt dem O den Schlüssel dieses Fachs auszuhändigen, gab T dem O unbemerkt einen anderen Schlüssel, der zu keinem der Fächer passte, weil er sich später mit Hilfe des passenden Schlüssels den Koffer verschaffen wollte. Wie hat sich T nach dem StGB strafbar gemacht?
(Vgl. *BGH* GA 1966, 212 und JZ 1968, 637)

Zur Vertiefung: *Rengier I,* § 2 Rn. 30; § 13 Rn. 24.

T hat **keinen Betrug, sondern einen Diebstahl** begangen. Denn zwar hat der T den O hier erfolgreich getäuscht und von O auch den Gewahrsam an dessen Koffer erlangt, als dieser sich mit der Übergabe des falschen Schlüssels abgab. Zweifelhaft erscheint aber, ob der O dadurch über sein Vermögen verfügt hat. Denn das Verhalten des O wirkte zwar durch die Übertragung des Gewahrsams unmittelbar vermögensmindernd. Die ganz h.M. fordert aber für die Verfügung beim **Sachbetrug** des Weiteren noch das sog. **Verfügungsbewusstsein**, welches die Exklusivität des Betrugs zum Diebstahl herstellen soll. Das Verfügungsbewusstsein ist daher praktisch identisch mit dem Einverständnis in den Gewahrsamswechsel beim Diebstahl, welches vorliegt, wenn der Gewahrsamsinhaber dem Gewahrsamsübergang innerlich zustimmt. Hier dachte O jedoch durch die Annahme des Schlüssels den jederzeitigen Gewahrsam zu seinem Koffer zu behalten. Aus Sicht des O sollte daher nur eine **Gewahrsamslockerung**, keine Übertragung auf T stattfinden. Daher hat T den Koffer des O weggenommen, indem er dem O den falschen Schlüssel gab, und dadurch einen Diebstahl begangen.

Ergänzende Bemerkung:
Das Verfügungsbewusstsein ist nur beim Sach-, nicht aber beim Forderungsbetrug erforderlich, da es einerseits mangels „Forderungsdiebstahls“ keine Notwendigkeit der Abgrenzung gibt und andererseits sonst z.B. bei der Verschleierung von Schadensersatzansprüchen nicht hinnehmbare Strafbarkeitslücken entstünden.

112. Studentin T fehlte zur Einrichtung ihrer neuen Wohnung noch eine Gardinenstange. Bei ihrem letzten Besuch in einem großen Kaufhaus hatte sie eine Gardinenstange entdeckt, die ihr gut gefallen hatte, die sie aber als zu teuer empfunden hatte. Daher hob sie im Kassenbereich des Warenhauses eine vom Kunden D weggeworfene, unbeschädigte Banderole mit dem Logo des Warenhauses auf, mit der das Warenhaus Waren als bereits bezahlt kennzeichnete, um ehrliche Kunden vor Behelligungen durch den Ladendetektiv zu schützen. Damit begab sie sich in die Möbelabteilung, befestigte die Banderole an der Gardinenstange und begab sich mit ihr zum Ausgang. Dort stand der Wachmann W und kontrollierte aufmerksam den Kundenstrom. Die T erregte zunächst seine Aufmerksamkeit; als er aber die Banderole erblickte, ging er davon aus, dass sie die Stange gekauft und bezahlt hatte, und ließ sie passieren. T wurde erst bei ihrem nächsten Besuch im Warenhaus vom Detektiv festgenommen, weil dieser die Tat nachträglich rekonstruiert hatte und sich das Gesicht der O auf dem Video einer Überwachungskamera gemerkt hatte.

a) R wird zunächst feststellen, dass T mangels eigenen Gewahrsams an der sperrigen Stange **im Kaufhaus keinen vollendeten Diebstahl** begangen hat; denn die Stange befand sich noch in der generell beherrschten Gewahrsamssphäre des Kaufhauses und auf Grund ihrer Größe keinesfalls in einer Gewahrsamsenklave der T. Er würde weiter zu dem Ergebnis kommen, dass T **keinen Dreieckssachbetrug** beim Verlassen des Kaufhauses gegenüber W und zu Lasten des Kaufhauses begangen hat, weil W irrig davon ausging, dass T durch den Kauf der Stange bereits Eigentum und Gewahrsam an ihr erworben hatte. Daher war er sich nicht bewusst, dass er der T den Gewahrsam übertrug, als er sie gehen ließ, und hatte daher **kein Verfügungsbewusstsein**.

b) Umgekehrt kann daher aber ein **Diebstahl beim Verlassen des Kaufhauses** bejaht werden, da trotz des Passieren-Lassens kein eine Wegnahme ausschließendes Einverständnis des W vorlag: Unabhängig davon, ob W überhaupt dazu berechtigt gewesen wäre, für das Warenhaus sein Einverständnis in den Gewahrsamsübergang zu erklären (und nicht vielmehr lediglich Gewahrsamsbrüche verhindern sollte), wollte W schon deswegen nicht den Willen zur Gewahrsamsüberlassung erklären, da er ja davon ausgehen musste, dass T als rechtmäßige Erwerberin bereits Gewahrsamsinhaberin war.

c) Daneben könnte R allerdings auch noch feststellen, dass T einen **Dreiecksbetrug** hinsichtlich der **Ansprüche** des Kaufhauses **auf Eigentums- und Besitzherausgabe** sowie durch das Anbringen

Als die Anzeige des Kaufhauses beim Staatsanwalt S eintrifft, fragt dieser seinen Referendar R, wegen welcher Delikte er die T anklagen würde, und was hinsichtlich der Konkurrenzen gilt. Was wird R antworten?

Zur Vertiefung: *Rengier I,* § 13 Rn. 31.

der Banderole eine Urkundenfälschung durch Herstellung einer unechten, zusammengesetzten Urkunde begangen hat. Hinsichtlich der Konkurrenzen spricht viel dafür, den Betrug hinsichtlich der Ansprüche subsidiär zurücktreten zu lassen. Zwar erfolgte hier der Betrug nicht nach der „Haupttat", sondern zeitgleich, so dass ein Sicherungsbetrug als mitbestrafte Nachtat ausscheidet. Auch hier wird aber durch einen „Unterstützungsbetrug" kein über den Diebstahl hinausgehender Schaden verursacht. Die Urkundenfälschung verletzte dagegen ein anderes Rechtsgut, so dass es sich nicht um eine mitbestrafte Vortat handelt, sondern Idealkonkurrenz (wegen der Teilidentität zwischen Benutzung der unechten Urkunde und Durchführung der Wegnahme) besteht.

113. T wusste, dass die O oft Schmuck und Antiquitäten auf Trödelmärkten kaufte. Da ihm noch ein Geburtstagsgeschenk für seine Freundin fehlte, klingelte er bei O und gab sich als Kriminalpolizist aus, der nach einer gestohlenen Kette suche, die sich wahrscheinlich bei O befände. Als die O dem T ihre Ketten zeigte, griff T sich eine wertvolle Perlenkette und behauptete, dass es sich um das gesuchte Diebesgut handele, welches er beschlagnahmen müsse. O wollte zwar ihre erst am Wochenende erworbene Kette unbedingt behalten und

Nach h.M.: **nein**, da es an einer **Vermögensverfügung fehlt**. Zwar hat O durch die Duldung der „Beschlagnahme" ihr Vermögen unmittelbar gemindert und sie tat dies auch mit Verfügungsbewusstsein, da sie dem Gewahrsamswechsel innerlich zustimmte. Eine Vermögensverfügung setzt allerdings beim Sachbetrug als letzte subjektive Voraussetzung zumindest eine „**Restfreiwilligkeit**" voraus. Denn bei einer unfreiwilligen Verfügung verlöre der Betrug seinen Charakter als Selbstschädigungsdelikt. Freiwillig ist die Verfügung aber nur, wenn sich das Opfer vorstellt, dass der Gewahrsamswechsel von seiner Mitwirkung abhänge. Hier stellte sich O aber wegen der Möglichkeit staatlichen Zwangs vor, dass sie den Gewahrsam un-

protestierte zunächst, wollte sich dann aber doch nicht vergeblich mit der Staatsgewalt anlegen. Sie händigte dem T die Kette aus, der mit ihr auf Nimmerwiedersehen verschwand. Hat sich T wegen Betrugs strafbar gemacht?

Zur Vertiefung: *Rengier I,* § 13 Rn. 32 u. 34 f.

abhängig von ihrem Verhalten auf jeden Fall verlieren würde. Es liegt daher keine Verfügung bzw. kein Einverständnis in den Gewahrsamswechsel vor, so dass T sich nicht wegen Betrugs, sondern wegen **Diebstahls** strafbar gemacht hat.

114. T entnahm dem Kühlregal eines Supermarktes drei flache Packungen mit Lachssaiten, steckte diese zwischen die Seiten eines Einkaufsprospekts ein und legte den Prospekt flach auf den Boden des Einkaufswagens. Oben auf den Prospekt legte er eine Packung Aufbackbrot, zwei Stücke Butter und eine Flasche Sekt. An der Kasse legte er vor den Augen der Kassiererin Brot, Butter und Sekt auf das Kassenband und bezahlte diese. Den Lachs schob er im Wagen an der Kasse vorbei und packte auf dem Parkplatz alles in seine Einkaufstasche. Strafbarkeit des T? (Vgl. *BGHSt* 41, 198)

Zur Vertiefung: *Rengier I,* § 13 Rn. 38.

a) Das **Verstecken** der Lachsscheiben im Einkaufswagen stellt mangels Gewahrsamsbruchs noch **keinen Diebstahl** dar, weil der Einkaufswagen **keine Gewahrsamsenklave** des T ist, sondern zur Gewahrsamssphäre des Supermarkts gehört. b) Fraglich ist aber, ob das Verhalten des T **an der Kasse** einen **Betrug** darstellt. Dabei ist nicht nur zweifelhaft, ob T durch das Bezahlen konkludent erklärt hat, keine weiteren Sachen bezahlen zu müssen, sondern auch, ob das Vorstellungsbild der Kassiererin nicht bloß eine „ignorantia facti" darstellt. Dies kann jedoch dahinstehen, weil sie jedenfalls **nicht über die Lachssaiten verfügt** hat. Zwar hätte sie in der hier vorliegenden Konstellation des sog. „Dreiecksbetrugs" die erforderliche Nähebeziehung zum Vermögen des Supermarkt-Inhabers (vgl. näher Fall 117). Aber es kann nicht behauptet werden, dass sie bezüglich der Lachssaiten ein Verfügungsbewusstsein gehabt hätte, da die Annahme eines auf die Kontrollpflicht der Kassiererin gegründeten „generellen Verfügungsbewusstseins" eine bloße Fiktion wäre. Dieses ist vielmehr anhand der Gegenstände des Kaufvertrages „juristisch" zu konkre-

tisieren und umfasste daher hier die verborgenen Lachssaiten nicht.
c) Daraus ergibt sich sogleich, dass **an der Kasse** bezüglich der Übertragung des Gewahrsams an den Lachssaiten auf T kein tatbestandsausschließendes Einverständnis der Kassiererin vorlag. T erlangte diese daher durch einen **Gewahrsamsbruch** und hat sich deshalb wegen **Diebstahls** strafbar gemacht.

Ergänzende Bemerkung:
Soweit man nach den näheren Umständen in derartigen Fällen einen Betrug hinsichtlich einer nicht geltend gemachten (Schadensersatz- bzw. bereicherungsrechtlichen) Forderung annimmt, liegt zwar keine tatbestandlich wechselseitige Exklusivität vor, da es sich um unterschiedliche Tatobjekte (Sache/Forderung) handelt. Aber der Betrug wäre dann nur ein Sicherungsbetrug, der als mitbestrafte Nach- bzw. Begleittat zurücktritt.

115. a) Wie wäre Fall 114 zu beurteilen, wenn T den Lachs nicht zwischen die Seiten des Prospekts, sondern in eine Packung Cornflakes gesteckt hätte, diese auf das Band gelegt und bezahlt hätte?
b) Würde sich etwas ändern, wenn T den Lachs nicht zusätzlich in die Packung geschoben, sondern die Innentüte mit den Cornflakes vorher entnommen und beiseite gelegt hätte, so dass sich nur noch der Lachs in der Packung befand, als diese von der Kassiererin eingescannt wurde?

Zur Vertiefung: *Rengier I*, § 13 Rn. 39.

a) Auch in diesem Falle hätte T einen Diebstahl und **keinen Betrug** begangen. Denn das **Verfügungsbewusstsein** bezog sich hier auf den **Packungsinhalt** „Cornflakes“, und nicht auf die Lachssaiten. Fragte man die Kassiererin, was sie den dem T soeben verkauft hätte, würde sie sicher „Cornflakes“ antworten. Dies wird ferner durch folgende Kontrollüberlegung verdeutlicht: Das sachenrechtliche Bestimmtheitserfordernis bei der dinglichen Einigung i.S. des § 929 S. 1 BGB wäre hier bezüglich der Lachssaiten wohl ebenfalls nicht erfüllt. Es erschiene aber widersprüchlich, anzunehmen, dass keine dingliche Einigung erfolgt wäre, die Kassiererin aber über die Lachssaiten verfügt hätte. T hat daher die Lachssaiten auch hier gestohlen.

b) Auch hier würde sich an der rechtlichen Bewertung der Tat als Diebstahl nichts ändern. Denn wenn man annimmt, dass sich das **Verfügungsbewusstsein auf die Cornflakes**, nicht aber auf die Lachssaiten bezog, so kann sich daran nichts ändern, nur weil sich die Cornflakes überhaupt nicht in der Packung befanden.

Ergänzende Bemerkung:
Der vorliegende Fall bildet gewiss (insbesondere in Variante b) eher einen Grenzfall als Fall 114, da immerhin die Packung Gegenstand des Verfügung war. Allerdings erscheint das hier vertretene Ergebnis auch kriminalpolitisch sinnvoll. Denn wenn man von einer Parallelität von Verfügung und Übereignung ausgeht, könnte sich der Täter auf diese Weise leicht auch das Eigentum an sehr wertvollen Gegenständen verschaffen, was ihm durch Diebstahl nicht möglich wäre (exemplarisch: teure Digitalkamera in einem Karton mit günstigen Schuhen). Erhöhte Anforderungen an das Verfügungsbewusstsein dienen somit auch dem Opferschutz.

116. T war in der Fernsehsendung „Die Kriminalpolizei warnt" auf einen Trick aufmerksam geworden, mit dem sich leicht Geld zu machen schien. Um diesen Trick auszuprobieren, betrat T den Kiosk der O und bat sie, ihm einen 100 €-Schein zu wechseln, den er auf den Kassentresen legte. Die hilfsbereite O nahm daraufhin fünf 20 Euro-Scheine aus ihrer Kasse und übergab sie dem T. Doch bevor die O den 100 Euro-Schein an sich nehmen konnte, ergriff T diesen und rannte davon. Strafbarkeit des T?

Zur Vertiefung: *Rengier I*, § 13 Rn. 36.

Ob T hier einen **Diebstahl** am 100 €-Schein, an den 20 €-Scheinen **oder** aber einen **Betrug** begangen hat, hängt von der genauen Beantwortung diffiziler (und sicher unterschiedlich beantwortbarer) **zivilrechtlicher Vorfragen** ab. Dabei kommt es insbesondere darauf an, ob man den Tresen bereits als Ort der Übergabe (d.h. des Besitzwechsels) i.S. des § 929 S. 1 BGB ansieht oder – wohl überzeugender – den **Tresen** noch als **„neutralen Bereich"** betrachtet, so dass auf Grund einer Art „normativen Nachwirkung" der jeweils vorhergehenden Besitzlage die Zugriffsmöglichkeit noch nicht zum Besitzwechsel führt, sondern erst ein tatsächliches Ergreifen. Auf dieser Grundlage gilt Folgendes:

a) Ein Diebstahl an dem **100 €-Schein** scheidet aus, da er für T (noch) **nicht fremd** war. Zwar war das Hinlegen des Scheins auf den Tresen zumindest ein schlüssiges, unbedingtes und nach § 116 BGB auch wirksames Angebot zur Übereignung des Scheins gem. § 929 S.1 BGB, das O mit dem Abzählen des Wechselgeldes konkludent angenommen hat. Allerdings fehlt es an einer Übergabe des Scheins, da **T noch einen faktischen Zugriff** auf den Schein und den Willen zum Besitz hatte.

b) T hat auch keinen Diebstahl an den **fünf 20 €-Scheinen** begangen, weil er das **Eigentum** an ihnen erworben hatte, als die O sie ihm in die Hand drückte. In jedem Fall aber hatte die O ihr Einverständnis in den Gewahrsamswechsel erklärt.

c) T hat aber einen **Betrug** hinsichtlich der **fünf 20 €-Scheine** begangen, da er die O darüber getäuscht hat, dass er ihr den 100 €-Schein belassen würde. Nur dies veranlasste die O dazu, dem T den Gewahrsam an den fünf Scheinen zu übertragen.

Ergänzende Bemerkung:
Es erschiene vertretbar, die zivilrechtliche Lage unter b) anders zu beurteilen und auf Grund der Interessenlage und Risikoverteilung eine bedingte Übereignung bzw. ein bedingtes Einverständnis der O anzunehmen, solange diese den Schein noch nicht in ihren gesicherten Besitz gebracht hat (vgl. auch oben Fall 42).

117. T beobachte aus der Lobby eines Luxushotels, wie der Millionär O nebst Lebensgefährtin in seinem Ferrari F 50 vorfuhr und den „Einpar-

Ein Betrug gegenüber und zu Lasten des P scheidet aus, weil dieser nicht über sein eigenes Vermögen verfügt hat. Es ist jedoch anerkannt, dass zwar der Getäuschte und der Verfügende, nicht aber

ker" des Hotels anwies, seinen Wagen sicher in der Hotelgarage unterzubringen. T nahm daraufhin in einem Sessel nahe der Rezeption Platz, und bekam so den Namen des O und die Stellplatznummer des Ferrari mit. Am Nachmittag kleidete sich T in ähnlicher Weise wie O, ging zur Rezeption und verlangte unter Nennung des Namens und der Stellplatznummer des O die Schlüssel zu „seinem" Ferrari. Der etwas unbedarfte Portier P gab ihm ohne Bedenken den Schlüssel, weil er ihn für den O hielt. T begab sich in die Garage, startete das V-12-Aggregat des Ferrari und genoss eine rasante Fahrt in „seinem" neuen Fahrzeug. Hat T einen Betrug oder einen Diebstahl begangen?
(Vgl. auch *BGHSt* 18, 221)

Zur Vertiefung: *Rengier I,* § 13 Rn. 40–48.

Verfügender und Geschädigter identisch sein müssen. Daher könnte T einen Betrug gegenüber P und zu Lasten des O (sog. **Dreiecksbetrug**) begangen haben. Da der T den P erfolgreich über seine Berechtigung zur Abholung des Kfz-Schlüssels getäuscht hat, stellt sich zur Abgrenzung zwischen einem Dreiecksbetrug und einem **Diebstahl in mittelbarer Täterschaft** die Frage, ob P infolge seines Irrtums über das Vermögen des O verfügt hat. Dazu muss der verfügende Dritte eine bestimmte „**Nähe**" zum Vermögen des Geschädigten haben, damit entsprechend dem Wesen des Betrugs eine dem Opfer **zurechenbare Selbstschädigung** vorliegt. Wie diese Nähebeziehung allerdings beschaffen sein muss, wird unterschiedlich beurteilt. Nach allen Ansichten liegt eine Verfügung über fremdes Vermögen vor, wenn der Verfügende kraft Gesetzes, behördlichen Auftrags oder Rechtsgeschäft **rechtlich befugt** ist, Rechtsänderungen vorzunehmen oder vermögensrelevante Anordnungen mit unmittelbar vermögensmindernder Wirkung zu treffen („Theorie der rechtlichen Befugnis"; z.B. gesetzliche Vertreter, Bevollmächtigte, Insolvenzverwalter). Hier war P vertraglich nur befugt, den Schlüssel an O herauszugeben, nahm aber irrig an, genau dies zu tun, so dass er nach der „Theorie der rechtlichen Befugnis" nur dann über O's Vermögen verfügt hätte, wenn man die subjektive Vorstellung des Verfügenden genügen lässt. Die h.M. stellt dagegen geringere Anforderungen an diese Nähebeziehung, weil der Gewahrsam und die Verfügung eher faktischer Natur seien. Daher sei eine **tatsächliche Einwirkungsmöglichkeit** auf das Vermögen des Dritten ausreichend, soweit der Verfügende in einem **Obhutsverhältnis zur Sache** steht, so dass er als **Repräsentant** des Sachherrn erscheint („Lagertheorie"). Hier stand P in einer solchen Obhutsbeziehung, und glaubte, als Erfüllungsgehilfe des Hotels dessen verwahrungsvertragliche Herausgabepflicht im Interesse des O zu erfüllen. Daher hätte P nach der „Lagertheorie" über das Vermögen des O verfügt, und T hätte einen Betrug begangen. Lehnt man einen solchen i.S. einer eng verstandenen Befugnistheorie ab, so ist konsequenterweise ein Diebstahl in mittelbarer Täterschaft anzunehmen, da P dann als Werkzeug des T einzuordnen ist.

Ergänzende Bemerkung:
Die Entscheidung zwischen Lager- und Befugnistheorie kann nicht nur über den verwirklichten Tatbestand, sondern über die Strafbarkeit überhaupt entscheiden, so etwa in den folgenden beiden Fällen:
(1) Will der Täter die durch eine Täuschung erlangte Sache wieder zurückbringen, so kann dies die Zueignungsabsicht i.S.d. § 242 entfallen lassen, muss aber einem Vermögensschaden und einer Bereicherungsabsicht i.S.d. § 263 wegen der entzogenen vorübergehenden Nutzungsmöglichkeit nicht entgegenstehen.
(2) Hat der Täter einen fälligen, einredefreien Gattungsanspruch auf eine Sache der durch Täuschung erlangten Art, so steht dies zwar der Rechtswidrigkeit der beabsichtigten Zueignung i.S.d. § 242 nicht entgegen, lässt aber die Rechtswidrigkeit der beabsichtigten Bereicherung i.S.d. § 263 regelmäßig entfallen (vgl. auch Fall 136).

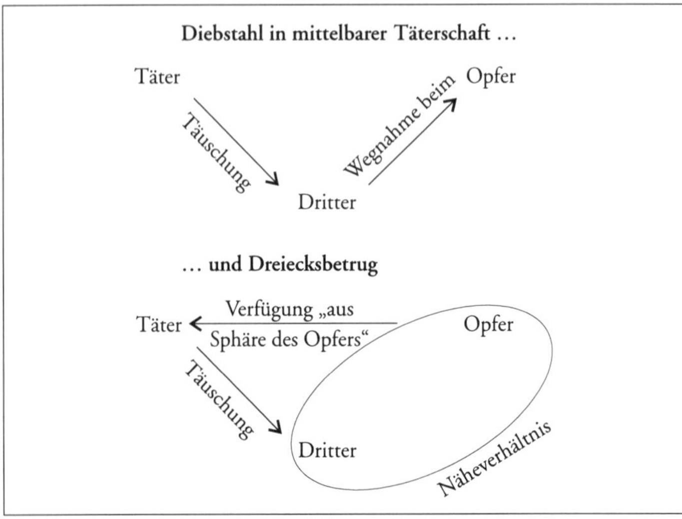

118. Wie wäre Fall 117 zu entscheiden, wenn die Rezeption kurzzeitig unbesetzt gewesen wäre und T die hinter dem Tresen putzende Raumpflegerin R gebeten hätte, ihm nur schnell „seinen“ Kfz-Schlüssel zu reichen, weil er es eilig hätte?

Zur Vertiefung: *Rengier I*, § 13 Rn. 45.

In diesem Falle hätte T den Schlüssel und den Ferrari gestohlen, weil R weder rechtlich zur Herausgabe befugt war noch in einer Obhutsbeziehung zum Schlüssel oder dem Ferrari stand. Die **bloße faktische Zugriffsmöglichkeit** des Getäuschten genügt nicht für die Annahme einer wirksamen Verfügung zu Lasten des Berechtigten.

119. T hatte in der Geschirrabteilung eines Möbelhauses eine von O gekaufte teure Vase, die dieser kurz abgestellt hatte, an sich genommen und damit rasch das Geschäft verlassen. Auf dem Weg zu seinem Auto wurde er von dem unachtsamen Radfahrer R an-

a) T hat **im Möbelhaus** zunächst einen Diebstahl an der Vase begangen.
b) Fraglich ist, ob er des Weiteren auch einen **Betrug gegenüber und zu Lasten des R** begangen hat. R hat auf Grund eines täuschungsbedingten Irrtums über den Inhaber der Schadensersetzforderung über Eigentum und Besitz an den 300 € verfügt. Zweifelhaft erscheint aber, ob er da-

gefahren, wodurch die Vase zu Bruch ging. T machte R Vorwürfe und zeigte ihm die in der Vase steckende Rechnung über 300 €. Da R davon ausging, dass T die Vase gerade gekauft hatte, zahlte er dem T bar den Betrag von 300 € und erhielt dafür als „Quittung" den Kassenzettel ausgehändigt. Strafbarkeit des T?

Zur Vertiefung: *Rengier I*, § 13 Rn. 50 f.

durch auch einen Vermögensschaden erlitten hat. Denn vor der Zahlung an T war das Vermögen des R mit einem Schadensersatzanspruch in gleicher Höhe belastet, der durch die Zahlung des R an T gemäß **§ 851 BGB** erloschen ist. Dies führt dazu, dass ein Vermögensschaden des R hier nicht vorliegt, wenn man Forderungen nicht mit der älteren Rspr. (*RGSt* 64, 342; 72, 133; *BGHSt* 3, 162; 19, 216) auf Grund einer wirtschaftlichen Betrachtungsweise unter ihrem Nennwert ansetzt. Obwohl aber das „Haben einer Position" (z.B. Geld) vorteilhafter sein kann, als ein mit dem Risiko der Durchsetzbarkeit behafteter Anspruch auf dieselbe, spricht gegen eine so strikt wirtschaftliche Betrachtung, dass nach ihr auch ein Schuldner als geschädigt angesehen werden müsste, der auf Grund einer Täuschung seines Gläubigers dessen fälligen Anspruch erfüllt, obwohl dies der vom Recht gewollte Zustand ist. Freilich könnte man hier eine Ausnahme zu diesem Grundsatz annehmen, da R realistischerweise niemals von O in Anspruch genommen worden wäre, weil er diesem unbekannt geblieben wäre.

c) Lehnt man gleichwohl einen Betrug zum Nachteil des R ab, so ist aber ein Betrug gegenüber T **zum Nachteil des O** zu bejahen. Denn entweder man verzichtet (mangels des Erfordernisses einer Abgrenzung zu §§ 242, 25 I Alt. 2) bei einem **„Dreiecks-Forderungs-Betrug"** gänzlich auf besondere Anforderungen hinsichtlich das Vorliegen eines Näheverhältnisses oder aber man sieht die erforderliche Nähebeziehung in der durch § 851 BGB **gesetzlich eingeräumten Möglichkeit**, über fremdes Vermögen zu verfügen.

Ergänzende Bemerkung:
Ganz ähnliche Fragestellungen können z.B. entstehen, wenn der Schuldner an den Zedenten zahlt, weil dieser ihm durch Täuschung die Zession verheimlicht hat (vgl. § 407 I BGB). Unumstritten ist die Annahme einer solchen Nähebeziehung kraft gesetzlicher Verfügungs- Möglichkeit freilich nicht. Teilweise wird argumentiert, dass auf Grund des Charakters des Betrugs als *Selbstschädigungsdelikt* Verfügungen Dritter nur dann dem Vermögensinhaber zurechenbar sind, wenn dieser dem Vermögen des Opfers näher steht als der Täter, während z.B. § 851 BGB zu Gunsten *jedes beliebigen Dritten* gilt, der für eine beschädigte Sache Ersatz geleistet hat.

120. Fernsehtechniker T wurde am Tage eines wichtigen Fußballspiels zu O gerufen, um eiligst den Fernseher des O zu reparieren. Er bekam das Gerät kurz vor dem Anpfiff zum Laufen und kassierte vom dankbaren O für die Reparatur 130 Euro. Da O in der Eile völlig vergessen hatte, sich die Bezahlung quittieren zu lassen, nutzte T die Gelegenheit und forderte O nach kurzer Zeit schriftlich zur erneuten Zahlung auf. Als O sich weigerte, verklagte T den O vor dem Amtsgericht. Da O die Reparatur des Fernsehers nicht bestritt, für seine Zahlung aber keinen Nachweis erbringen konnte, verurteilte Richter R ihn zur Zahlung der von T verlangten 130 Euro. Strafbarkeit des T?

Zur Vertiefung: *Rengier I*, § 13 Rn. 49.

T hat einen sog. „**Prozessbetrug**" gegenüber **R und zu Lasten des O** begangen. Zwar entsprach die in der Klageschrift behauptete Reparatur des Fernsehers der Wahrheit. T hat aber durch die Klagerhebung konkludent darüber getäuscht, dass O tatsächlich bereits erfüllt hatte. Denn die prozessuale Wahrheitspflicht gem. § 138 I ZPO erstreckt sich auch auf das Nichtbestehen rechtshindernder und –vernichtender Einwendungen. Obwohl R letztlich ausschließlich auf Grund von Beweislastregeln entschieden hat, spricht auch viel dafür, einen betrugsrelevanten Irrtum anzunehmen, da der Richter bewusst unwahre Vorträge nicht berücksichtigen darf und daher in solchen Fällen die Einhaltung der prozessualen Wahrheitspflicht zumindest für wahrscheinlich hält. Eine Verfügung mit Wirkung gegenüber O ist dem R auf Grund seiner **gesetzlichen Stellung** und den Wirkungen eines Urteils möglich.

Ergänzende Bemerkung:
(1) Eine Vermögensminderung durch das Urteil (und schon vor der Zwangsvollstreckung) liegt

jedenfalls in der konkreten Vermögensgefährdung, da das Urteil Grundlage der Zwangsvollstreckung ist.
(2) Beim Versäumnis- und Mahnverfahren dagegen ist wegen der grundsätzlichen Beschränkung der Prüfung auf die Schlüssigkeit des Klägervortrags (vgl. § 331 ZPO) bzw. die Einhaltung der Formalien (vgl. § 692 I Nr.1 ZPO) und die gesetzliche Wahrunterstellung des Inhalts die Annahme eines Irrtums schwerer zu begründen und dementsprechend auch umstritten.

121. Wie unterscheidet sich der Vermögens- vom Schadensbegriff und welche unterschiedlichen Ansätze zum Schadensbegriff werden vertreten?

Zur Vertiefung: *Rengier I,* § 13 Rn. 67.

Beim **Vermögensbegriff** geht es um die Frage, **welche Positionen** zum strafrechtlich geschützten Vermögen gehören. Dagegen geht es beim **Schadensbegriff** darum, wie **etwaige Zuflüsse zu bewerten** sind. Stark vereinfacht geht es hier im Kern darum, ob der Betrug unabhängig von der Zusammensetzung nur vor der Minderung des objektiven Gesamtwertes des Vermögens schützt oder ob auch die eingeschränkte Brauchbarkeit der zufließenden Vermögensposition für den individuellen Vermögensinhaber trotz ihrer objektiven Gleichwertigkeit zu berücksichtigen ist (vgl. näher Fälle 122, 128 und 131). Die h.M. hat als Synthese aus diesen Extrempositionen den **individuell-objektiven Schadensbegriff** entwickelt. Dieser nimmt einen Schaden grundsätzlich bei einer objektiv-wirtschaftlichen Unausgeglichenheit des Geschäfts an. Zugleich bemüht er sich aber um eine maßvolle Subjektivierung, indem er in Sonderfällen auch bei objektiv-wirtschaftlicher Ausgeglichenheit die individuellen Besonderheiten der jeweiligen Vermögenszusammensetzung (z.B. die Brauchbarkeit) berücksichtigt. Dies geschieht jedoch nicht nach den willkürlichen,

subjektiven Vorstellungen des konkreten Opfers, sondern nach **objektiven** Maßstäben hinsichtlich des **individuellen** Vermögens.

122. Skizzieren Sie kurz die Fallgruppen des sog. „persönlichen Schadenseinschlags“!

Trotz **objektiver wirtschaftlicher Ausgeglichenheit** der ausgetauschten Vermögensgegenstände nimmt die h.M. in den folgenden drei Fallgruppen dennoch einen Vermögensschaden an:
(1) Der Erwerber einer Leistung kann diese **nicht** oder nicht vollständig zum **vertraglich festgelegten Zweck** oder in anderer zumutbarer Weise **verwenden**.

Beispiel: Die einem Bauern verkaufte, preisangemessene Melkmaschine reicht nur für drei, statt – wie versprochen – für zwölf Kühe.

(2) Der Erwerber einer Leistung wird durch sie zu vermögensschädigenden Folgemaßnahmen genötigt.

Beispiel: Dem Erwerber wird vorgetäuscht, dass er ein „Schnäppchen“ machen könne, so dass er sich deswegen dazu entschließt, die Gegenleistung durch ein hochverzinsliches Darlehen oder den Notverkauf von Gegenständen zu finanzieren.

(3) Der Erwerber kann wegen der Verpflichtung nicht mehr über die unerlässlichen Mittel zur ordnungsgemäßen Erfüllung seiner Verbindlichkeiten oder zur angemessenen Lebenshaltung verfügen.

Beispiel: Der Täter täuscht die Mutter und ihre 13-jährige Tochter, dass letztere eine Reise gewonnen habe, und veranlasst dadurch die Mutter zur Genehmigung einer umfangreichen Wäschebestellung durch die einkommens- und vermögenslose Minderjährige.

123. Kunstfreund O sah im Laden des T ein modernes Gemälde, das ihm außerordentlich gut gefiel. T erklärte ihm, dass das Bild einen Wert von rund 20.000 € habe und er es nur wegen seiner wirtschaftlich schlechten Lage für 7.500 € verkaufen müsse. Daher schlug der O erfreut zu. Tatsächlich aber war das Bild nur exakt diesen Kaufpreis wert. Als O davon erfuhr, fühlte er sich um seinen „Gewinn" betrogen. Zu Recht?

Zur Vertiefung: *Rengier I,* § 13 Rn. 74.

Nein, O fühlt sich zu Unrecht betrogen. Denn wer um einen Gewinn in Form einer nichteingetretenen Wertsteigerung oder Gewinnchance gebracht wird, erleidet **keine Schädigung** seines **vor der Verfügung bereits bestehenden Vermögens**. Umgangssprachlich formuliert schützt der Betrug also nur vor dem „ärmer werden", nicht aber vor dem „nicht reicher werden". Dies gilt jedenfalls dann, wenn das Opfer wie hier noch keine rechtlich gesicherte Exspektanz auf ein günstiges Geschäft erworben, sondern nur die Hoffnung auf ein solches hat.

124. Wo liegt der Grund für die Unterscheidung zwischen dem Eingehungs- und Erfüllungsbetrug? Wie verhalten sich beide Betrugsformen zueinander?

Zur Vertiefung: *Mitsch II/1,* § 7 Rn. 97 f.

a) Diese Differenzierung ergibt sich letztlich aus dem **Abstraktionsprinzip**. Ein Eingehungsbetrug liegt bereits dann vor, wenn das Opfer sich zu einer vermögensschädigenden Leistung verpflichtet; die Verfügung besteht hier in der Verpflichtung, der Vermögensschaden zumindest in der konkreten Vermögensgefährdung des Opfers. Demgegenüber liegt der Erfüllungsbetrug vor, wenn das Opfer irrtumsbedingt seine Verfügung bereits erbracht hat, die vermögensschädigend ist, da ihr keine angemessene bzw. keine vertragsgemäße Gegenleistung gegenüber steht.
b) Wenn sich die im Abschluss des Vertrags **angelegte Schädigung** entsprechend dem Täterplan durch die **Erfüllung vollzieht**, so sollte man nur auf den **Erfüllungsbetrug abstellen**. Eine unterschiedlich Würdigung von Eingehungs- und Erfüllungsbetrug kann aber in be-

sonderen Konstellationen geboten sein, insbesondere wenn es zu gar keiner Erfüllung mehr kommt oder aber bei erneuten Manipulationen *zwischen* Eingehung und Erfüllung des Vertrages.

125. Büchernarr O rang sich bei Antiquar T zum Kauf einer seltenen Erstauflage aus dem 18. Jahrhundert zum Preis von 15.000 € durch. Das Buch besaß auch tatsächlich einen entsprechenden Marktwert. Als O das Buch am nächsten Tag abholen wollte, übergab T ihm entsprechend seines vorgefassten Plans eine gut nachgemachtes und „auf alt getrimmtes" Reprint im Wert von 1000 €. O bemerkte dies nicht und zahlte den vollen Kaufpreis. Strafbarkeit des T?

Zur Vertiefung: *Rengier I,* § 13 Rn. 75.

Hier hat T durch den **Abschluss** des Kaufvertrages noch **keinen Betrug** begangen, weil der Zahlungsverpflichtung des O ein gleichwertiger, leicht durchsetzbarer Anspruch auf Übergabe und Übereignung des verkauften (vgl. § 116 BGB) Buches zustand. O erlitt jedoch **bei der Erfüllung** dieses Vertrages einen Schaden, da er 15.000 Euro weggab und dafür ein (nicht vertragsgemäßes) Buch im Gegenwert von lediglich 1.000 Euro erhielt. Daran ändert auch die Betrachtung des Schicksals der von der Erfüllung betroffenen Ansprüche nichts. Zwar wurde O vom Anspruch des T auf Kaufpreiszahlung durch die Zahlung frei, ohne seinen eigenen Anspruch auf Übergabe und Übereignung der mangelfreien Kaufsache gemäß § 437 BGB zu verlieren. Allerdings hatte er keinerlei Kenntnis vom (Fort-) Bestehen dieses Anspruchs, so dass er als wertlos anzusehen ist. T hat demnach einen klassischen Erfüllungsbetrug begangen.

Ergänzende Bemerkung:
Es kommt sogar das Regelbeispiel des § 263 III Nr. 2 StGB in Betracht, soweit ein Vermögensschaden großen Ausmaßes schon ab einer Größenordnung von 10.000 Euro angenommen wird. Die neuere Rechtsprechung des *BGH* (NJW 2004, 169, sowie 2003, 3717 [zu § 266 II i.V.m. § 263 III]) nimmt einen solchen allerdings i.d.R. nicht unter 50.000 € an.

126. O hatte den Juwelier T mit der Einzelanfertigung eines Colliers beauftragt. Nach seinen Schätzungen für Materialpreis und Arbeitszeit errechnete T einen ungefähren Preis von 3.500 €, berechnete der O als guter Kundin aber nur 2.500 €, weil er auf Folgeaufträge hoffte. Bei der Herstellung verzichtete T dann – für O nicht erkennbar – auf einige aufwendige Bearbeitungsschritte und verwendete billigere Steine, so dass der fertig gestellte und an O übereignete Schmuck nur einen Verkaufswert von ca. 2.500 € hatte. Strafbarkeit des T?

Zur Vertiefung: *Rengier I*, § 13 Rn. 75.

Hier hat sich T aus den gleichen Gründen wie im Fall 125 **nicht** durch den **Abschluss des Vertrages** wegen eines Eingehungsbetrugs strafbar gemacht. Die O erlitt aber trotz der Gleichwertigkeit von Geld und Collier einen **Vermögensschaden bei der Erfüllung** des Vertrags. Denn durch die Annahme des minderwertigen Colliers erlosch der Anspruch der O auf Lieferung des bestellten Colliers im Wert von 3.500 €. Dieser Verlust wurde durch das Erlöschen des Werklohnanspruchs des T i.H.v. 2.500 € nur teilweise kompensiert. Aus anderer Perspektive: O hatte durch den schuldrechtlichen Vertrag (anders als in Fall 123!) einen **„Anspruch auf ein gutes Geschäft"** im Wert von 1.000 € erlangt, der ihr durch die Erfüllung praktisch wieder genommen wurde. Die Gewährleistungsrechte der O gemäß § 634 BGB können diesen Vermögensschaden i.H.v. 1.000 € nicht kompensieren, da der O ihre Existenz unbekannt war und sie daher wirtschaftlich wertlos waren. T hat daher durch die Übergabe des Colliers einen Betrug begangen.

127. T schlich sich in das Vertrauen der viele Jahren älteren und wohlhabenden O. Immer wenn O ihm Geld zuwenden wollte, lehnte er ab und bekräftigte, er sei ja nicht wie die Kinder der O. Denn diese hätten neulich erwähnt, sie würden O ohnehin nur des Erbes wegen besuchen. Auf Grund dieser unwahren Berichte setzte O den T, wie von

Nichts. Obwohl der T die O über die „Erbwürdigkeit" ihrer Kinder getäuscht hat und diese sich entsprechend geirrt hat, hat T zunächst **keinen Betrug gegenüber und zu Lasten der O** begangen. Denn O hat durch die Erbeinsetzung nicht im strafrechtlichen Sinne über ihr Vermögen verfügt. Die Erbeinsetzung bewirkte keine Minderung ihres Vermögens, weil sie **Rechtswirkungen erst nach dem Tod** der O auslösen kann und darüber hinaus auch **jederzeit widerruf-**

T vorhergesehen und beabsichtigt, als testamentarischen Alleinerben ein. Die Kinder der O sind der Ansicht, T habe sich wegen „betrügerischer Erberschleichung“ strafbar gemacht. Was ist davon zu halten?

Zur Vertiefung: *Brand/Fett*, JA 2000, 211 ff. *Schroeder*, NStZ 1997, 585 f.

lich ist. T hat auch **keinen Betrug gegenüber O und zu Lasten ihrer Kinder** begangen. Denn eine über den Pflichtteil hinausgehende **Erbaussicht** stellt als bloße ungesicherte und vom Erblasser jederzeit vernichtbare Erwerbsaussicht **keinen geschützten Vermögensbestandteil** dar.

128. Der Drücker T schwatzte der 80-jährigen O ein Abonnement einer Computerzeitschrift auf, obwohl er davon ausging, dass die O noch nie an einem PC gesessen hatte und auch keinen solchen besaß. T versicherte ihr aber wahrheitswidrig, dass sie nach der Lektüre der Zeitschriften alle ihre elektrischen Geräte selbst reparieren und daher viel Geld sparen könnte. T war deswegen so eloquent und verkaufseifrig, weil er vom Verlag V für jeden Vertragsabschluss eine Provision erhielt. Nachdem O sich durch drei Hefte gequält und nichts verstanden hatte, beschwerte sie sich bei V, der sofort einer Vertragsaufhebung zustimmte und der O den Betrag für die drei Hefte zurückerstattete, obwohl er die Provision kurz zuvor an T ausgezahlt hatte. Als T wenige Wochen später vor Gericht

a) R wird zunächst einen **eigennützigen Betrug** gegenüber und zu Lasten der O **ablehnen**. Zwar hat T die O über den Nutzen der Zeitschriften getäuscht, diese hat sich entsprechend geirrt, und durch den Vertragsabschluss über ihr Vermögen verfügt. Auch ließe sich trotz des angemessenen Marktpreises der Zeitschriften nach den Grundsätzen des persönlichen Schadenseinschlags noch ein Schaden der O bejahen, weil sie die Zeitschriften weder zum vertraglichen Zweck noch in anderer zumutbarer Weise gebrauchen konnte. Daran vermögen auch Schadensersatzansprüche, Anfechtungsrechte oder die spätere Kulanz des V nichts zu ändern, da die unmittelbar aus einem Betrug folgenden Rechte insoweit nicht schadenskompensierend wirken können, um § 263 nicht leer laufen zu lassen bzw. in einen unendlichen gedanklichen Regress zu geraten. Allerdings handelte T **nicht in der Absicht, sich stoffgleich zu bereichern.** Denn der Schaden trat bei O durch den Abschluss des Abonnement-Vertrages ein, während T den Vorteil in Gestalt der Provision erst durch die Auszahlung von V erlangte.

stand, verteidigte er sich damit, dass doch der O wegen ihres Schadensersatzanspruchs aus § 823 II BGB i.V.m. § 263 I StGB gegen ihn, ihres Anfechtungsrechts aus § 123 BGB, der Vertragsaufhebung und Rückzahlung durch den Verlag kein Schaden entstanden sei. Zudem sei die Zeitschrift doch „ihr Geld wert" gewesen. Vor der Urteilsverkündung fragt Richter R seinen Referendar, ob er den T wegen Betrugs verurteilen würde. Was wird R ihm antworten?

Zur Vertiefung: *Rengier I*, § 13 Rn. 85 u. 109.

b) R wird aber auf die Möglichkeit eines **fremdnützigen Betruges** gegenüber und zu Lasten der O hinweisen. T handelte mit Drittbereicherungsabsicht zu Gunsten des V, dem der T die Ansprüche aus dem Abonnementvertrag verschaffen wollte. Zwar handelte T primär in der Absicht, sich selbst die Provision zu verschaffen, und nicht altruistisch zu Gunsten des V. Der Vertragsabschluss war jedoch ein **notwendiges Zwischenziel** zur Erlangung der Provision.

c) Zuletzt wird R einen **Betrug gegenüber und zu Lasten des V** feststellen, als T den abgeschlossenen Vertrag einreichte und seine Provision entgegennahm. Denn damit **täuschte** er **schlüssig** darüber, dass der **Vertrag** mit O ordnungsgemäß und (zumindest mit Blick auf § 123 BGB) **unanfechtbar** zu Stande gekommen war, so dass V täuschungsbedingt durch die Auszahlung der Provision verfügte. Zumindest wenn O den Vertrag noch anfechten konnte (vgl. § 124 BGB), als T die Provision bei V einforderte, liegt auch ein Schaden des V vor.

129. O sah am Bahnhof den T sitzen, der ein Schild vor sich stehen hatte: „Komme aus einem Kriegsgebiet. Habe nichts zu essen. Meine Kinder haben Hunger." Mitleidig warf T dem O zwei Euro in seinen Hut. In Wahrheit war T ein Student der Raumfahrttechnik im 26. Semester, der sich auf diese Weise Geld für seine abendlichen Kneipenbe-

Ja. In den Fällen des „Bettel-, Spenden- und Subventionsbetrugs", in denen der Getäuschte über sein Vermögen verfügt, ohne eine (vollwertige) Gegenleistung zu erwarten, hängen die Lösungswege eng damit zusammen, ob der Betrug eine **unbewusste Selbstschädigung** voraussetzt (vgl. o. Fall 100). Verzichtet man darauf, ist eine Strafbarkeit vergleichsweise einfach zu begründen. Bejaht man dagegen dieses Erfordernis, so kann der Schaden jedenfalls nicht im

suche mit seinen ebenso phlegmatischen Kommilitonen verdiente. Hat T gegenüber O einen Betrug begangen?

Zur Vertiefung: *Rengier I*, § 13 Rn. 63 f.

Verlust des Verfügungsobjekts – hier 2 € – bestehen, da sich das „Opfer" dieses Verlustes bewusst ist. Allerdings wird von den meisten Vertretern dieser Ansicht angenommen, dass die **Erreichung** bestimmter **sozialer Zwecke** eigenständigen **Vermögenswert** hätte (sog. „Zweckverfehlungslehre"). Da der Täter das Opfer über die Verfehlung dieses Zwecks täusche und dieses sich entsprechend irre, schädige es sich diesbezüglich auch unbewusst selbst. Hier hat T den O über seine Bedürftigkeit und damit über den notlindernden Effekt seines Almosen getäuscht und demnach einen Betrug begangen.

130. T sammelte bei einer Haussammlung in seiner Nachbarschaft für die Kriegsgräberfürsorge. Um möglichst hohe Spenden zu erzielen, trug er in die oberste Spalte des Bogens, auf dem die Spender mit Namen und gespendeter Summe eingetragen wurden, den Namen eines besonders unbeliebten Mannes M ein, der in der Straße wohnte, und vermerkte als Betrag 20 €. Wie von T vorhergesehen, wollten die meisten Anwohner „nicht hinter M zurückstehen" und spendeten daher eben so viel, was sie sonst auf keinen Fall getan hätten. Als die Sache bekannte wurde, stellte O, der auch allein aus diesem Grund 30 € gespendet hatte, Strafantrag wegen Betrugs. Er argu-

Nein. Der Fall zeigt die Problematik der „Zweckverfehlungslehre", da bei einem zu weiten Verständnis des unscharfen Begriffs des „sozialen Zwecks" jeder (**Motiv-**)**Irrtum**, welcher die Verfügung kausal bewirkt, tatbestandlich wäre. Entgegen dem *BayObLG* (a.a.O.), das im zu Grunde liegenden Fall tatsächlich einen Betrug angenommen hat, müssen aber die betrugsrelevanten Zwecke bei den **Spendenbetrugsfällen** auf soziale bzw. karitative Zwecke oder genauer: auf solche Zwecke, denen die Spende bei **objektiver Betrachtung** dienen sollen, beschränkt werden. Welche darüber hinausgehenden Zwecke der Gebende subjektiv (und sei es auch mit Kenntnis des Täters) verfolgt, ist demgegenüber irrelevant.

mentiert, nach dem in Fall 129 Ausgeführten müsste auch hier ein Betrug vorliegen, denn er habe den sozialen Zweck, mehr als M zu spenden, verfehlt. Zu Recht?
(Vgl. *BayObLG* NJW 1952, 798)

Zur Vertiefung: *Rengier I,* § 13 Rn. 65 f.

131. T hatte auf einem Flohmarkt für einen Vorzugspreis einen großen Stapel kitschiger Postkarten erstanden. Mit diesen zog er von Tür zu Tür und bot sie mit dem Hinweis günstig an, diese seien von behinderten Kindern mit den Füßen gemalt worden und die Erlöse flößen in die Betreuung eines entsprechenden Wohnheimes. O hielt dies für einen guten Zweck und kaufte daher 10 Karten, die allerdings nicht überteuert, sondern ihren Preis wert waren. Doch T verwendete die Erlöse, wie von vornherein geplant, für eine Kneipentour durch die Düsseldorfer Altstadt. Strafbarkeit des T?
(Vgl. *OLG Düsseldorf* NJW 1990, 2397 ff.)

Zur Vertiefung: *Rengier I,* § 13 Rn. 71; *Sonnen,* JA 1982, 593 f.

Da T die O hier über die **Erreichung** des (objektiven) **sozialen Zwecks** der Förderung Behinderter getäuscht hat, diese sich entsprechend geirrt hat und über den Kaufpreis verfügt hat, könnte unter dem Gesichtspunkt der Zweckverfehlung ein Betrug vorliegen. Denn obwohl die Karten ihr Geld wert waren, könnte das Ausbleiben des sozialen Zwecks schadensbegründend wirken. Die meisten Vertreter der „Zweckverfehlungslehre" wollen diese Theorie jedoch nur auf bewusst ganz oder teilweise **unausgeglichene Geschäfte** anwenden. Zur Begründung könnte man anführen, dass diese Anhebung des strafrechtlichen Schutzniveaus nur angemessen ist, soweit das Opfer objektiv Einbussen an seinem Vermögen hinnimmt; wer dagegen einen objektiv angemessenen Ausgleich erzielt, ist weniger schutzwürdig. Vergleichbare Fälle sind von den Obergerichten entgegengesetzt entschieden worden. So hat das *OLG Düsseldorf* (a.a.O.) einen Betrug bejaht, während das *OLG Köln* (NJW 1979, 1419) den Tatbestand verneint hat. In der Literatur bejahen lediglich noch die Anhänger einer personalen Vermögenslehre einen Betrug.

132. a) V veräußerte auf eigene Rechnung Fanartikel eines Fußballvereins bei dessen Heimspielen. Als er bei einem Spiel seinen Bauchladen für kurze Zeit unbeaufsichtigt vor der Tür zu den Toiletten stehen ließ, ergriff T die Gelegenheit, und verkaufte ein Original-Trikot des Torschützenkönigs der vergangenen Saison zum Marktpreis von 45 € an O. Strafbarkeit des T?

b) Wie wäre es, wenn V seine Trikots für zwei Wochen bis zum nächsten Heimspiel bei T gelagert hätte und dieser am dazwischen liegenden Samstag mit den Trikots zum Bahnhof gegangen wäre und ein Trikot für 45 € an O verkauft hätte, der mit einem Sonderzug zum anstehenden Auswärtsspiel fahren wollte?

(Vgl. *BGHSt* 15, 83)

Zur Vertiefung: *Rengier I*, § 13 Rn. 90 f.

a) T hat hier den O erfolgreich **konkludent** darüber **getäuscht**, dass er nicht Eigentümer des Trikots oder zumindest **verfügungsberechtigt** war. O hat auch wegen dieser Täuschung durch die Zahlung der 45 € über sein Vermögen verfügt. Auf den ersten Blick könnte man am Eintritt eines Schadens bei O zweifeln, da er schließlich ein Trikot erhalten hat, welches sein Geld wert gewesen ist. Es ist jedoch zu beachten, dass O gemäß **§ 935 BGB nicht Eigentümer** dieses Trikots geworden ist, weil V den unmittelbaren Besitz unfreiwillig an T verloren hatte, und das Trikot somit abhanden gekommen war. Ein Schadensersatzanspruch des O wegen Nichterfüllung der schuldrechtlichen Verpflichtung dürfte auch hier unbeachtlich (vgl. bereits Fall 128) und außerdem wirtschaftlich praktisch wertlos, da kaum durchsetzbar sein. T hat somit einen Betrug begangen.

b) In der Abwandlung wäre O **gutgläubig Eigentümer** des Trikots geworden, weil der V dem T den Besitz an den Trikots freiwillig überlassen hatte und somit **kein Abhandenkommen** i.S.d. § 935 BGB vorliegt. Fraglich erscheint in dieser und vergleichbaren Konstellationen jedoch, ob der Erwerber deshalb einen Schaden erlitten hat, weil es sich um eine „nur" gutgläubig erworbene und damit „bemakelte" Sache handelte, wodurch er dem Risiko eines Zivilprozesses oder Strafverfahrens wegen Hehlerei ausgesetzt wäre (vgl. *BGH* a.a.O.) oder sich vielleicht aus moralischen Gründen zur Rückgabe verpflichtet sehen könnte (früher vertretene **„Makel-**

theorie"). Vorzugswürdig erscheint es aber grundsätzlich, wegen der für den Erwerber sprechenden Beweislast einen Vermögensschaden nur dann anzunehmen, wenn besondere Umstände z.B. die Gefahr des Prozessverlusts begründen. Daher hat T hier keinen Betrug begangen.

133. T bewarb sich in der Kanzlei des Rechtsanwalts O um eine Stelle als Chefsekretärin. Ihrer Bewerbung fügte sie u.a. eine Reihe von gefälschten Referenzen sowie Zeugnissen über PC-Schulungen u.ä. bei, die sie nie besucht hatte. O stellte die T daraufhin an, welche über mehrere Monate alle anfallenden Arbeiten zur größten Zufriedenheit des O erledigte, da sie über großes Organisationstalent verfügte und sich die erforderlichen Fertigkeiten selbst beigebracht hatte. Als O zufällig mit dem Personaldirektor eines Unternehmens sprach, bei dem T vorgegeben hatte, gearbeitet zu haben, flog die Sache auf. Vor Gericht verteidigt sich T dann gegen die Betrugsvorwürfe des Staatsanwalts mit dem Argument, sie hätte ihren Job doch ordentlich erledigt, so dass O nie geschädigt worden sei. Wird T dennoch wegen Betrugs verurteilt werden?

Zur Vertiefung: *Rengier I*, § 13 Rn. 98–101.

Nein. Zwar hat T bei O durch eine **Täuschung** über ihre **fachlichen Qualifikationen** einen Irrtum hervorgerufen, in dessen Folge O durch den Vertragsschluss mit O über sein Vermögen verfügte. Allerdings **fehlt** es am **Schaden** des O. Ein solcher liegt (bei privatrechtlichen Arbeitsverhältnissen) nur vor, wenn der Angestellte seiner Leistungspflicht wegen fehlender fachlicher Fähigkeiten **nicht vertragsgemäß** nachkommen kann, nicht die für bestimmte Positionen erforderliche, besondere Vertrauenswürdigkeit besitzt (z.B. ein wegen Untreue vorbestrafter Prokurist oder Einkaufsleiter) oder sich der Täter ein ungerechtfertigt hohes Gehalt erschleicht, weil dessen Höhe nach nicht vorhandenen Qualifikationen bemessen wurde.

Ergänzende Bemerkung:
(1) Im Einzelfall kann ein Betrug angenommen werden, wenn das Gehalt konkret (d.h. nicht nur pauschal für eine bestimmte Position mit Blick darauf, dass für ihr Erreichen üblicherweise eine bestimmte formale Qualifikation vorausgesetzt wird) nach den (vorgetäuschten) Referenzen festgelegt wird. Exemplarisch: Eine private Hochschule für Rechtswissenschaft gewährt wissenschaftlichen Assistenten eine Zulage, wenn diese erfolgreich ein LL.M.-Programm absolviert haben. Würde ein Bewerber diesen

Abschluss vortäuschen, käme auch dann ein Betrug in Betracht, wenn er die anfallende Assistententätigkeit zur vollen Zufriedenheit des Lehrstuhlinhabers ausüben würde.
(2) Generell strengere Maßstäbe gelten für den Einstellungsbetrug bei Beamten. Denn diese werden nicht (nur) für ihre Dienste besoldet, sondern für die „Hingabe ihrer ganzen Persönlichkeit an den Dienstherren". Daher ist der Dienstherr nicht nur geschädigt, wenn der Beamte fachlich nicht zur Erfüllung seiner Aufgaben geeignet ist, sondern trotz zufriedenstellender Arbeitsleistung auch dann, wenn er auf Grund persönlicher Ungeeignetheit nach den maßgeblichen Einstellungsvorschriften nicht hätte eingestellt werden dürfen (z.B. verheimlichte MfS-Tätigkeit bei einem Bewerber für den Polizeidienst, vgl. *BGHSt* 45, 1 ff.).

134. Der Berliner Kriminalbeamte T wurde während des „Kalten Krieges" von seinem Dienstherren zu einer Fortbildung nach Westdeutschland beordert. Ihm war bekannt, dass nach den Dienstvorschriften Reisen in die BRD ausschließlich per Flugzeug erfolgen durften, um Infiltrierungsversuche durch Agenten der DDR zu verhindern. T benutzte stattdessen ohne über mögliche Konsequenzen nachzudenken aus reiner Bequemlichkeit seinen Pkw. Nach T's Rückkehr verlangte sein Vorgesetzter eine Abrechnung der Flugkosten, da die Beamten die Flugtickets zunächst aus eigener Tasche bezahlen mussten und diese dann erst erstattet bekamen. Obwohl T erkannte, dass er

Nein. Die **Absicht**, sich oder einem Dritten einen rechtswidrigen Vermögensvorteil zu verschaffen, setzt voraus, dass es dem Täter auf die Verschaffung **ankommt** bzw. er diese günstigere Vermögenslage erstrebt. Während hinsichtlich des Vermögensschadens als Rechtsgutsverletzung dolus eventualis ausreicht, verkörpert die Bereicherungsabsicht das vom Tatbestand missbilligte, verwerfliche **Motiv** der Tat, so dass diesbezüglich **dolus directus I. Grades** erforderlich ist. Hier erstrebte T jedoch nicht seine Bereicherung in Höhe der Flugkosten, sondern die Vermeidung des Disziplinarverfahrens. Die Bereicherungsabsicht liegt zwar auch dann vor, wenn die Bereicherung das notwendige Zwischenziel zu einem anderen Ziel ist. Die Bereicherung war jedoch **kein notwendiges Zwischenziel** zur Vermeidung des Disziplinarverfahrens, da zur Erreichung dieses Zwecks bereits das Einreichen des Antrags und ein entsprechen-

auf diesem Wege zu Geld kommen würde, welches ihm nicht zustand, gab T fiktive Flugkosten an, um drohende Disziplinarmaßnahmen zu verhindern. Kurze Zeit später erhielt T die Flugkosten überwiesen. Handelte T in der Absicht der rechtswidrigen und stoffgleichen Bereicherung? (Vgl. *KG* NJW 1957, 882)

Zur Vertiefung: *Rengier I*, § 13 Rn. 103 f.

der Irrtum des Sachbearbeiter über die Kfz-Fahrt genügt hätte, nicht aber die Auszahlung des Geldes erforderlich gewesen wäre. Somit handelte T **nicht mit Bereicherungsabsicht** und hat sich nicht wegen Betruges strafbar gemacht, als er die unzutreffende Reisekostenabrechnung einreichte.

135. Was bedeutet das Merkmal der Stoffgleichheit bzw. Unmittelbarkeit der Bereicherungsabsicht und welche Funktion besitzt es für den Tatbestand des Betrugs?

Zur Vertiefung: *Rengier I*, § 13 Rn. 106–108.

Die Stoffgleichheit bzw. Unmittelbarkeit setzt voraus, dass der erstrebte Vorteil gleichsam die Kehrseite des Schadens ist. Dies ist der Fall, wenn der **Schaden und der Vorteil durch ein und dieselbe Verfügung vermittelt werden** (sollen). Dieses Merkmal ist erforderlich, um den Charakter des Betrugs als **Vermögensverschiebungsdelikt** sicherzustellen. Anderenfalls beginge nämlich einen Betrug, wer z.B. das Opfer durch List zur Zerstörung einer eigenen Sache veranlassen und sich dafür von einem Dritten belohnen lassen würde. Zuflüsse aus Drittvermögen sind nur dann tatbestandsrelevant, wenn sie durch ein und dieselbe Verfügung vermittelt werden. Eine praktische Fallkonstellation fehlender Stoffgleichheit sind die „Provisionsvertreterfälle" (s.o. Fall 128).

136. T hatte sich in den Verkaufsräumen von O's Elektrogeschäft ein Fernsehgerät im Heimkinoformat angeschaut und beschlossen, ein

Wenn es nicht gelänge, den T zur Beschreitung des Rechtsweges zu bewegen, so sollte er eher den A täuschen. Das liegt an folgendem: Wenn T das Gerät heimlich **wegnähme**, so beginge er einen

Gerät dieses Typs zu erwerben. Er schloss daraufhin mit O einen Kaufvertrag über ein solches Gerät, bezahlte im voraus und vereinbarte, dass er es in wenigen Tagen im Lager des O abholen werde, weil er augenblicklich in Eile sei. Als T eine Woche später das Gerät abholen wollte, weigerte sich O jedoch, dem T ein Gerät aus seinem Lager auszuhändigen, weil er sich auf Grund der herannahenden Fußball-WM versprach, die vorrätigen Fernsehgeräte zu einem höheren Preis an andere Kunden verkaufen zu können. T überlegt nun, ob es bei gleichen Erfolgsaussichten ratsamer wäre, das Fernsehgerät in einem unbeobachteten Moment heimlich aus dem Lager zu schaffen oder dem im Lager Angestellten A vorzutäuschen, dass er ein Gerät abholen wolle, welches er heute (zu dem höheren Preis) gekauft habe. Was wäre ihm zu raten?

Zur Vertiefung: *Rengier I*, § 13 Rn. 110 u. § 2 Rn. 66–69.

Diebstahl. Das weggenommene TV-Gerät wäre für ihn insbesondere noch fremd, und die beabsichtigte **Zueignung** wäre auch **rechtswidrig**, weil T lediglich einen fälligen und einredefreien **Gattungsanspruch** hätte. Wenn T dagegen den A **täuschte**, dieser sich entsprechend irrte und kraft seiner rechtlichen Befugnis aus dem Arbeitsvertrag durch Übergabe des TV-Geräts über das Vermögen des O verfügen würde, so würden die Anhänger des juristisch-ökonomischen Vermögensbegriffs wohl bereits einen Schaden des O ablehnen, weil der Verlust von Eigentum und Besitz am TV-Gerät durch das Erlöschen des entsprechenden Anspruchs des T vollständig kompensiert würde. Bei einer wirtschaftlichen Betrachtung könnte man zwar einen Schaden des O bejahen, weil das „Haben des TV-Geräts" wertvoller ist, als die bloße Befreiung von der Verbindlichkeit zur Übergabe und Übereignung desselben. Allerdings entfiele dann die **Rechtswidrigkeit der erstrebten Bereicherung**, weil beim Betrug als einem Vermögensdelikt anders als beim Diebstahl auch fällige und einredefreie **Gattungsansprüche rechtfertigend** wirken. Daher könnte T durch Täuschung des A auf straflose Weise an sein TV-Gerät kommen.

II. Computerbetrug (§ 263a), Versicherungsmissbrauch (§ 265) und Erschleichen von Leistungen (§ 265a)

137. Aus welchem Grund hat der Gesetzgeber im Jahr 1986 den Tatbestand des Computerbetrugs ins StGB eingefügt, obwohl doch bereits der Betrug das Vermögen schützte? Gibt es strukturelle Ähnlichkeiten zwischen beiden Tatbeständen und welche Schlussfolgerung könnte man – falls dies so ist – daraus ziehen?

Zur Vertiefung: *Rengier I*, § 14 Rn. 1; *Eisele/Fad*, Jura 2002, 305 ff.; *Hilgendorf*, JuS 1996, 509 ff.

Der Computerbetrug sollte Lücken im strafrechtlichen Vermögensschutz schließen, die durch den zunehmenden Einsatz von Datenverarbeitungssystemen entstanden waren. In vielen Konstellationen liegt hier nämlich kein Betrug i.S.d. § 263 vor, weil bei der Manipulation von Datenverarbeitungssystemen kein Mensch getäuscht und zu einer irrtumsbedingten Vermögensverfügung veranlasst wird. Die vier Manipulationshandlungen (unrichtige Programmgestaltung, Verwendung unrichtiger oder unvollständiger Daten, unbefugte Verwendung von Daten, sonst unbefugte Einwirkung auf den Ablauf) entsprechen der Täuschung beim Betrug. Die „Beeinflussung eines Datenverarbeitungsvorganges" entspricht dem Irrtum und der Vermögensverfügung. Im Übrigen bestehen keine strukturellen Unterschiede zwischen beiden Tatbeständen. Wegen dieser Betrugsähnlichkeit wird überwiegend gefordert, dass § 263a betrugsnah auszulegen sei (vgl. dazu näher Fälle 140 ff.).

Ergänzende Bemerkung:
Wegen der häufigen Personenverschiedenheit zwischen dem Systembetreiber und dem Geschädigten wird der Computerbetrug oft ein Dreiecksbetrug sein. Dies ist jedoch unschädlich, weil die Nähebeziehung – soweit sie bei § 263a überhaupt in gleichem Maße wie bei § 263 gefordert wird (vgl. Fall 117) – fast immer vorliegen wird.

138. Der 15 jährige T benötigte dringend Bargeld, um sich den Wunsch nach seinem

T könnte die 3. Tatmodalität des § 263a StGB in Form der **unbefugten Verwendung von Daten** verwirklicht haben.

unverzichtbaren Dritthandy zu erfüllen. Da er sein Taschengeld bereits ausgegeben hatte, beschloss er, sich die ec-Karte seines Vaters O „auszuleihen", um mit dieser und der ihm bekannten „PIN" 200 € abzuheben. Er ging zu einem Geldautomaten, hob das Geld ab und steckte die ec-Karte später zurück ins Portemonnaie seines Vaters. Hat T den Tatbestand des § 263a verwirklicht?

Zur Vertiefung: *Rengier I,* § 14 Rn. 9 f.

Daten i.S.d. § 263a sind zumindest alle Darstellungen von Informationen, die ohne Rücksicht auf den Verarbeitungsgrad Gegenstand eines Datenverarbeitungsvorgangs sein können, einschließlich der Programme selbst. Die Informationen auf der ec-Karte (Kontoinhaber- und Nummer, usw.) sind unzweifelhaft solche Daten. Diese hat T auch verwendet, weil er sie in einen beginnenden oder ablaufenden Verarbeitungsvorgang eingeführt hat. Eine Minderansicht lehnt hier zwar § 263a ab, weil aus der Formulierung „sonst durch unbefugte Einwirkung auf den Ablauf" in der 4. Tatmodalität folge, dass auch in der 3. Tatmodalität der Datenverarbeitungsvorgang bereits in Gang gesetzt worden sein müsse; in Fällen wie diesem löse der Täter jedoch den Vorgang erst aus. Die h.M. weist jedoch zu Recht darauf hin, dass ein betriebsbereiter Geldautomat schon vor der Tathandlung in Gang gesetzt worden ist.

Ob das **Merkmal „unbefugt"** eher subjektivierend i.S. eines Abweichens vom erkennbaren Willen des Automatenbetreibers oder aber (enger) betrugsnah i.S. eines täuschungsgleichen Verhaltens auszulegen ist, muss vorliegend nicht entschieden werden: Denn bei der Erlangung der Karte durch verbotene Eigenmacht liegt ein solches täuschungsähnliches Verhalten vor, da selbst der konkludente Minimalerklärungsinhalt, berechtigter Besitzer der Karte zu sein, nicht zutreffen würde. Durch die Auslösung des Auszahlungsvorgangs hat T auch das Ergebnis dieses Datenverarbeitungsvorgangs beeinflusst. Dass wegen der letztendlichen Belastung des mit diesem Missbrauchsrisiko belasteten O hier ein Dreiecksbetrug vorliegt, ist unschädlich. T hat somit einen Computerbetrug begangen, es ist jedoch gemäß §§ 263a II, 263 IV, 247 ein Strafantrag erforderlich.

139. Kandidat K, dem in der mündlichen Prüfung Fall 138 gestellt wird, möchte zaghaft ergänzen, dass neben § 263a noch andere Tatbestände zumindest erwähnenswert sind – an welche könnte er hier denken?

Zur Vertiefung: *Rengier I,* § 2 Rn. 35 u. 47,§ 16 Rn. 4; *Kudlich,* JuS 2003, 537 ff.

a) Bei der **Erlangung** der Karte könnte vorliegend § 242 kurz angesprochen werden, der jedoch mangels Vorstellung einer dauerhaften Enteignung und damit mangels Zueignungsabsicht entfällt. Insbesondere ist in ec-Karten – anders als nach h.M. in Sparbüchern für Sparkonten (vgl. Fall 22) – nicht der Sachwert des Girokontos verkörpert.

b) Beim **Einsatz der Karte** mag man an § 266b denken, der aber hier offensichtlich ausscheidet, da er ein Sonderdelikt ist, dessen Täter nur der berechtigte Karteninhaber sein kann.

c) Im **Entnehmen des Geldes** schließlich könnten ein Diebstahl oder eine Unterschlagung liegen, je nachdem, ob man die Übereignung und/oder das Einverständnis mit der Wegnahme als bedingt erachtet (vgl. auch Fälle 17, 18). Die h.M. lehnt jedenfalls einen Diebstahl ab; eine Unterschlagung wäre wenigstens subsidiär.

Ergänzende Bemerkung:
In einer Klausurbearbeitung besteht mitunter die Gefahr, dass die Bearbeitung allein auf § 263a und die damit verbundenen Probleme beschränkt wird. Man sollte daher bei den „Bankomatenfällen" immer auch an das vorhergehende Erlangen der Karte und das spätere Entnehmen des Geldes denken. Hinsichtlich des Erlangens der Karte kommt z.B. auch die Prüfung des § 263 in Betracht, wenn der Täter durch eine Täuschung an die Karte kommt.

140. Der durch eine Krankheit ans Bett gefesselte O bat den T darum, für ihn mit seiner ec-Karte Geld abzuheben, und teilte ihm zu diesem Zweck seine PIN mit. T hob abredewidrig 100 Euro zusätzlich für sich ab. Strafbarkeit des T nach § 263a?
(Vgl. *OLG Köln* NJW 1992, 125)

Zur Vertiefung: *Rengier I,* § 14 Rn. 11.

In einem vergleichbaren Fall haben das *OLG Köln* a.a.O. ebenso wie das *OLG Düsseldorf* (NStZ-RR 1998, 137) eine Strafbarkeit nach § 263a verneint, weil es für „Unbefugtheit" der Datenverwendung nicht ausreiche, dass die Benutzung der Karte durch Dritte seitens der Bank untersagt sei oder gegenüber dem Kontoinhaber abredewidrig sei. Entgegen kritischen Stimmen in der Literatur ist dies im Ergebnis überzeugend, da bei einer **betrugsnahen Auslegung** § 263a abzulehnen ist. Das abredewidrige Geldabheben wäre nämlich **nicht täuschungsäquivalent**, da der Abhebende keine nicht vorhandene Berechtigung zur Benutzung der Karte vorspiegeln, sondern nur über eine nach außen nicht erkennbare (und daher für einen fiktiven Bankangestellten unbeachtliche) Beschränkung im Innenverhältnis täuschen würde.

Ergänzende Bemerkung:
Auch eine Strafbarkeit nach § 266 I Alt. 2 wäre abzulehnen, da T eher einen „Botengang" erledigt und daher keine qualifizierte Vermögensbetreuungspflicht hat. Vertretbar wäre aber die Annahme eines Betrugs (§§ 263, 13) durch das Nichtherausgeben des Geldes (Rechenschafts- und Herausgabepflicht nach §§ 666, 667 BGB!) sowie einer Unterschlagung (§ 246) am Geld, wenn man eine Übereignung der Bank an den wahren Karteninhaber annimmt.

141. T hatte sein Kontolimit bei der A-Bank voll ausgeschöpft. Da er dringend Geld benötigte, hob er an einem Automaten der B-Bank 300 € ab. Strafbarkeit des T?

Obwohl die Karte hier (zwar in einem Dreipersonenverhältnis, jedoch) nicht als klassische Scheckkarte, sondern nur als „Geldschlüssel" benutzt wurde, haben das *OLG Stuttgart* und der *BGH* (jeweils a.a.O.) in einem solchen Fall **§ 266b** be-

(Vgl. *OLG Stuttgart* NJW 1988, 981 sowie *BGHSt* 47, 160)

Zur Vertiefung: *Rengier I*, § 14 Rn. 12f.; *Kudlich*, JuS 2003, 537 ff.

jaht und **§ 263a nicht** angewendet. Dies ist überzeugend, da auch bei der Abhebung am Automaten im Dreipersonenverhältnis die von § 266b geschützte **Garantiefunktion** in den Vordergrund rückt. Außerdem handelt es sich strukturell eher um eine „**Vertragsverletzung**" gegenüber dem kartenausgebenden Institut, welcher der niedrigere Strafrahmen des § 266b eher angemessen erscheint als der des § 263a. Auch ist bei einem per se berechtigten Karteninhaber ein täuschungsgleiches Verhalten nicht überzeugend zu begründen.

142. T hatte den Angestellten A eines Geldspielautomaten-Herstellers dafür „bestochen", dass dieser ihm den genauen Programmablauf der Automaten verriet. Mit diesem Spezialwissen gelang es ihm, in einer unbeobachteten Ecke einer Bahnhofskneipe einen solchen Automaten durch gezieltes Drücken der „Risikotaste" in kurzer Zeit „leer zu spielen". Hat T sich gemäß § 263a StGB strafbar gemacht?
(Vgl. *BGHSt* 40, 331)

Zur Vertiefung: *Rengier I*, § 14 Rn. 13–15; *Ranft*, JuS 1997, 19 ff.

T und A sind zunächst wegen des **Geheimnisverrats** gemäß § 17 I bzw. II UWG strafbar. Ob das Leerspielen von Glücksspielautomaten den Tatbestand des **§ 263a** erfüllt, ist dagegen umstritten. Folgt man der Ansicht, die für die 2. und 3. Tatmodalität fordert, dass die Daten in den Datenverarbeitungsvorgang eingegeben werden müssen, so kommt nur noch die **4. Tatvariante** in Betracht, weil der Täter beim Drücken der Risikotaste schließlich nur sein Sonderwissen zur Wahl des Zeitpunkts nutzt. Während der *BGH* (a.a.O.) das Merkmal „unbefugt" bejaht, weil das „Leerspielen" dem **durch die Verschlüsselung des Programms manifestierten Willen** des Automatenaufstellers widerspreche, wird dies in der obergerichtlichen Rechtsprechung kontrovers beurteilt und auch in der Literatur teilweise abgelehnt. Nach a.A. kommt es darauf an, ob die Daten – wie vorliegend – rechtswidrig erlangt worden sind, da dies eine Aufklärungspflicht aus Ingerenz gegenüber dem Spielbetreiber auslöse, deren Verletzung dem „Leerspielen“ Täuschungswert verleihe. Nach wohl überwiegender Ansicht wäre T somit hier gemäß § 263a strafbar.

143. T betrieb mit Hilfe einer Telefonanlage der Mobilfunkfirma O eine „Telefon-Chat-line“. Diese Telefonanlage ermöglichte den Gesprächaufbau auf zwei sog. „Signalisierungsvarianten“, wovon die erste üblicherweise eher für Gespräche, die zweite eher für den Datenaustausch gebraucht wird. Eines Tages bemerkte er zufällig, dass Gespräche, die über die Signalisierungsvariante 2 hergestellt wurden, auf Grund eines internen Software-Fehlers des Betreibers nicht berechnet wurden. Er richtete daher einige Nebenstellennummern mit der Signalisierungsvariante 2 ein und ermöglichte so seinen besten Freunden kostenlos zu „chatten“. Nach einigen Wochen entdeckte der Mobilfunkbetreiber den Software-Fehler und stellte einen Schaden von 168.000 Euro fest. Der Justiziar ist der Ansicht, dass T einen Computerbetrug oder jedenfalls eine Beihilfe zum Erschleichen von Leistungen begangen hätte. Zu Recht? (Vgl. *OLG Karlsruhe* wistra 2003, 116)

Zur Vertiefung: *Mitsch II/2*, § 3 Rn. 20 ff.

Nein. Zunächst ist der Tatbestand des **§ 263a nicht erfüllt**. Die Frage, ob die Vorschrift nur die Vermittlung einer Leistung durch den Computer, nicht aber dessen eigene Leistungen der Telekommunikation erfasst, kann offen bleiben. Denn in jedem Falle ist keine tatbestandsmäßige Tathandlung gegeben. T hat das **Programm** des Datenverarbeitungsvorgangs **nicht** durch unrichtige Gestaltung des Programms **beeinflusst**, weil der Software-Fehler ohne sein Zutun bei der Mobilfunkfirma aufgetreten war. Des Weiteren liegt in der Verwendung der allgemein und auch beim konkreten Betreiber zugelassenen Signalisierungsvariante 2 keine Verwendung unvollständiger Daten, da diese Informationen nicht in ihrem Sinngehalt entstellt wurden. Die Tatvarianten der unbefugten Verwendung von Daten sowie der sonst unbefugten Einwirkung auf den Ablauf liegen ebenfalls nicht vor, da das Merkmal „unbefugt“ nicht erfüllt ist, weil dieses bei einer betrugsnahen Auslegung nur **täuschungsäquivalente** Handlungen erfasst. Dagegen spricht zunächst, dass die Signalisierungsvariante 2 uneingeschränkt zur Nutzung freigegeben war. Darüber hinaus lag der Software-Fehler aber auch schon vor der Tathandlung des Angeklagten vor, so dass bei einer betrugsnahen Auslegung dieser Umstand genauso zu bewerten ist, wie das **straflose Ausnutzen** des **bereits vorhandenen Irrtums** eines Menschen.

Eine Beihilfe zur Leistungserschleichung gemäß **§§ 265a, 27 scheitert** daran, dass in der Nutzung der vom Betreiber zugelassenen Signalisierungsvariante 2 kein Erschleichen von Leistungen eines öffentlichen Zwecken dienenden Telekommunikationsnetzes liegt. Denn die Anrufer haben hier weder einen technischen Eingriff in das Fernmeldenetz zur Umgehung von Sicherheitseinrichtungen gegen dessen unerlaubte Nutzung vorgenommen noch sonst dieses ordnungswidrig genutzt.

144. **a)** T plante seine Versicherung zu betrügen, bei der er ein wertvolles Bild aus seiner Privatsammlung hoch versichert hatte. Er hielt zu diesem Zweck eine stark rußende Kerze unter einen an der Decke angebrachten Feuermelder, wodurch nicht nur ein Alarm, sondern ein Löschautomatismus ausgelöst wurde, der das Bild in den folgenden 15 Minuten vernichtete. Als T gerade dabei war, den Antrag an die Versicherung zu unterzeichnen, packte ihn aber doch das schlechte Gewissen, und er vernichtete den Antrag. Hat sich T strafbar gemacht?

b) Ändert sich etwas an der Beurteilung, wenn unter im Übrigen gleichen Voraussetzungen nicht T's Versicherung, sondern die Privathaft-

a) Ja, zwar **nicht wegen Betrugs,** aber wegen **Versicherungsmissbrauchs** (§ 265). Eine Betrugsstrafbarkeit scheidet aus, da T mangels Absendens der Schadensanzeige noch nicht einmal zum Versuch des § 263 angesetzt hat. Allerdings hat T eine offenbar **gegen Beschädigung versicherte Sache** in der **Absicht** zumindest **beschädigt,** sich selbst **Leistungen aus der Versicherung zu verschaffen.** Dieses Verhalten ist im 1998 neu gefassten (und dabei sehr weit geratenen) Tatbestand des § 265 als eigenständig pönalisierte **Vorbereitungshandlung** unter Strafe gestellt. Dass es sich um eine eigene Sache des T handelte, ist dabei – eigentlich selbstverständlich und ausweislich des klaren Wortlauts, der auf eine Fremdheit verzichtet – unbeachtlich Als Grund für diese Strafbarkeitsausdehnung wird angeführt, dass durch Versicherungsbetrügerein auch die Funktionsfähigkeit der Versicherungswirtschaft insgesamt bedroht sei.

b) Ja, denn M ist **straflos.** Eine Strafbarkeit wegen **Sachbeschädigung,** § 303,

pflichtversicherung des M betrogen werden sollte und dieser daher wie von T erbeten mit der Spitze seines Regenschirmes als vorgetäuschtes Versehen ein Loch in das Bild gestoßen hat?

Zur Vertiefung: *Mitsch II/2*, § 3 Rn. 109 ff.; *Rönnau*, JR 1998, 441 ff.

scheitert an der Einwilligung des T. Aber auch ein **Versicherungsmissbrauch** liegt **nicht** vor: Zwar erfasst § 265 ebenso die Zerstörung fremder Sachen und lässt dabei die Absicht genügen, **einem Dritten** die Versicherungsleistungen zu verschaffen. Der dabei erforderliche *dolus directus* I. Grades lag an sich auch vor. Allerdings ging diese Absicht von T und M nicht dahin, gerade von der Versicherung, bei der das Bild versichert war, eine Zahlung zu erlangen, sondern von der **Haftpflichtversicherung** des M. § 265 erfasst aber nach seinem Sinn und Zweck sowie nach dem Wortlaut („versicherte Sache ... aus **der** Versicherung") nur das Handeln in der Absicht, eine **Sachversicherung** zu missbrauchen, d.h. diejenige Versicherung, bei der auch das Tatobjekt versichert ist. Man kann kaum argumentieren, durch eine Haftpflichtversicherung seien auch alle Gegenstände, die von dem Versicherungsnehmer zerstört werden, mittelbar mit versichert.

145. Jurastudent T war gerade dabei, eine Straßenbahn zu besteigen, als ihm einfiel, dass er seine übertragbare Monatskarte am Wochenende seiner Großmutter geliehen hatte und die Karte deswegen immer noch zu Hause auf einem Tisch im Wohnzimmer lag. Da er nicht zu spät in die Vorlesung kommen wollte, nahm T dennoch die gerade anfahrende Straßenbahn. Um nicht in Versuchung zu kommen,

a) Die **Bedenken**, die K generell hinsichtlich des Merkmals „**Erschleichen**" beim **bloßen Besteigen** eines öffentlichen Verkehrsmittels geltend macht, werden von einer im Vordringen befindlichen und mittlerweile wohl sogar schon herrschenden Ansicht in der Literatur geteilt, welche im bloßen „Schwarzfahren" keinen Fall des § 265a sieht. Es fehle die dem Merkmal des „Erschleichens" eigentümliche **Manipulation**, Umgehung oder Ausschaltung von **Sicherungsmechanismen**. Soweit demgegenüber die vorherrschende **Recht-**

dem Fahrer gegenüber irgendeine womöglich betrugsrelevante Äußerung zu machen (vgl. nochmals Fall 97), stieg er zulässigerweise durch eine der hinteren Türen ein. Bei einer Kontrolle wurde T erwischt. In der Uni angekommen, diskutierte T den Fall mit seinen Kommilitonen K und L hinsichtlich einer Strafbarkeit nach § 265a. Während K meinte, das „normale" Besteigen einer Bahn könne kein „Erschleichen" sein, beruhigte L das Gewissen des T damit, als „Inhaber einer nur vergessenen Fahrkarte" könne er sich unmöglich strafbar machen. Was ist davon zu halten und welchen ganz praktischen Hinweis kann man dem T geben?
(Vgl. *OLG Koblenz* NJW 2000, 86 ff.)

Zur Vertiefung: *Rengier I,* § 16 Rn. 1, 2, 6; *Kudlich,* NStZ 2001, 90 f.

sprechung (mit Billigung des *BVerfG* [NJW 1998, 1135]) den täuschungsähnlichen Unwert darin sieht, dass der zusteigende Schwarzfahrer sich „mit dem **Anschein der Ordnungsmäßigkeit** umgibt", wird dem entgegengehalten, damit werde ein aktives Handeln suggeriert, das tatsächlich gar nicht vorliege; auch verliere der Tatbestand hier jede Kontur. Dagegen kann freilich eingewendet werden, dass bei einer aktiven Überwindung von (insbesondere durch Menschen vorgenommenen) Kontrollen wenig Fälle denkbar bleiben, in denen nicht auch schon § 263 vorliegt. Da aber auch nach dem Abbau von kostenintensiven Personalkontrollen rechtspolitisch eine **Sanktionsbedürftigkeit** verbleibt, hat das weite Verständnis der Rechtsprechung auch einiges für sich. Die unterschiedliche Auslegung etwa im Vergleich zum Erschleichen der Leistung eines Telekommunikationsnetzes lässt sich damit begründen, dass gerade öffentliche Verkehrsmittel insoweit eben auch **missbrauchsanfälliger** sind.
b) Die Ansicht des L, bei einem bloßen **Vergessen** der Fahrkarte scheide der Tatbestand aus, ist vom *OLG Koblenz* (a.a.O.) vertreten worden und hat weite (wenn auch selten näher begründete) Zustimmung in der Literatur gefunden. Zutreffend daran ist, dass § 265a seinem systematischen Standort nach ein „**Vermögensschadensschadenselement**" voraussetzt, an dem es fehlt, wenn die Leistung bezahlt worden und nur der Nachweis dafür vergessen worden ist. Eine Verpflichtung zum Mitführen des Fahrscheines nach den Beförderungsbe-

dingungen ändert diese strafrechtliche Beurteilung nicht. Entgegen der wohl h.M. wird man hier aber **differenzieren** und von dieser Überlegung bei näherem Hinsehen **übertragbare Zeitkarten** ausnehmen müssen. Denn bei diesen wird eben nicht jede Benutzung des Erwerbers im betreffenden Zeitraum abgegolten, sondern gerade nur die Benutzung durch denjenigen, der die Karte gerade bei sich hat. Dabei kommt es auch nicht darauf an, ob die Karte gerade gleichzeitig von einem anderen verwendet wird und zuhause „herumliegt"; denn der **Benutzungsanspruch** ist zunächst einmal keiner Person konkret zugeordnet, sondern **konkretisiert** sich gerade erst durch das Einsteigen im Besitz der Karte.

c) Man wird T aber damit beruhigen können, dass demjenigen, der eine solche übertragbare Karte erworben hat, nur **selten** der **Vorsatz**, gerade ohne Karte unterwegs zu sein, **nachweisbar** sein wird (und dass ihm außerdem selbst dann angesichts des gegenwärtigen Meinungsstandes in der Literatur vielleicht sogar ein unvermeidbarer **Verbotsirrtum** zugebilligt werden könnte, vgl. PdW AT, Fall 148).

D. Raub, Erpressung und raubähnliche Delikte

146. Wo bestehen Gemeinsamkeiten, wo Unterschiede zwischen Raub, räuberischer Erpressung und räuberischem Diebstahl?

Zur Vertiefung: *Kindhäuser II*, § 12 Rn. 1 ff.; *Rengier I*, § 7–10 Rn. 1 u. § 11 Rn. 1 f.

a) Alle drei genannten Delikte gehören zur großen Gruppe der **Vermögensdelikte**. Ferner setzen sie alle eine **qualifizierte Nötigung** (Gewalt oder Drohung mit unmittelbarer Gefahr für Leib oder Leben) voraus. Die Nähe zwischen den Delikten zeigt sich etwa auch darin, dass §§ 252 und 255 eine Strafbarkeit „gleich einem

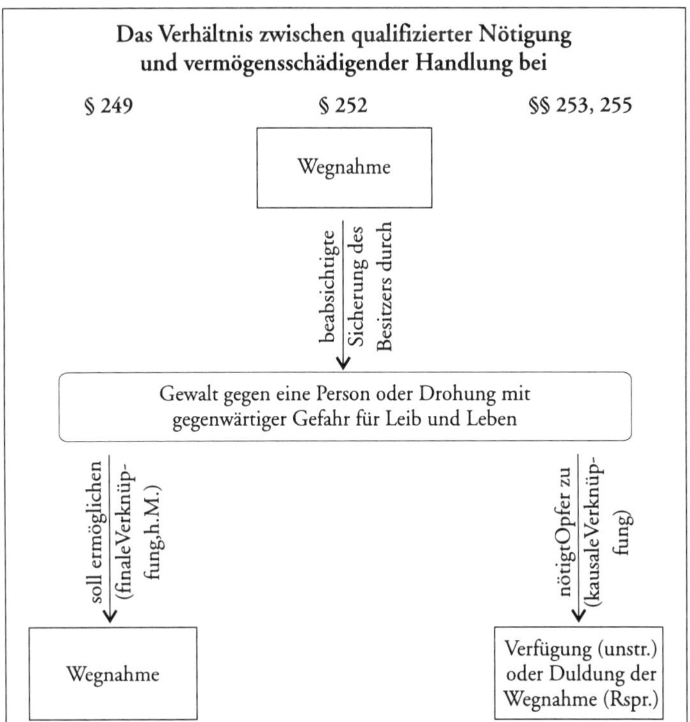

Das Verhältnis zwischen qualifizierter Nötigung und vermögensschädigender Handlung bei

Räuber" anordnen, womit nicht nur der Strafrahmen des § 249, sondern auch die Qualifikationsmöglichkeiten der §§ 250, 251 (vgl. Fälle 160 ff.) gemeint sind.
b) Raub (§ 249) und räuberischer Diebstahl (§ 252) richten sich allerdings gegen fremdes **Eigentum**, während die räuberische Erpressung eine Straftat gegen das **Vermögen als Ganzes** darstellt. Grob gesagt unterscheiden sich dabei Raub und räuberischer Diebstahl nach dem **zeitlichen Verhältnis zur Wegnahme** (Ermöglichung der späteren Wegnahme oder Sicherung des Besitzes nach einer bereits erfolgten Wegnahme). Diese teilweisen Überschneidungen, teilweisen aber auch Unterscheidungen führen zu zahlreichen Abgrenzungsproblemen.

I. Raub (§ 249)

147. Aus welchen beiden Tatbeständen „setzt sich der Raub" gewissermaßen zusammen und wie sieht sein Prüfungsschema aus?

Zur Vertiefung: *Rengier I*, § 7 Rn. 1 f.

a) Der Raub bildet gewissermaßen eine Kombination aus (qualifizierter, vgl. Frage 146) **Nötigung und Diebstahl** („Eselsbrücke: § 240 + 242 = § 249").
b) Daraus ergibt sich folgendes Prüfungsschema

I. Tatbestand
- **1. Objektiver Tatbestand**
  - a) Qualifizierte Nötigung
  - b) Wegnahme einer fremden beweglichen Sache
  - c) Verknüpfung zwischen Nötigung und Wegnahme
- **2. Subjektiver Tatbestand**
  - a) Vorsatz
  - b) Absicht der rechtswidrigen Zueignung

II. Rechtswidrigkeit
III. Schuld

Ergänzende Bemerkung:
(1) Die möglichen Unterpunkte der Merkmale „Wegnahme“ und „Absicht der rechtswidrigen Zueignung“ entsprechen denjenigen beim Diebstahl (vgl. nochmals das Schema zu Fall 3).
(2) Der Raub ist im Verhältnis zum Diebstahl keine Qualifikation, sondern ein eigenständiges Delikt. Das hat etwa zur Folge, dass Verfolgungseinschränkungen des Diebstahls wie die §§ 247, 248a (vgl. o. Fälle 81 ff.) auf § 249 keine Anwendung finden.

148. T schlug O in dessen Hotelzimmer mit einer Schreibtischleuchte zu Boden, zog ihm anschließend die Brieftasche aus der Jacke und verließ dann fluchtartig das Hotel. Dabei merkte er nicht, dass O durch den Schlag sofort tot war, was T im Übrigen auch weder beabsichtigt noch für möglich gehalten hatte. Als T u.a. wegen Raubes mit Todesfolge, §§ 249, 251, angeklagt wurde, argumentierte T's Verteidiger V wie folgt: Da O bereits tot war, als T die Brieftasche an sich nahm, habe mangels lebenden Eigentümers schon keine fremde Sache und vor allem auch kein Gewahrsam mehr vorgelegen, so dass allenfalls ein versuchter Raub in Betracht käme. Was ist davon zu halten?

Zur Vertiefung: *Rengier I*, § 2 Rn. 12–14, § 7 Rn. 17.

Nichts. Hinsichtlich der **Fremdheit** der Sache ist dies recht einfach zu begründen, da eine Sache mit dem Tod des Eigentümers nicht herrenlos wird, sondern nach **§ 1922 BGB** kraft Gesetzes und sofort in das **Eigentum des bzw. der Erben** des Verstorbenen übergeht. Hinsichtlich des **Gewahrsams** ist die Erklärung dagegen etwas aufwendiger, denn dieser geht nicht kraft Gesetzes auf den Erben über, und der fiktive Erbenbesitz nach § 857 BGB soll nach h.M. als Gewahrsam nicht genügen (vgl. bereits oben Fall 12). Allerdings könnte man annehmen, dass der **Inhaber des Hotels** an den Gegenständen von Personen, die in einem seiner Räume versterben, erst einmal Gewahrsam begründet (**genereller Gewahrsamswille** in beherrschten Räumlichkeiten, vgl. auch oben Fall 14). Vor allem aber wird man zumindest in Fällen, in denen die Gewahrsamsbegründung durch den Täter wie hier im engsten raum-zeitlichen Zusammenhang erfolgt, argumentieren müssen, dass die **Tötung** des Gewahrsamsinhabers zugleich den **Gewahrsamsbruch** als Bestandteil der gewaltsamen Gewahrsamsverschiebung darstellt. Dass T insoweit andere Vorstellungen hatte, wäre hinsichtlich des Raubes eine unwesentliche Abweichung vom vorgestellten Kausalverlauf.

Ergänzende Bemerkung:
Ein gewisser – aber sicher weiter zu fassender – raum-zeitlicher Zusammenhang soll nach h.M. erforderlich sein, damit überhaupt von einem Raub (und nicht von einem Gewaltdelikt in Tatmehrheit mit einer Unterschlagung bzw. einem Diebstahl) gesprochen werden kann. So soll nicht genügen, wenn ein Teilnehmer an einer Kreuzfahrt einen anderen Passagier an Board tötet, um viele Tage später dessen weit entfernte Wohnung auszuräumen (Bsp. bei *Mitsch II/1*, § 3 Rn. 15). Dagegen wird man ausreichen lassen müssen, wenn der Täter das Opfer in dessen Wohnung bewusstlos schlägt, um wenige Stunden später im Schutze der Dunkelheit Sachen des immer noch bewusstlosen Opfers aus dem Haus zu transportieren (Bsp. in PdW AT Fall 316).

149. Würde sich in Fall 148 etwas ändern, wenn O der Vater des T wäre und von diesem alleine beerbt würde?

Zur Vertiefung: *Mitsch II/1*, § 3 Rn. 13; *Rengier I*, § 2 Rn. 12.

Wohl nein. Zwar ist ein (vollendeter) Raub an einer eigenen Sache nicht möglich, so dass § 249 ausscheidet, wenn der Täter das Opfer beerbt, bevor er mit der **Wegnahmehandlung** beginnt. Sieht man diesen Beginn wie hier jedoch in der **Gewalteinwirkung** des T auf O, war die Brieftasche z.Z. des Beginns der Tathandlung noch fremd (a.A. – Fremdheit muss bis zur Vollendung der Tat vorliegen – vertretbar). Würde man dagegen erst im Zugriff auf die Brieftasche den Beginn der Wegnahme sehen, würde § 249 ausscheiden, da eine Fremdheit nur während der qualifizierten Nötigung nicht genügt.

150. T hatte sein Notebook zur Reparatur in die Service-Abteilung eines Elektrogroßmarktes gegeben, um ein de-

Nein, da es sich um T's **eigene Sache** handelte. Statt dessen liegt tatbestandlich jedenfalls eine **Pfandkehr**, § 289 (vgl. o. Fälle 87 ff.), vor, da dem Inhaber

fektes CD-ROM-Laufwerk austauschen zu lassen. Als er es abholen wollte, war er über den Preis für den Austausch derart verärgert, dass er den Angestellten O gewaltsam zur Seite stieß, rasch das in einem Regal liegende Notebook ergriff und eilends den Laden verließ. Hat T neben einer möglichen Körperverletzung auch einen Raub begangen?

Zur Vertiefung: *Rengier I,* § 28 Rn. 6 f.

des Elektorgroßmarktes ein Werkunternehmerpfandrecht nach § 647 BGB zustand. Ob T außerdem „gleich einem Räuber" wegen **räuberischer Erpressung** zu bestrafen ist, hängt davon ab, ob man die §§ 253, 255 auch (nachrangig) anwenden will, wenn zwar eine Wegnahme vorliegt, § 249 aber aus anderen Gründen ausscheidet (näher unten Fall 177).

151. T war in die Wohnung des O eingedrungen, um Bargeld aus O's Tresor zu stehlen. Als er den Tresor gerade geöffnet hatte, erschien O und forderte T auf, sofort aufzuhören und zu verschwinden.
a) T ergriff geistesgegenwärtig ein auf einem Schränkchen stehendes Gefäß, in dem O (bestattungsrechtlich nicht ganz unproblematisch) einen kleinen Teil der Asche seiner verstorbenen Frau F sowie einige Erinnerungsstücke an F aufbewahrte, und drohte, dieses auf den Boden zu werfen, wenn O „Schwierigkeiten mache". O ließ T darauf gewähren. Hat sich T nach § 249 strafbar gemacht?
b) Ändert sich etwas, wenn T geistesgegenwärtig O's ebenfalls mit ins Zimmer gelaufenes Enkelkind E an sich geris-

a) Nein, denn T hat weder Gewalt gegen eine Person noch eine den Anforderungen des § 249 genügende Drohung verübt. **Gewalt** gegen eine Person setzt nämlich voraus, dass der Nötigungserfolg gerade durch eine körperliche – und **nicht nur psychische** – Zwangswirkung erzielt wird. Diese gegenüber einem zumindest weit verstandenen Gewaltbegriff bei der Nötigung (§ 240) restriktivere Auslegung ist durch den Verbrechenscharakter des § 249 sowie durch den Vergleich mit der Drohungsalternative begründet, die ebenfalls nur Gefahren für Leib oder Leben umfasst. Da von einer physischen Zwangswirkung nichts ersichtlich ist, fehlt es an der Gewalt. Die angedrohte Zerstörung des Gefäßes ist zwar ein empfindliches Übel i.S. des (deshalb auch verwirklichten) § 240, jedoch keine Gefahr für Leib oder Leben einer Person.
b) Ja. Zwar liegt auch hier **keine** Wegnahme mit **Gewalt** vor, da die physische Einwirkung auf E bei O **keine körperliche Zwangswirkung** ausgelöst hat. Allerdings

sen, diesem zwei schwere Faustschläge ins Gesicht verpasst und dann den O aufgefordert hätte, „keine Schwierigkeiten zu machen“?

Zur Vertiefung: *Rengier I*, § 7 Rn. 3 u. 10.

liegt in dem Verhalten des T eine zumindest **konkludente Drohung** mit gegenwärtiger Gefahr für Leib und Leben des E, welche bei O eine Zwangswirkung auslöste, die auf Grund des engen **Näheverhältnisses** zwischen O und E in ihrer Wirkung einer Drohung mit einer eigenen Gefahr für O vergleichbar ist.

Ergänzende Bemerkung:
Ob darüber hinaus auch jenseits eines engen Näheverhältnisses die Bedrohung einer dritten Person genügt, ist umstritten. Die Rechtsprechung scheint hier die Grenzen zumindest über den Kreis von Angehörigen und sonstigen nahestehenden Personen (vergleichbar § 35) hinaus auszudehnen (vgl. *BGH* NJW 1999, 2198).

152. T plante, bei der alten Frau O zu klingeln, sich als Gasableser der Stadtwerke auszugeben und dann in der Wohnung etwas zu stehlen. Als statt der O deren junger und kräftiger Sohn S öffnete, reagierte T schnell und änderte seinen Plan: Als S ihm in den Keller zum Gaszähler vorausging, warf T schnell die Türe zu, sperrte mit dem außen steckenden Schlüssel ab und entwendete in der Wohnung rasch eine umherliegende Geldbörse, eine neue Digitalkamera und ein Handy. So gelang es ihm zu entkommen, kurz bevor S die Tür aufbrechen und nach oben eilen konnte. Strafbarkeit des T? (Vgl. *BGHSt* 20, 194)

Zur Vertiefung: *Rengier I*, § 7 Rn. 5.

T hat sich nach **§ 249** wegen Raubes strafbar gemacht. Problematisch ist hier alleine das Vorliegen einer qualifizierten Nötigung, bei der offenkundig nur **Gewalt** in Betracht kommt. Zwar richtet sich die Kraftentfaltung des T unmittelbar gegen die Tür; **mittelbar** bewirkt sie aber sehr wohl einen körperlichen Zwang gegenüber dem S. Dass S als **Nötigungsopfer** möglicherweise (falls er z.B. nur Gast in der Wohnung der O war) mangels eigenen Gewahrsams nicht zugleich auch **Wegnahmeopfer** war, steht einem Raub nicht entgegen. Dafür ist sogar nicht einmal entscheidend, dass S der Sohn der O ist, sondern es ist generell ausreichend, dass aus Sicht des T zu erwarten stand, S werde gegen eine Wegnahme Widerstand leisten.

Ergänzende Bemerkungen:
(1) Ein vergleichbares Beispiel einer mittelbar gegen Personen wirkenden „Gewalt gegen Sachen“ wäre etwa die Zerstörung des Rollstuhles eines querschnittsgelähmten Opfers, das an-

schließend hilflos zusehen muss, wie die Wohnung ausgeräumt wird.
(2) Wichtig ist aber auch in diesen Fällen, dass es zu einem (wenngleich mittelbar) körperlich wirkenden Zwang kommt. So wird man wohl keinen Raub annehmen können, wenn der Täter dem Opfer, das nackt in einem See schwimmt, die Kleidung versteckt und dann – weil das Opfer sich schämt, den See so zu verlassen – in aller Ruhe dessen Auto aufbricht und Gegenstände entwendet. Selbst falls man darin eine Freiheitsberaubung sehen mag, so liegt doch keine physische Zwangswirkung gegenüber dem Opfer vor.

153. Staatsanwalt S kommt eine Akte auf den Tisch, der er im Wesentlichen nur entnehmen kann, dass T von hinten an die O herangetreten ist und ihr „mit einem Ruck die Handtasche entrissen" habe. In welche Richtung wird S noch weiter ermitteln, bevor er sich zur Anklageerhebung entschließt?

Zur Vertiefung: *Rengier I*, § 7 Rn. 7.

S wird versuchen herauszufinden, ob T mit dem Ruck „nur" schnell handeln und damit einen **Überraschungseffekt** ausnutzen wollte, um einem Widerstand des Opfer zuvorzukommen, **oder** ob er dabei Kraft aufwendete, um einen tatsächlichen **Widerstand**, mit dem O möglicherweise die Tasche noch einen Moment lang festhielt, zu **brechen**. Nach Ansicht der Rechtsprechung und der h.L. soll nämlich im ersten Fall nur ein Diebstahl, im zweiten Fall dagegen ein Raub vorliegen (wobei die Grenzen naturgemäß fließend sind). Auf dieser Grundlage wären die genannten Informationen für S also wichtig, um zu wissen, ob er eine Tat nach § 242 oder § 249 anklagen soll. In der Literatur wird freilich gelegentlich auch im Falle eines nur „festen Entreißens" ohne weitere Gewaltanwendung alleine § 242 angenommen, da die Zwangswirkung hier beim Opfer nur eine Folge der Wegnahme („Gewalt durch Wegnahme"), nicht aber – wie von § 249 gefordert – ihre Voraussetzung („Wegnahme durch Gewalt") sei.

154. T lernte auf einer Szeneparty die O kennen, die wie er Spaß an „Fesselspielchen“ bekundete. In der Wohnung der O übten T und O zunächst einvernehmlich den Geschlechtsverkehr in der Weise aus, dass O sich von T mit Handschellen ans Bettgestell fesseln ließ. Anschließend wollte T die O gerade befreien, als er auf ihrem Frisierkästchen eine kostbare Armbanduhr entdeckte. Er stand vom Bett auf, ohne die O befreit zu haben, ergriff die Uhr, zog sich unter dem lauten Protest der an ihren Handschellen zerrenden O hastig an und verließ die Wohnung. Strafbarkeit des T nach § 249? (Vgl. auch *BGH* NJW 2004, 528)

Zur Vertiefung: *Rengier I,* § 7 Rn. 16.

T hat unproblematisch eine fremde bewegliche Sache weggenommen. Fraglich ist auch hier wieder allein, ob er dies mit **Gewalt** tat. Dabei besteht über zwei Ausgangspunkte weitgehende Einigkeit: Eine **Gewaltanwendung durch Unterlassen** ist grundsätzlich möglich; aber eine solche kann nicht in jeder Ausnutzung vorgefundener Widerstandsunfähigkeit liegen, zumal dann das Regelbeispiel des § 243 Nr. 6 (Ausnutzen einer hilflosen Lage) überflüssig wäre. Vergleichsweise klare Fälle der Gewalt durch Unterlassen liegen vor, wenn ein Garant die **Entstehung einer Zwangswirkung** am Körper des Opfer **nicht verhindert** (exemplarisch: T schreitet nicht ein, als sein Kampfhund unvorhergesehen den O angreift, sondern nutzt dies im Gegenteil dazu aus, dem O etwas wegzunehmen). Hier freilich ist der Fall anders gelagert, denn die Entstehung der Zwangslage erfolgte noch ganz einverständlich; T hat daher nur unterlassen, eine **bestehende Zwangslage** zu **beseitigen.** Hier wird man Gewalt durch Unterlassen nur annehmen können, soweit die Nötigungshandlung aufrecht erhalten wird (und nicht nur die Folgen einer vorherigen Gewaltanwendung ausgenutzt werden wie z.B. bei einem noch ohne Wegnahmevorsatz niedergeschlagenen Opfer), die Beseitigung der Zwangslage dem Täter möglich ist (was hier außer Frage steht) und er als **Garant** dazu verpflichtet ist. Aber auch eine solche Garantenstellung kann vorliegend bejaht werden. Zwar scheidet eine Ingerenz aus, da T auf Grund des Einverständnisses der O (und des erst anschließend gefassten Tatplanes) nicht pflichtwidrig handelte. Allerdings wird man eine stillschweigende Abrede dahingehend annehmen müssen, dass T die O nach Beendigung ihres „Fesselspielchens“ (bzw. sogar: auf ihren ernsthaften Wunsch hin jederzeit) wieder „befreit“, so dass (wenn schon kein Vertrag, so doch zumindest) eine Garantenstellung kraft tatsächlicher Übernahme vorliegt. Da T während der Tat Handschellen einsetzte, könnte sogar eine Strafbarkeit nach § 250 I Nr. 1b begründet werden.

155. T drang nachts in die Wohnung der O ein, hielt der schlaftrunkenen O eine geladene Pistole an die Stirn und ordnete an, sie solle keinen Widerstand leisten. Ohne die Pistole von T's Stirn wegzunehmen, packte er mit der linken Hand wertvollen Schmuck, den die O in einer Schatulle im Nachtkästchen aufbewahrte, in seine Jackentasche. Anschließend verschwand T in der Dunkelheit. Hat T einen Raub durch Gewalt oder durch Bedrohung begangen?

Zur Vertiefung: *Rengier I*, § 7 Rn. 9.

Nach vorzugswürdiger Ansicht hat T hier einen Raub durch **Drohung** mit gegenwärtiger Gefahr für Leib oder Leben begangen. Zwar könnte man argumentieren, beim Aufsetzen einer (geladenen) Waffe liege bereits **Gewalt** vor, da es sich bereits um körperlich wirkenden (körperliche Wahrnehmung der Pistole) Zwang und nicht um die Androhung eines künftigen Übels handele. Allerdings lässt das Opfer in solchen Fällen regelmäßig die Wegnahme vor allem deswegen zu, weil es auf Grund dieser Wahrnehmung Furcht vor dem hat, was es im Falle eines Widerstandes erwarten würde – nämlich eine Gefahr für Leib und Leben. Ferner ist gerade bei der Drohung mit unmittelbarer Gefahr für das Leben die Zwangswirkung fast typischerweise so konkret, dass die Grenzen zur Drohungsalternative etwas verwischt zu werden drohen. Ohne dass dies zu anderen Ergebnissen führen würde, sollte daher eher ein schwerer Raub (§§ 249, 250 II Nr. 1) durch Drohen angenommen werden.

156. T beschloss, die fast schon krankhafte Angst seiner Schwiegergroßmutter O zu seinem eigenen finanziellen Vorteil auszunutzen. Als er eines Abends allein mit O in deren Wohnung war und O – wie so oft – ein Geräusch auf dem Balkon gehört zu haben glaubte, warf T auf den Wunsch der O hin einen Blick auf den Balkon. Er kam zurück und erzählte O mit gespielter Aufregung wahrheitswidrig, eine finstere Gestalt mit einer Pistole in der Hand mache sich an der Balkontür zu schaffen. Die O solle sich im Keller einsperren, er selbst wolle den im Nachbarhaus wohnenden Polizisten P verständigen. Als O im Keller war, nahm rasch T ein Bündel Geldscheine der O aus einer Schublade, öffnete die Balkontür und holte O nach wenigen Minuten aus dem Keller. Er erklärte, P sei nicht zuhause gewesen, der Gewaltverbrecher habe aber mittlerweile das Haus verlassen. Staatsanwalt S möchte T wegen Diebstahls anklagen. Die beiden ihm zugewiesenen Referendare A und B haben Zweifel: A meint, es liege sogar ein Raub vor; B sieht in dem Verhalten des T eher einen Betrug. Wer hat Recht?

Zur Vertiefung: *Rengier I*, § 7 Rn. 11, § 11 Rn. 7.

S hat Recht.

a) T hat mit den Geldscheinen fremde bewegliche Sachen **weggenommen**, da O trotz ihres Aufenthaltes im Keller noch Gewahrsam an diesen hatte. Insbesondere kann in der Flucht in den Keller keine den Gewahrsam aufgebende Verfügung an T gesehen werden, wie sie ein Betrug voraussetzen würde (vgl. näher oben Fälle 111 ff.). Vielmehr liegt allenfalls eine **abgelistete Gewahrsamslockerung** vor, die einen Diebstahl durch T nicht ausschließt, da dieser noch eigenständig deliktisch auf die Scheine zugreifen musste.

b) Entgegen der Auffassung des A liegt auch kein Raub vor, da die Wegnahme nicht mit einer qualifizierten Nötigung erfolgte. Zwar erzählte T der O in der Tat von einer gegenwärtigen Gefahr für Leib und Leben, und es kommt für eine **Drohung** auch nicht entscheidend darauf an, ob diese Schilderung zutreffend ist. Allerdings liegt eine Drohung nur im Inaussichtstellen eines Übels (d.h. bei § 249 einer Gefahr), auf das der Täter **Einfluss zu haben vorgibt**. Da T hier aber eine von außen kommende Gefahr vorspiegelte, auf die er auch keinen unmittelbaren Einfluss zu haben vorgab, liegt keine Drohung, sondern allenfalls eine **Warnung** vor, die selbst dann keine Strafbarkeit nach § 249 begründet, wenn der Täter in geplanter Weise die Reaktion des Opfers zur Wegnahme ausnutzt.

157. Professor P bildet in der Vorlesung folgenden Fall: „T möchte aus dem Haus des O ein Bild entwenden. Als er auf der Straße den Spaziergänger S sieht, fühlt er sich von S bei seinen Plänen entdeckt und schlägt S daher nieder. In Wahrheit hatte S keinerlei Verdacht geschöpft und wäre schon lange weg gewesen, bis T aus dem Haus gekommen wäre. Anschließend entwendete T das Bild." Kandidat K lehnt einen Raub aus zwei Gründen ab: Zum einen sei S nicht der von § 249 geschützte Eigentümer gewesen; zum anderen habe die Gewaltanwendung objektiv die Wegnahme gar nicht ermöglicht. Was ist davon zu halten?

Zur Vertiefung: *Rengier I*, § 7 Rn. 10 u. 14.

Wenig. Zwar hat K mit seinen Feststellungen Recht, zieht daraus aber falsche Schlüsse:

a) Was die fehlende Eigentümerstellung des S angeht, so wurde oben bereits darauf hingewiesen, dass das **Nötigungsopfer nicht** das Wegnahmeopfer (und damit erst recht nicht **der Eigentümer**) sein muss. Daran ändert auch K's Argument mit dem geschützten Rechtsgut nichts, denn gerade für das Rechtsgut „Eigentum" ist es ziemlich zweitrangig, gegen wen sich die qualifizierte Nötigung im Vorfeld gerichtet hat.

b) Mit dem Hinweis auf die fehlenden „objektive Ermöglichung" der Wegnahme hätte K Recht, wenn man mit einer Mindermeinung in der Literatur zwischen Nötigung und Wegnahme ein kausales Verhältnis fordern würde. Die **h.M.** freilich lässt – zugegebenermaßen ohne klare Argumente dafür aus dem Wortlaut (der aber ebenso wenig für die Gegenauffassung hergibt) – eine **finale Verknüpfung** genügen, d.h. es genügt, wenn der Täter handelt, um mit der qualifizierten Nötigung die Wegnahme zu ermöglichen.

Ergänzende Bemerkung:
In der großen Mehrzahl der Fälle spielt der Streit um Kausalität oder Finalität des Gewalteinsatzes keine Rolle, da die Nötigung zumeist objektiv die Wegnahme ermöglicht und der Täter dies auch zugleich weiß. Es muss hierauf dann nicht eingegangen werden, sondern es kann ohne weiteres verknappt geschrieben werden, dass die „Gewalt der Wegnahme diente" o.ä. Bei einem versuchten Raub spielt das Problem letztlich keine Rolle, da es hier ohnehin nur um die Vorstellung des Täters geht.

158. O schuldete seinem Bekannten T noch 500 €, die dieser ihm geliehen hatte. Da O nicht zahlte, erschien T eines Tages bei O, bedrohte ihn mit einer Pistole und nahm das Notebook des heftig protestierenden, angesichts der Bedrohung mit der Pistole aber nicht aktiv einschreitenden O an sich. Dabei erklärte er, dass er dieses so lange „als Pfand" behalten wolle, bis O zur Zahlung bereit sei. T stellte das Notebook in seinen Keller; zu einer Zahlung kam es in der Folgezeit nicht. Hat sich T wegen schweren Raubes strafbar gemacht?
(Vgl. *BGH* NStZ-RR 1998, 235)

Zur Vertiefung: *Rengier I,* § 2 Rn. 85.

Nein. Zwar hat T unter **Verwendung einer Waffe** (vgl. § 250 II Nr. 1) den O mit gegenwärtiger Gefahr für Leib und Leben bedroht und die daraus resultierende Zwangswirkung zur Wegnahme einer fremden beweglichen Sache ausgenutzt. Allerdings handelte T ohne die erforderliche **Absicht der rechtswidrigen Zueignung**: Diese setzt wie beim Diebstahl **Enteignungsvorsatz** und Aneignungsabsicht voraus. Ersterer könnte hier noch begründet werden, da T für den Fall, dass O das Geld nicht zurückzahlt, wohl billigend in Kauf nahm, dass das Notebook nicht mehr (oder erst nach einer Zeit, in der es praktisch wertlos geworden ist) zurückgegeben würde. Allerdings fehlt es an der **Aneignungsabsicht**, denn durch die Benennung und Verwendung als Pfand (insbesondere unter gleichzeitiger Nichtbenutzung) machte T deutlich, dass er das Notebook zu diesem Zeitpunkt nicht eigentümergleich seinem Vermögen einordnen wollte, sondern im Gegenteil sehr wohl die Eigentümerstellung des O grundsätzlich weiter anerkannte.

Ergänzende Bemerkung:
Folgt man dem, so läge in einer späteren eigentümergleichen Benutzung des Notebooks (nur) eine Unterschlagung, welche hier dann nicht als „wiederholte Zueignung" (vgl. Fall 75 ff.) zurücktritt.

159. T schlug die des Weges kommende O von hinten nieder, um Geld oder andere Wertgegenstände aus ihrer Handtasche an sich zu nehmen. Als er die hübsche O be-

Nein. Ein **vollendeter Raub** scheidet ersichtlich aus, da es zu keiner Wegnahme kam. Durch das Niederschlagen hat T zwar unmittelbar zum **Versuch eines Raubes** angesetzt, allerdings ist er davon wieder strafbefreiend zurückgetreten:

wusstlos auf dem Boden liegen sah, verlor er rasch das Interesse an etwaigen Wertgegenständen, beschloss, auf diese zu verzichten, und übte statt dessen an der O den Beischlaf aus. Hat sich T außer nach § 179 auch wegen (versuchten) Raubes strafbar gemacht?

Zur Vertiefung: *Mitsch II/1*, § 3 Rn. 49 ff.

Einem Rücktritt steht nicht entgegen, dass die qualifizierte Nötigung bereits vollendet ist, da § 249 bis zur Vollendung auch der Wegnahme nur versucht bleibt. Da T noch davon ausgehen konnte, die Wegnahme vollenden zu können, umgekehrt aber wusste, dass er noch nicht alles zur Vollendung Erforderlich getan hatte, konnte er durch bloßes freiwilliges Nicht-Weiter-Handeln zurücktreten (vgl. (§ 24 I 1 Alt. 1). An dieser **Freiwilligkeit** fehlt es auch nicht etwa, weil T ein anderes deliktisches Ziel verfolgte, da § 24 streng tatbestandsbezogen ist; auch dürfte das plötzliche Verlangen nach einem Beischlaf an O kaum so übermächtig gewesen sein, dass T nicht mehr aus autonomen Motiven, d.h. nicht als Herr seiner eigenen Entschlüsse handeln würde. Allerdings hat T die §§ 223 und 240 verwirklicht.

Ergänzende Bemerkungen:
(1) Im umgekehrten Fall würde kein Raub vorliegen, da der Täter kein Gewalt anwendet, um zu stehlen; es bliebe nur eine Strafschärfung nach §§ 242, 243 I 2 Nr. 6. Anders aber für ein Einsperren des Opfers aus ursprünglich anderen Motiven und dem pflichtwidrigen Aufrechterhalten der Freiheitsberaubung zu einer raumzeitlich eng anschließenden Wegnahme *BGH* NJW 2004, 528.
(2) Hätte T in Fall 159 die O aus Ärger darüber missbraucht, dass er in ihrer Handtasche weder Geld noch irgendwelche anderen mitnehmenswerten Gegenstände finden konnte, wäre ein Rücktritt ausgeschlossen, da der Versuch fehlgeschlagen wäre.

160. T betrat mit einer täuschend echt aussehenden Spielzeugpistole „bewaffnet" den Laden des O, bedrohte ihn mit

T hat sich wegen schweren Raubes nach **§§ 249, 250 I Nr. 1b** strafbar gemacht. Zwar ist die Spielzeugpistole weder eine Waffe noch ein objektiv gefährliches

seiner „Waffe“ und entnahm aus der Kasse € 1.000. Strafbarkeit des T?

Zur Vertiefung: *Rengier I*, § 8 Rn. 3–5; *Kudlich*, JR 1998, 357 ff.

Werkzeug, so dass § 250 I Nr. 1a, II 1 ausscheidet. Allerdings sind **Scheinwaffen** nach herrschender und vorzugswürdiger Ansicht unter Nr. 1b zu subsumieren. Nach der vor 1998 geltenden Gesetzesfassung war dies zwischen Rechtsprechung und Literatur zwar umstritten. Der Gesetzgeber hat sich aber mittlerweile ausdrücklich für die schon vorher von der Rechtsprechung vertretene Einbeziehung von Scheinwaffen ausgesprochen (**historisch-genetische Auslegung**). Darüber hinaus deutet auch die **Gesetzessystematik** in diese Richtung: In § 250 I Nr. 1a sind Waffen und andere gefährliche Werkzeuge beim bloßen Mitführen (ohne Verwendungsabsicht) erfasst so dass Nr. 1b zumindest auch (wenn nicht sogar ausschließlich) objektiv ungefährliche Werkzeuge und damit gerade auch Scheinwaffen fassen muss.

161. T betrat in der Absicht, einen Überfall zu verüben, ein Geschäft. Als Verkäuferin O ihm den Rücken zuwandte, drückte er ihr einen Lippenpflegestift in den Rücken, um damit bei ihr den Eindruck zu erwecken, sie werde mit einer Waffe bedroht. O hielt den Lippenstift für die Spitze eines Messers, einer Schere oder eines ähnlich gefährlichen Gegenstandes und händigte T mindestens € 150 aus der Kasse aus. Strafbarkeit des T? (Vgl. *BGH* NJW 1996, 2663)

Zur Vertiefung: *Rengier I*, § 8 Rn. 5; *Kudlich*, JR 1998, 357 ff.

T hat sich nur wegen „einfacher“ räuberischer Erpressung (§§ 253, 255; nach anderer Ansicht wegen Raubes, § 249, vgl. zur Abgrenzung zwischen Raub und Erpressung nach dem äußeren Erscheinungsbild bzw. der Willensrichtung des Opfers unten Fälle 179) strafbar gemacht. Insbesondere liegt kein Qualifikationsmerkmal nach § 250 I Nr. 1b vor. Zwar könnte man auch den Lippenstift als „Scheinwaffe“ titulieren, die von § 250 I Nr. 1b grundsätzlich erfasst sein soll (vgl. oben Fall 160). Nach dem Willen des Gesetzgebers, der insoweit auch auf eine gewisse Tradition in der Rechtsprechung verweisen kann, sollen jedoch solche Gegenstände aus dem Anwendungsbereich ausscheiden, die **bereits nach ihrem äu-**

ßern Erscheinungsbild in jeder Hinsicht ungefährlich sind. In der Literatur wird diese Differenzierung zwischen „normaler Scheinwaffe" und „schon äußerlich völlig ungefährlicher Scheinwaffe" zwar kritisiert, da jede Scheinwaffe objektiv ungefährlich sei. Indes erscheint eine Orientierung an diesem expliziten gesetzgeberischen Willen durchaus möglich und sinnvoll, wird doch diese Differenzierung der **Bedeutung des Gesichtssinns** als dem zentralen Wahrnehmungssinn des Menschen gerecht. Dies entspricht auch dem Verständnis des **Begriffs der „Scheinwaffe"**, welche nach dem Willen des Gesetzgebers von § 250 I Nr. 1b erfasst werden sollten: Ein äußerlich völlig ungefährlicher Gegenstand erweckt gerade „als solcher" noch nicht den „Schein einer Waffe", sondern das (bei jedem Scheinwaffeneinsatz zugegebenermaßen vorhandene) Element der Täuschung des Opfers durch den Täter tritt völlig beherrschend in den Vordergrund.

162. T betrat mit einer geladenen Schreckschusspistole eine Bankfiliale, lud die Pistole durch und forderte von den anwesenden Bankmitarbeitern O und P mit den Worten „Geld her, sonst schieße ich" die Herausgabe von Bargeld. O öffnete darauf hin den Tresor und gab T einen Bargeldbetrag von € 17.500. Strafbarkeit des T?
(Vgl. *BGH* NJW 2003, 1677)

Zur Vertiefung: *Rengier I*, § 8 Rn. 9.

Nach Ansicht des Großen Strafsenats hat sich T wegen schwerer räuberischer Erpressung (bzw. schweren Raubes) nach §§ 253, 255 (bzw. 249), § 250 II Nr. 1 strafbar gemacht. Entgegen der früheren Rechtsprechung soll nämlich eine **Schreckschusspistole** eine Waffe i.S.d. **§ 250 I Nr. 1a, II Nr. 1** sein. Der große Senat begründet dies mit der erheblichen kriminologischen Bedeutung und der **großen Gefährlichkeit** insbesondere bei „aufgesetzten" Schüssen. Diese Gefährlichkeit habe auch der Gesetzgeber gesehen, der Schreckschusspistolen in einer im Jahr 2003 erfolgten

Änderung des Waffengesetzes anderen Waffen teilweise gleichgestellt habe. Folgt man dem, so liegt auch ein „**Verwenden**" dieser Waffe i.S.d. § 250 II Nr. 1 vor. Ein solches ist auch im **Drohen** zu sehen, da § 250 auf § 249 aufbaut, welcher Gewaltanwendung und Drohung mit Gewalt gerade als gleichwertige Fälle der qualifizierten Nötigung behandelt.

163. Pizzabote T war rechtmäßiger Inhaber einer Schreckschusspistole, die er bei seinen „Dienstfahren" stets bei sich trug, um sich insbesondere nachts gegen drohende Überfälle u.U. wehren zu können. Als er bei O in rekordverdächtiger Zeit eine Pizza mit vielen Sonderwünschen geliefert hatte, ärgerte er sich ein wenig, dass ihm statt eines Dankes und eines wenigstens bescheidenen Trinkgeldes nur ein unwirsches „na endlich" entgegenbracht wurde. Er konnte daher nicht widerstehen, in einem unbeobachteten Augenblick beim Verlassen der Wohnung einen auf einem Kästchen liegenden 5-€-Schein einzustecken. Staatsanwalt S meint einerseits, in Konsequenz der Rechtsprechung des Großen Strafsenats in Fall 162 müsse er T nun wegen Diebstahls mit Waffen nach § 244 I Nr. 1a anklagen. Andererseits habe er dagegen

Bei genauer Betrachtung zieht der Große Strafsenat **Begründungselemente** heran, die eher an die Auslegung des Merkmals „**Verwendung** eines gefährlichen Werkzeuges" erinnern. Anders, als es ursprünglich dem Gesetzgeber vorgeschwebt haben dürfte (und als es beim Begriff der Waffe im Unterschied zu dem des gefährlichen Werkzeuges auch durchführbar wäre!), bildet **§ 250 II Nr. 1** bei diesem Vorgehen keine nochmals erschwerte Form des Raubes durch die Verwendung eines Gegenstandes, dessen bloßes Mitführen bereits nach Absatz I Nr. 1a unter Strafe steht, sondern wird seinerseits zum **Ansatzpunkt der Gesetzesinterpretation**. Ohne dass dies in wirklich letzter Klarheit ausgesprochen worden wäre, scheint allerdings der Große Strafsenat selbst dem Ergebnis zuzuneigen, dass der um Schreckschusspistolen erweiterte Waffenbegriff auch für § 250 I 1a einschlägig ist. Möchte S dieser Rechtsprechung gerecht werden, so wäre es nur konsequent, den T hier auch nach § 244 I Nr. 1a anzuklagen, da die parallele Konstruktion der §§ 244/250 I 1 für eine möglichst gleich laufende Auslegung spricht.

gewisse Bedenken, da die Argumentation des Großen Senats doch sehr auf die konkrete Verwendung der Waffe und nicht auf das bloße Mitführen abgestellt habe. Was soll man S raten?

Zur Vertiefung: *Rengier I*, § 4 Rn. 12a.

164. T überfiel ein Ladengeschäft. Er richtete eine nicht geladene Pistole in Magenhöhe und in einem Abstand von etwa 60 cm auf die dort anwesende Verkäuferin O und verlangte Geld. Ein mit sieben Patronen geladenes Magazin trug er in seiner Jackentasche bei sich. O händigte ihm das Geld aus. Strafbarkeit des T? (Vgl. *BGHSt* 45, 249)

Zur Vertiefung: *Rengier I*, § 8 Rn. 9; *Haunich/Kudlich*, NJW 2000, 3475 f.

Nach vorzugswürdiger Ansicht hat sich T wegen **schwerer räuberischer Erpressung** (bzw. schweren Raubes) nach §§ 253, 255 (a.A.: § 249), 250 II 1 strafbar gemacht. Der *BGH* möchte dafür zwar – anders als beim Mitführen nach § 250 I Nr. 1a – den Einsatz einer **ungeladenen Waffe** selbst dann nicht genügen lassen, wenn das **Magazin griffbereit** in der Jackentasche mitgenommen wird. Dies lässt sich jedoch kaum überzeugend begründen. Lässt man nämlich das Drohen grundsätzlich für ein Verwenden i.S.d. § 250 II Nr. 1 genügen, so liegt der Unterschied zum Einsatz von Scheinwaffen nach § 250 I Nr. 1b lediglich darin, dass die angedrohte Gewaltanwendung auch verwirklicht werden kann und damit vom Täter ein **erhöhtes Gefährdungspotential** ausgeht. Dieses besteht aber in ganz ähnlicher Weise auch dann, wenn die Waffe noch nicht geladen, die Munition aber griffbereit ist. Das erhöhte Gefährdungspotential ist der einzige stichhaltige Grund für eine Strafverschärfung der Bedrohung mit einer echten statt mit einer Scheinwaffe. Das legt nahe, insoweit bei § 250 II Nr. 1 genauso zu entscheiden wie bei der ebenfalls durch die Eskalationsgefahr legitimierten Vorschrift des § 250 I Nr. 1a, bei dem das Mitführen des Magazins in der Jackentasche als ausreichend angesehen wird.

165. T betrat mit einer einsatzbereiten, scharfen Pistole eine Bankfiliale, lud die Pistole durch und forderte von Bankmitarbeiter O mit den Worten „Geld her, sonst schieße ich" die Herausgabe von Bargeld. Obwohl O sich in diesem Moment hinter einer kugelsicheren Glaswand befand, öffnete er den Tresor und gab T einen Bargeldbetrag von € 25.000 mit, da er eine Gesundheitsgefahr für möglicherweise die Bank betretende Kunden oder Kollegen befürchtete, die aus einem der Nebenräume hätten kommen können. Strafbarkeit des T?
(Vgl. *BGHSt* 45, 92)

Zur Vertiefung: *Rengier I,* § 8 Rn. 9.

Nach Ansicht des *BGH* (a.a.O.) hat sich T wegen **schwerer räuberischer Erpressung** nach §§ 253, 255, 250 II Nr. 1 strafbar gemacht. Dies ist deswegen nicht unproblematisch, weil in der ganz konkreten Situation O als momentan einzige „bedrohte" Person durch die kugelsichere Glaswand **eigentlich keiner Gefahr** ausgesetzt ist, die dem sonst in Fällen des § 250 II Nr. 1 bestehenden Grad an Gefährdung vergleichbar ist. Letztlich erscheint seine Anwendung aber trotz des hohen Strafrahmens angemessen: Zum einen ist das Merkmal der **Waffe** grundsätzlich **objektiv-abstrakt** zu bestimmen, und es kommt in § 250 II Nr. 1 (anders als z.B. in Nr. 3) nicht auf den Eintritt einer konkreten Gefahr an. Zum anderen ist – wie der vorliegende Sachverhalt zeigt – in Fällen dieser Art normalerweise nicht vollständig auszuschließen, dass durch die Waffe eine andere Person während des Tathergangs in eine Gefahr gerät, deren Eintritt § 250 II Nr. 1 gerade verhindern soll. Ob freilich diese sehr abstrakte Betrachtungsweise der Gefährlichkeit einer „Waffe" in Fällen dieser Art ohne Weiteres mit der eher konkreten Interpretation des Begriffs durch den Großen Strafsenat in Fall 162 zu vereinbaren ist, mag mit Recht bezweifelt werden.

166. S und T kamen überein, die kleine Filiale einer Bank zu überfallen. Während T mit einer geladenen Pistole in die Bank stürmte und den Kassierer zwang, Geld in eine mitgebrachte Plastiktüte zu packen, wartete S mit laufendem Motor vor der Bank. Als T mit dem Geld in den Wagen sprang, rief er S zu, dieser solle „schauen, dass er wegkommt, weil der Kassierer sicher die Bullen gerufen" habe. S fuhr mit überhöhter Geschwindigkeit los und überfuhr eine auf „rot" geschaltete Ampel. Dabei erfasste er den Fußgänger O, der lebensgefährlich verletzt wurde, aber letztlich überlebte. Nach §§ 253, 255, 250 II Nr. 3b angeklagt, verteidigte sich T damit, dass

– er gar nicht gefahren sei,
– O nicht in den Schutzbereich des § 250 II Nr. 3b falle, da er nicht Opfer des Raubes sei, sowie
– die räuberische Erpressung zum Zeitpunkt des Unfalles mit O doch schon „längst vorbei" gewesen sei.

Werden dem T diese Einwände helfen?

Zur Vertiefung: *Rengier I*, § 8 Rn. 9 f.

Wohl **nein**, wobei die Frage hinsichtlich des **ersten und letzten Einwandes problematisch** ist:

a) Die Tatsache, dass T **nicht selbst gefahren** ist, spielt keine Rolle. Denn sogar ungeachtet der allgemeinen Zurechnungsgrundsätze bei der Mittäterschaft (die hier zu den gleichen Ergebnissen führen würden) lässt § 250 II (ebenso übrigens wie §§ 244 I Nr. 1, 250 I Nr. 1) jeweils genügen, dass „der Täter oder **ein anderer Beteiligter am Raub**" das Qualifikationsmerkmal erfüllt. Näher zu klären wäre allerdings vorliegend, ob T insoweit **vorsätzlich** handelte, was für § 250 II Nr. 3b erforderlich ist, da es sich um keine Erfolgsqualifikation handelte. Hierbei wäre dann aber zu beachten, dass § 250 II Nr. 3b nur einen Gefährdungsvorsatz erfordert und dass T den S gerade zu der Flucht mit überhöhter Geschwindigkeit angehalten hat.

b) Dass mit O **nicht das Opfer des Raubes gefährdet** wurde, ist demgegenüber unbeachtlich. Dies legt bereits der weit gefasste Wortlaut nahe („eine andere Person"), wird aber auch durch die *ratio legis* bestätigt, da in bestimmten Fällen bei Gewalthandlungen gerade typischerweise Eskalationsrisiken bestehen, die auch unbeteiligte Dritte erfassen können. Dass O eine Person war, die gar nicht am eigentlichen Tatort anwesend war, hängt hier damit zusammen, dass die Gefährdung erst nach Vollendung der Tat eintrat; sie betrifft damit eigentlich T's dritten Einwand.

c) Dass der qualifizierende Erfolg erst nach der vollendeten Wegnahme und damit **nach Vollendung** der räuberischen Erpressung eingetreten ist, soll nach **wohl h.M. unbeachtlich** sein, da Qualifikationen auch noch **bis** zum Zeitpunkt der **Beendigung** erfüllt werden könnten. Diese lag hier mangels hinreichender Beutesicherung auf der Fluchtfahrt noch nicht vor. Für diese Ansicht spricht zwar, dass auch in diesem Stadium noch ein erhöhtes Risiko gerade durch den (insgesamt noch nicht abgeschlossenen) Rechtsgutsangriff besteht. Allerdings ist der Zeitpunkt der Beendigung nicht nur im Vergleich zum Vollendungszeitpunkt weniger klar bestimmt, sondern der Erfolg kann eben auch nicht mehr bei der bzw. durch die **Tatbestandsverwirklichung** eintreten, die wohl eigentlich als die „Tat" i.S. des § 250 angesehen werden müsste. Insoweit spricht einiges dafür, entgegen der wohl h.M. die Möglichkeit einer Qualifikation im Stadium zwischen Vollendung und Beendigung abzulehnen.

167. T überfiel im Park die 75-jährige, herzkranke O. Er stieß sie gewaltsam zu Boden, ergriff die dabei auf den Boden fallende Handtasche der O und lief schnell davon. O geriet vor Schrecken und Aufregung in schwere Atemnot. In der von T weggenommenen Handtasche befand sich ein Spray , den O im Falle von – bei ihr nicht seltenen – Atembeschwerden inhalieren musste. In Ermangelung dieses Sprays röchelte O noch zwei Minuten und schnappte

a) V dürfte damit meinen, dass § 251 nach zutreffender Ansicht nur anwendbar ist, wenn sich der **Tod** des Opfers als **Folge der qualifizierten Nötigungshandlung**, nicht aber als Folge der Wegnahme darstellt. Zwar kann auch das Wegnahmeelement des Raubes einmal Ursache des Todeseintritts sein. Allerdings ist die Gefahr schwerer Körperverletzungen oder gar eine **Lebensgefahr eher eine ungewöhnliche Folge einer Wegnahme** als solcher. Würde der Gesetzgeber das anders sehen, hätte er auch eine Todesqualifikation beim Diebstahl geschaffen. Daher erfüllt ein Tod, dessen Ursache alleine in der Wegnahme liegt,

nach Luft, ehe sie verstarb. Als T wegen Raubes mit Todesfolge angeklagt wurde, wies sein Verteidiger V darauf hin, dass auch § 251 schließlich keine „Wegnahme mit Todesfolge“ unter Strafe stelle und daher hier unanwendbar sei. Was meint V damit, und ist sein Einwand zutreffend?

Zur Vertiefung: *Mitsch II/1*, § 3 Rn. 67; *Rengier I*, § 9 Rn. 1–4.

nicht die Erfolgsqualifikation des § 251; vielmehr fehlt es insoweit am erforderlichen „**Unmittelbarkeitszusammenhang**“ (bzw. „tatbestandsspezifischen Gefahrzusammenhang“) dieses erfolgsqualifizierten Delikts.

b) Bei genauerer Betrachtung knüpft die Todesgefahr **hier** aber **gar nicht ausschließlich** an die **Wegnahme** an. Vielmehr wird die Lebensgefahr zunächst einmal dadurch hervorgerufen, dass O durch das **gewaltsame Umstoßen** vor Schrecken und Aufregung in Atemnot gerät. Die empfindliche Disposition eines Opfer genügt auch sonst für eine Zurechnung , wenn sie **nicht außerhalb jeder Lebenserfahrung** liegt. Dass ein alter Mensch bei einem gewaltsamen Angriff Herzprobleme bekommt, ist aber nichts Außergewöhnliches. So wenig dann aber eine Zurechnung ausgeschlossen wäre, wenn O ohnehin keinen Spray bei sich gehabt hätte, wird der Zurechnungszusammenhang zur Gewaltanwendung dadurch unterbrochen, dass die Wegnahme „zusätzlich kausal wird“. Insoweit spricht vorliegend mehr dafür, einen Raub mit Todesfolge für möglich zu erachten. Ob freilich dem T auch die geforderte Leichtfertigkeit vorgeworfen werden kann, ist bei einem bloßen Umstoßen zweifelhaft, lässt sich aber letztlich an Hand der knappen Sachverhaltsangaben nicht verlässlich entscheiden.

Ergänzende Bemerkung:
Mit der gleichen Argumentation wie unter a) sollte man bei bloßen wegnahmebedingten Gefährdungen auch § 250 I Nr. 1c, II Nr. 3b ablehnen. Statt auf den Unmittelbarkeitszusammenhang könnte man bei diesen (nicht Erfolgs-)

Qualifikationen auf das Fehlen der objektiven Zurechnung abstellen.

168. Wie wäre Fall 167 zu entscheiden, wenn T nach dem Umstoßen der O von Passant P überrascht worden wäre und daher die Tasche nicht mitgenommen hätte, die O aber auf Grund des Schreckens sofort an ihrem schwachen Herzen verstorben wäre, ohne die Gelegenheit gehabt zu haben, ihren rettenden Spray zum Einsatz zu bringen?

Zur Vertiefung: *Rengier I,* § 9 Rn. 14.

Im hier geschilderter Sachverhalt hätte sich T nach §§ 249, 251, 22, 23 wegen versuchten Raubes mit Todesfolge in Form des **erfolgsqualifizierten Versuches** strafbar gemacht. § 251 gehört zu den Delikten, bei denen nach h.M. ein erfolgsqualifizierter Versuch möglich ist, da auch der Versuch des Grunddelikts strafbar ist (vgl. §§ 23 I, 12 I, 249) und die Gefahr, die durch die Anordnung einer Erfolgsqualifikation pönalisiert werden soll, **typischerweise** nicht am Taterfolg (d.h. hier der Vollendung der Wegnahme), sondern bereits an der **Tathandlung** (Beginn der qualifizierten Nötigung) anknüpft.

Ergänzende Bemerkung:
Ein Rücktritt scheidet hier ersichtlich aus, da T auf Grund des Auftauchens des P nicht freiwillig zurückgetreten ist. Zur Möglichkeit des Rücktritts nach Eintritt der Erfolgsqualifikation, wenn solche Gründe nicht entgegenstehen, vgl. PdW AT, Fall 250.

II. Räuberischer Diebstahl (§ 252)

169. T sah auf der Straße das neue Fahrrad seines Nachbarn O stehen. Da T ein Radfan war, er aber wusste, dass O ihm das Rad niemals leihen würde, beschloss er, auf eigene Faust eine kurze Spritztour zu machen. Als T gerade aufgestiegen und wenige Meter gefahren war, stellte sich ihm auf einmal O in den Weg, der ihn vom Fenster aus beobachtet

Weder noch. Eine Strafbarkeit nach **§ 249** scheidet schon deswegen aus, weil T sich den **Gewahrsam nicht mit Gewalt** verschafft hat. Vielmehr wird man einen Gewahrsam des T schon annehmen müssen, als O ihm begegnete (Sitzen auf dem Rad, schon einige Meter gefahren). Aber auch ein Fall des **§ 252** liegt nicht vor, da T **nicht** bei einem **Diebstahl**, sondern nur an einer nach **§ 248b** zu behandelnden Gebrauchsanmaßung betroffen wurde, die ausweislich des klaren Wortlautes

hatte. Er forderte T auf, sofort abzusteigen. T fuhr auf O zu, knapp an ihm vorbei und stieß ihm den Fuß in den Bauch. In diesem Moment beschloss T außerdem, „dem pingeligen O das Rad nie mehr wieder zu geben". Hat sich T nach § 249 oder nach § 252 strafbar gemacht?

Zur Vertiefung: *Mitsch II/1*, § 1 Rn. 41 f.; *Rengier I*, § 10 Rn. 3.

des § 252 keine Vortat sein kann. Dass T danach beschloss, das Rad zu behalten, ändert daran nichts. Der konstruktiv vorstellbare (von der h.M. als subsidiär betrachtete) Diebstahl an Schmierstoffen und Reifenabrieb muss hier wohl außer Betracht bleiben, um die Privilegierung des § 248b nicht zu unterlaufen.

Ergänzende Bemerkung:
T ist aber jedenfalls strafbar nach §§ 248b und 240. § 246 erscheint vertretbar, wenn man für die Manifestation des Zueignungswillens nicht fordert, dass das dauerhafte Behaltenwollen klar erkennbar wird (immerhin hätte T äußerlich genauso handeln wollen, wenn er das Rad nach einer Stunde wieder hätte bringen wollen). Ob schließlich auch eine (§ 240 ggf. verdrängende) räuberische Erpressung, §§ 253, 255, vorliegt, hängt davon ab, welche Anforderungen man an diese in Abgrenzung zu § 252 stellt (vgl. auch näher unten Fall 178).

170. T entwendete in einem Kaufhaus eine Schachtel teurer Zigarren, indem er diese in seine Jackeninnentasche steckte und damit die Kasse passierte, ohne etwas zu bezahlen. Als er auf dem Parkplatz die Schachtel aus seiner Tasche nahm, um einmal genüsslich an den Zigarren zu riechen, forderte ihn Kaufhausdetektiv O, der den T beobachtet hatte, auf, die Schachtel wieder zurückzugeben. T schlug dem O mit der Faust ins Gesicht, um sich mit den Zigarren aus dem Staub machen zu können. O taumelte aber nur kurz und entriss dann dem T die Schachtel. T selbst ergriff die Flucht, da inzwischen andere

Nein. Wenn es sich nur um einen Versuch gehandelt hätte, so wäre dieser strafbar, da § 252 auf die Bestrafung **„gleich einem Räuber"** und damit auf den Strafrahmen des § 249 („nicht unter einem Jahr") verweist, der ihn zu einem **Verbrechen** macht (vgl. §§ 23 I, 12 I). Vor allem aber handelt es sich um gar keinen Versuch, sondern um einen **vollendeten räuberischen Diebstahl**: Dieser verlangt nämlich als Tathandlung nur, dass der Täter, der bei einem Diebstahl auf frischer Tat betroffen wird, eine qualifizierte Nötigung ausübt, **um** sich im Besitz der Beute **zu erhalten**. Dass dies auch gelingt, wird nicht vorausgesetzt. Die Beutesicherungsabsicht ist also lediglich ein **subjektives Tatbestandsmerkmal**; es muss zu keiner erfolgreichen Beutesicherung kommen.

Kunden auf ihn aufmerksam geworden waren. Wegen räuberischen Diebstahls angeklagt, wandte T ein, seine Tat könnte allenfalls ein Versuch sein, da er die Zigarren ja letztlich nicht behalten habe; und dieser Versuch sei überdies nicht strafbar, da in § 252 keine Freiheitsstrafe von einem Jahr als Mindeststrafe genannt sei. Zu Recht?

Zur Vertiefung: *Rengier I*, § 10 Rn. 3 f.

Ergänzende Bemerkung:
Der Täter des Diebstahls als Vortat ist unproblematisch auch tauglicher Täter eines räuberischen Diebstahls. Nach einer Mindermeinung kann ferner der Gehilfe des Diebstahls jedenfalls dann ebenfalls Täter des § 252 sein, wenn er sich im Besitz der Diebesbeute befindet. Überzeugender erscheint es aber, mit der h.M. den bloßen Diebstahlsgehilfen generell aus dem Anwendungsbereich des § 252 auszuscheiden, da er nicht die für § 252 typische (und die Vergleichbarkeit mit § 249 legitimierende) Kombination aus täterschaftlich verwirklichtem Diebstahlsunrecht und qualifizierter Nötigung erfüllt.

171. T steckte im Antiquitätengeschäft des O in einem unbeobachteten Augenblick zwei kostbare Porzellan-Miniaturpuppen in seine Manteltasche und schickte sich gerade an, das Geschäft zu verlassen. In diesem Moment kam O auf ihn zu und fragte, ob T denn schon etwas gefunden habe. T schlug daraufhin in Verkennung der Situation den O mit einem gezielten Faustschlag zu Boden, da er annahm, O habe ihn beim Einstecken beobachtet, und er die Miniaturen auf keinen Fall zurückgeben wollte. Anschließend floh T rasch mit der Beute. Strafbarkeit des T?
(Vgl. *BGHSt* 26, 95)

Zur Vertiefung: *Rengier I*, § 10 Rn. 6–8.; *Küper*, Jura 2001, 21 ff.

a) T hat – bereits durch das Einstecken der Miniaturen in seine Manteltasche als „Gewahrsamsenklave" (vgl. Fall 11) – tatbestandlich einen **Diebstahl**, § 242, sowie durch den Faustschlag eine **Körperverletzung**, § 223, und eine **Nötigung**, § 240, vollendet.
b) Fraglich ist dagegen, ob T darüber hinaus auch ein Raubdelikt verwirklicht hat: Ein **Raub** nach § 249 scheidet aus, da die qualifizierte Nötigung vorliegend nicht zur Ermöglichung der **Wegnahme** eingesetzt wurde; denn diese war zum Zeitpunkt der Gewaltanwendung durch das Einstecken der Miniaturen in die **Gewahrsamsenklave** bereits **vollendet**. Bei der Prüfung, ob durch die Nötigung in Besitzerhaltungsabsicht ein räuberischer Diebstahl verwirklicht wurde, kommt es maßgeblich darauf an, ob T von O beim Diebstahl auf frischer Tat betroffen wurde: Nach Ansicht der **Rechtsprechung** ist dies unproblematisch, da sie genügen lässt, wenn der Dieb den aus der Entdeckung entstehenden Gefahren durch Einsatz des Nötigungsmittels **zuvorkommt**. Obwohl aber dieser Täter sich in

der Tat als besonders entschlossen und damit gefährlich erweist, ist diese Ausdehnung mit Blick auf **Art. 103 II GG** nicht unproblematisch, da eben ein objektives Betroffensein und nicht nur ein „Sich-Betroffen-Fühlen" verlangt wird. Aber auch nach **h.L.** liegt hier ein Betroffensein vor, da O den T am Tatort als Person wahrnahm. Zwar wird teilweise weiter einschränkend zumindest in Fällen, in denen das Opfer wie hier den Täter ohnehin am Tatort vermutet, verlangt, dass es in ihm auch einen Dieb vermutet. Allerdings ist diese Einschränkung auch bei einem engen Verständnis des Wortlauts nicht zwingend erforderlich und auf Grund der objektiven Gefährlichkeit des Täters auch nicht geboten. Da T auch in engem raumzeitlichen Zusammenhang mit dem Diebstahl und mithin auf frischer Tat betroffen wurde, har er sich nach § 252 strafbar gemacht. §§ 242 und 240 treten dahinter zurück.

Ergänzende Bemerkung:
Versteht man § 252 dagegen in dem zuletzt genannten Sinne enger, so müsste man zumindest einen Versuch des § 252 annehmen, da T sich gerade vorstellte, „als Dieb" wahrgenommen worden zu sein.

172. Kann auch ein Raub Vortat eines räuberischen Diebstahls sein? Und wenn ja: in welchem Konkurrenzverhältnis stehen die beiden Delikte dann?

Zur Vertiefung: *Rengier I*, § 10 Rn. 16 f.; *Kudlich*, JuS 1998, 966; *Zöller*, JuS 1997, L 89 ff.

a) Ja, nach nahezu einhelliger und zutreffender Ansicht kann auch ein Raub grundsätzlich Vortat des § 252 sein. Denn immer, wenn ein Raub vorliegt, ist tatbestandlich zumindest **auch ein Diebstahl** gegeben (der nur von § 249 verdrängt wird). Insoweit kann ohne Verstoß gegen Art. 103 II GG ein Raub als Vortat angesehen werden, was auch in der Sache überzeugend ist. Es wäre nämlich ein gewisser Wertungswiderspruch, wenn sich an den alle Diebstahlsvoraussetzungen umfassenden und zugleich erheblich schwerer wiegenden Raub kein nach § 252 strafbares Verhalten anschließen könnte, wohl aber an den weniger schwer wiegenden Diebstahl.

b) Folgt einem Raub ein räuberischer Diebstahl nach, so muss eine von beiden Taten auf **Konkurrenzebene** zurücktreten, da bei Annahme einer echten Konkurrenz dem Täter das Diebstahlsunrecht zweimal angelastet würde. Nach h.M. besteht hierbei grundsätzlich ein **Vorrang des § 249**; das ist auch überzeugend, da § 252 ausweislich seines Wortlautes (nicht ausschließlich, vgl. o. a, aber) vorrangig an den Diebstahl anknüpft. Damit das zweite Nötigungsunrecht zum Ausdruck kommt, wird man aus dem räuberischen Diebstahl eine in Tatmehrheit zum Raub tretende Nötigung, § 240, in das Ergebnis/den Schuldspruch mit aufnehmen.

Vorrang des räuberischen Diebstahls ist allerdings anzunehmen, wenn erst „im zeitlichen Stadium des § 252", also **zwischen Vollendung und Beendigung** des Diebstahls, ein **Qualifikationsmerkmal** nach §§ 250, 251 verwirklicht wird. Zwar soll hierdurch nach (bedenklicher, vgl. o. Fall 166) h.M. auch der Raub noch qualifiziert werden können. Da aber jedenfalls der räuberische Diebstahl dadurch ebenfalls nach § 250 bzw. § 251 qualifiziert wird (vgl. auch Frage 146), sollte das Delikt vorrangig sein, in dessen zentralem zeitlichem Anwendungsbereich die Qualifikation eintritt.

173. Die Kandidaten K und L lesen die Darstellung in Fall 172 und sind nicht so recht glücklich damit. K fragt sich, wofür es überhaupt eine Rolle spiele, ob § 252 tatbestandlich bei einem Raub als Vortat anwendbar sei, wenn er ohnehin regelmäßig auf Konkurrenzebene zurücktrete; die in Frage 172 am Ende geschilderte Ausnahme könne man pragmatisch ja auch dadurch lösen, dass man eben doch an § 249 als Vortat anknüpfe. L dagegen meint umgekehrt, angesichts der Existenz des § 252 und seiner Anwendbarkeit auf den Raub als Vortat verstehe er die h.M. noch viel weniger, die Qualifikationen im Stadium zwischen Vollendung und Beendigung des Raubes zulasse; denn wenn es in diesem Stadium zu Qualifikationen komme, greife doch ohnehin § 252 ein. Was kann man den beiden antworten?

a) Dem K kann man antworten, dass die Frage nach der tatbestandlichen Anwendbarkeit des § 252 beim Raub als Vortat – neben dem systematischen Bestreben, einen Rechtsfall nicht nur in seinem Ergebnis, sondern auch in seiner Herleitung richtig zu lösen! – etwa eine Rolle spielen kann, wenn es **Teilnehmer** gibt, die sich **nur an der zweiten Nötigungshandlung** in Beutesicherungsabsicht beteiligen. Zugegebenermaßen verliert dieser Gesichtspunkt oft an Bedeutung, wenn man eine Teilnahme im Stadium zwischen Vollendung und Beendigung für möglich hält.

b) Dem L muss man erklären, dass schon sein Ausgangspunkt nicht ganz richtig ist, da es **auch Qualifikationen** geben kann, die als solche **keine neue Nötigungshandlung** sind – so wenn der Täter nur im Stadium zwischen Vollendung und Beendigung eine Waffe bei sich führen, aber nicht einsetzen würde (§ 250 I Nr. 1a). Des Weiteren könnten Nötigungshandlungen im unmittelbaren Nachfeld des Raubes erfolgen, die nicht unter § 252 fallen, weil der Täter **ohne Beutesicherungsabsicht** handelt. So etwa, wenn er die Raubbeute schon wieder weggeworfen hat und nur noch Gewalt anwendet, um sich einer Festnahme zu widersetzen. Allerdings ist L zuzugestehen, dass gerade die zweite Fallgruppe durchaus in seinem Sinn als Argument gegen die h.M. herangezogen werden kann: Denn durch eine Berücksichtigung eines Verhaltens nach Vollendung des Raubes als Qualifikationsmerkmal nach §§ 249, 250/251 werden die tatbestandlichen Grenzen des § 252 (der ja ebenfalls Grundlage einer Qualifikation nach §§ 250/251 sein könnte) teilweise unterlaufen.

III. (Räuberische) Erpressung (§§ 253, 255)

174. Student T kam mit dem monatlichen Wechsel seines Vaters O nicht mehr aus. Da T der Ansicht war, „der Alte solle sich besser um ihn kümmern und nicht so viel Geld in nutzlose Armbanduhren investieren", holte er aus dem Uhrenschrank des O eine „Royal Oak Jubilee" aus dem Hause Audemars Piguet und begann vor den Augen des O mit einem Hammer das metallene Armband der Uhr zu „bearbeiten". Dabei forderte er von O eine Erhöhung der monatlichen Überweisung sowie zugleich einen Vorschuss von 200 €. Um zu verhindern, dass einer der nächsten Schläge die kostbare Uhr selbst treffen würde, zückte O sofort seine Brieftasche und übergab O das Geld. Wegen Erpressung angeklagt, führte T aus, von Gewalt könne keine Rede sein, da er ja schließlich nicht den O geschlagen habe, sondern nur die Uhr: Gewalt gegen Sachen könne bei § 253 anders als bei § 240 angesichts des erhöhten Strafrahmens ersichtlich nicht genügen; selbstverständlich dürfe dieser Grundsatz auch

Nichts. Keiner der Erwägungen des T kann überzeugen:

a) Was das **Verhältnis** zwischen der Gewalt- und der Drohungsalternative angeht, mag zwar in der Tat einiges dafür sprechen, dass die Voraussetzungen des Gewaltbegriffs nicht uneingeschränkt durch Rückgriff auf eine zu weite Auslegung des angedrohten „empfindlichen Übels" umgangen werden dürfen. Allerdings handelt es sich eben um **zwei verschiedene Alternativen** des § 253, so dass ein Ablehnen des Merkmals „Gewalt" grundsätzlich ohne große Auswirkungen auf das Verständnis des empfindlichen Übels ist. Allerdings kommt es darauf nicht entscheidend an, da entgegen der Auffassung des T Gewalt gegen Sachen sehr wohl von § 253 erfasst ist.

b) Das Argument mit dem gegenüber § 240 geringfügig erhöhten **Strafrahmen** verfängt nicht, da diese Erhöhung zwanglos durch den Unrechtsgehalt der **zusätzlichen Merkmale des § 253** (Herbeiführung eines Vermögensschadens; Handeln in Absicht der rechtswidrigen Bereicherung) legitimiert werden kann. Vor allem aber zeigt der **systematische Vergleich mit der räuberischen Erpressung**, dass die Variante der Gewalt in § 253 gerade gegenüber Sachen von Bedeutung ist, da für Gewalt gegen Personen § 255 eine *lex specialis* (mit einem

nicht durch Anwendung der Drohungsvariante unterlaufen werden. Was ist davon zu halten?

Zur Vertiefung: *Rengier I,* § 11 Rn. 7 u. *Rengier II,* § 23 Rn. 30 f.

nochmals deutlich erhöhten Strafrahmen!) darstellt. Eine solche Gewalt i.S. einer physischen Einwirkung auf die Sache durch Kraftentfaltung hat T hier auch ausgeübt und dadurch eine vermögensschädigende Verfügung des O verursacht.

Ergänzende Bemerkung:
Näher als das Verständnis des T von den beiden Tatbestandsvarianten liegt die Einschätzung, dass die Variante der „Gewalt gegen Sachen" in § 253 zumeist überflüssig ist, da in der Gewaltausübung meistens die konkludente Drohung liegen wird, das – als Übel empfundene – Verhalten fortzusetzen.

175. Wie wäre Fall 174 zu beurteilen, wenn T keinen Schlüssel für O's Uhrenschrank hätte und deswegen, um seine Mutter M zu überzeugen, beginnen würde, sich selbst mit einem Küchenmesser Schnittwunden im Gesicht beizubringen, bis die um die Schönheit ihres geliebten Sohnes besorgte Mutter ihm das gewünschte Geld gibt?

Zur Vertiefung: *Mitsch II/1,* § 6 Rn. 17.

Im Ergebnis ist auch hier eine Strafbarkeit nach § 253 zu bejahen: Zwar dürfte mit dem in § 253 genannten „Menschen" genau wie vor der Umformulierung durch das 6. StrRG ein „**anderer**" gemeint sein. Allerdings bezieht sich dieses Erfordernis auf die **Nötigungswirkung**, die ja tatsächlich auch bei M eintritt. Eine entsprechende Einschränkung hinsichtlich des Opfers der Gewalt ist im Gesetzestext dagegen nicht aufgestellt und wohl auch nicht aus dem Schutzzweck des § 253 zwingend ableitbar. Denn auch **Selbstverletzungen** gegenüber nahestehenden Personen haben ein erhebliches **Nötigungspotential**, das dem der Androhung eines Übels jedenfalls vergleichbar ist. Anders mag man dies für die Qualifikation des § 255 sehen, da die erhöhte Strafwürdigkeit der Gewalt gegen Menschen bei einer bloßen drohenden Selbstverletzung möglicherweise nicht vorliegt. Wer „Gewalt gegen sich selbst" entgegen hier vertretener Ansicht völlig aus dem Anwendungsbereich des § 253 ausscheiden möchte, müsste über die Variante der Drohung mit einem für M empfindlichen Übel (Fortsetzung der Verletzung ihres Kindes) zum gleichen Ergebnis kommen.

176. Professor T drohte seinem Fachkollegen O an, er werde ihn auf den Fachbereichssitzungen des kommenden Semesters demonstrativ als einzigen Kollegen nicht begrüßen, wenn er ihm nicht vor jeder der Sitzungen 300 € zukommen ließe. O, der sehr auf seinen guten Ruf bedacht war, zahlte. Strafbarkeit des T nach § 253?

Zur Vertiefung: *Rengier II*, § 23 Rn. 44 f.

T ist **straflos.** In Betracht kommt hier allenfalls die Androhung eines **empfindlichen Übels**. Allerdings ergibt sich die „Empfindlichkeit" nicht ohne weiteres schon immer daraus, dass der Genötigte subjektiv dem Druck nachgegeben hat. Vielmehr ist **objektiv-individuell** zu prüfen, ob in der konkreten Situation von einer durchschnittlich besonnenen (also weder besonders „hartleibigen" noch extrem „zimperlichen") Person erwartet werden könnte, dass sie dem angedrohten Übel standhält, ohne sich „freizukaufen". Anders formuliert: das Übel ist empfindlich, wenn die vom Opfer eingegangene Vermögensschädigung im Verhältnis zur Abwehr des angedrohten Übels nicht **außer Verhältnis** steht. Dies wird man in der konkreten Situation verneinen müssen, da selbst bei Unterstellung gewisser Förmlichkeiten in dem betroffenen Gremium ein „Nichtgegrüßt-werden" (wenn nicht ohnehin eher auf den „Nicht-Grüßenden" zurückfällt, so doch) für einen besonnenen Menschen kein so gravierendes Ereignis ist, dass er bereit wäre, zu dessen Abwendung einen nicht unerheblichen Geldbetrag zu bezahlen.

177. T mietete sich für fünf Tage unter seinem richtigen Namen in einem Hotel ein.

a) T hat sich zunächst wegen **Pfandkehr**, § 289, strafbar gemacht. Der Inhaber des Hotels hatte nach §§ 704, 562 BGB

Als er ausziehen wollte, bemerkte er, dass er nicht mehr genügend Geld dabei hatte. Deshalb beschloss er, das Hotel zu verlassen, ohne zu bezahlen. Damit der Hotelportier ihn nicht am Weggehen hindern und ein Vermieterpfandrecht ausüben konnte, fesselte er diesen und verließ anschließend das Hotel mit seinem Gepäck. Strafbarkeit des T?
(Vgl. *BGHSt* 32, 88)

Zur Vertiefung: *Rengier I*, § 11 Rn. 10–13, 15, 17 f.; *Biletzki*, Jura 1995, 635 ff.

ein gesetzliches Pfandrecht an den von T eingebrachten Gegenständen erworben. Diese Gegenstände hatte T beim Auszug aus der Einflusssphäre des Hotels entfernt, damit dieser das Pfandrecht nicht zur Durchsetzung des bestehenden Mietzinsanspruchs verwerten kann. Da nach h.M. (vgl. Fall 87) auch bei einem besitzlosen Pfandrecht wie dem Vermieterpfandrecht eine Wegnahme i.S.d. § 289 möglich ist, hat T diesen Tatbestand erfüllt.

b) Dagegen scheidet ein Raub an den Gepäckstücken ersichtlich aus, da es sich (ungeachtet eines daran bestehenden Pfandrechts) um keine für T fremden Sachen gehandelt hat.

c) Möglicherweise hat T jedoch den Tatbestand einer **räuberischen Erpressung** nach §§ 253, 255 (250 I Nr. 1b) verwirklicht. Eine **Gewaltanwendung** liegt in dem Fesseln vor. T hat damit den Portier auch zur Duldung der Wegnahme der Gepäckstücke trotz des bestehenden Pfandrechts genötigt. Allerdings wird in der **Literatur** verbreitet gefordert, dass als ungeschriebenes Tatbestandsmerkmal der (räuberischen) Erpressung ähnlich wie bei beim Betrug eine **Vermögensverfügung** hinzukommen muss, an der es hier ersichtlich fehlt. Als Argument wird zum einen die **Parallelität** des Verhältnisses von § 242 zu § 263 einerseits und von § 249 zu §§ 253, 255 andererseits betont. Des Weiteren würden **Privilegierungen** beim Handeln ohne Zueignungsabsicht (das bei § 289 zwar strafbar, aber etwa beim sog. Gebrauchsdiebstahl zumeist straflos ist) dadurch unterlaufen, da auch eine bloße Gebrauchsanmaßung durchaus eine Bereicherung und damit tatbestandsmäßig sein könne. Die **Rechtsprechung** dagegen geht davon aus, dass jede erzwungene **Duldung**, und damit auch diejenige **einer Wegnahme**, tatbestandsmäßig ist. Die §§ 253, 259 werden damit zu einem weit reichenden **Grunddelikt** der gewalttätig verübten Vermögensdelikte, welche nur von § 249 als *lex specialis* verdrängt werden, soweit dieser einschlägig ist. Für diese Ansicht spricht neben dem Wortlaut des § 253, dass eine durch eine qualifizierte Nötigung ermöglichte Gebrauchsanmaßung durchaus strafwürdig ist; m.a.W.: ein Verhalten, das bei schlichter und gewaltloser Begehung keine Anwendung des Strafrechts als *ultima ratio* erfordert, kann bei einem gewaltsamen Vorgang durchaus in diesen Bereich kommen. Auch ist die Parallelität der §§ 253, 255 zu § 263 zunächst einmal nur eine behauptete, d.h., sie wäre die Folge eines Verständnisses der überwiegenden Literatur, ist aber keine feststehende Tatsache, die als Argument für dieses Verständnis herangezogen werden kann. Folgt man hier der Rechtsprechung, so ist eine räuberische Erpressung zu bejahen. Ein Vermögensschadens des Hoteliers ist dabei zwar nicht in der entgangenen Bezahlung zu sehen, da die bezahlten Leistungen bereits vor der Nötigung erbracht wurden und der Anspruch auf Bezahlung durch die Nötigung nicht berührt wurde. Allerdings wurde das Pfandrecht des Hoteliers als Bestandteil des geschützten Vermögens durch das Entfernen des Gepäcks vereitelt (soweit sich darunter pfändbare Sachen befunden haben).

d) Bejaht man tatbestandlich sowohl § 289 als auch §§ 253, 255, so stellt sich die **Konkurrenzfrage**. Entgegen der Rechtsprechung des *RG* (St 25, 435, 437), das insoweit Tateinheit annahm, spricht wohl einiges dafür, dass § 289 verdrängt wird. Denn auch durch die Wegnahme eigener Sachen, an denen ein Pfandrecht besteht, wird ein Vermögensschaden verursacht, so dass der hinter § 289 stehende Schutzzweck durchaus in den § 253, 255 enthalten ist. Neben diesen, die Schädigung durch eine qualifizierte Nötigung regelnden Vorschriften besteht aber kein Anwendungsbedarf mehr für § 289 (ebenso *Kindhäuser*, LPK, § 255 Rn. 7, der Subsidiarität annimmt; a.A. vertretbar).

Ergänzende Bemerkung:
Die h.L., die eine Vermögensverfügung verlangt, scheidet damit die sog. *vis absoluta* als Nötigungsmittel bei § 253 aus, da bei einem absolut wirkenden Zwang kein willensgetragenes Handeln mehr vorliegen kann. Dagegen spricht, dass ein Opfer, das immerhin noch eine – und sei es auch durch kompulsive Gewalt eingeschränkte – Entschließungsfreiheit hat, kaum schutzwürdiger ist als dasjenige, das einem absolut wirkenden Zwang ausgesetzt ist.

178. Dem T war es gelungen, der Bäckereiverkäuferin B bei der Bitte, einen Geldschein zu wechseln, einen falschen 100 €-Schein „anzudrehen". Er war gerade dabei, den Laden zu verlassen, als Bäckermeister O, der misstrauisch geworden war und den Schein mit einem Falschgeldprüfstift getestet hatte, auf ihn zukam und

a) Durch das Geldwechseln hat T zunächst einen **Betrug**, § 263, und durch das Umstoßen des O eine Körperverletzung, § 223, sowie eine **Nötigung**, § 240, begangen.
b) Eine Strafbarkeit wegen **räuberischen Diebstahls**, § 252, scheidet demgegenüber aus, da T keinen Diebstahl, sondern einen Betrug als Vortat begangen hat (vgl. o). Anders als beim Raub als Vortat (vgl. Fall 172) steckt eben nicht

ihn aufforderte stehen zu bleiben. Um aus dem Laden zu entkommen und das gewechselte Geld behalten zu können, stieß T den O gewaltsam zu Boden. Strafbarkeit des T? (Vgl. auch *BGH* NStZ 2002, 33)

Zur Vertiefung: *Rengier I,* § 11 Rn. 14-18.

etwa in jedem Betrug auch ein Diebstahl, sondern die Tatbestände schließen sich im Gegenteil regelmäßig sogar wechselseitig aus.

c) Möglicherweise kommt aber eine **räuberische Erpressung**, §§ 253, 255, in Betracht: In dem Stoß liegt eine Gewaltanwendung. Fraglich ist auch hier wieder (vgl. bereits Fall 177), ob das abgenötigte Dulden des Entkommenlassens als Nötigungserfolg ausreicht: Scheidet man mit der h.L. *vis absoluta* aus den Nötigungsmitteln aus und verlangt eine Vermögensverfügung, so ist dies eindeutig abzulehnen. Wie jedoch zu Fall 177 ausgeführt, sprechen gute Gründe dafür, mit der Rechtsprechung auch Fälle der *vis absoluta* grundsätzlich als tatbestandsmäßig zu erachten. Dem Einwand, dass damit die Voraussetzungen des § 252 unterlaufen werden, der gerade einen Diebstahl als Vortat voraussetzt, könnte man mit der gleichen Berechtigung entgegnen, dass bei einer schwierigen Abgrenzung zwischen Diebstahl und Betrug (vgl. etwa Fälle 110 ff.) von der „knappen Entscheidung" für § 263 und gegen § 242 kaum die Strafwürdigkeit einer gewaltsamen Beutesicherung abhängt. Ist man dennoch – entgegen dem *BGH* a.a.O. – der Ansicht, die §§ 253, 255 würden damit zu weit in den „thematischen Regelungsbereich" des § 252 hinein ausgedehnt, wäre eine Lösung dadurch möglich, dass dem Beutesicherungserfolg gegenüber der Schädigung aus der Vortat die **Qualität als neuer**, i.S.d. § 255 tatbestandsmäßiger, **Vermögensnachteil abgesprochen** (vgl. etwa *Hillenkamp*, JuS 1997,

212, 220) oder aber § 255 zumindest als mitbestrafte Nachtat eingestuft wird (vgl. *Lackner/Kühl*, § 255 Rn. 3).

179. T sah an einem der ersten Frühlingstage, wie O gerade das Verdeck seines Cabriolets zurückgeklappt hatte und einsteigen wollte. Da der durch die laue Frühlingsluft hormonell in heftige Verwirrung versetzte T davon ausging, dass sich mit so einem offenen Wagen bestimmt „jede Menge Frauen aufreißen" lassen müssten, ging er kurzerhand auf das Auto zu und drohte dem körperlich weit unterlegenen O furchtbare Prügel an, wenn dieser ihm nicht das Auto für eine Spritztour überlasse. Er unterstrich diese Drohung noch mit dem Aufklappenlassen eines Springmessers, das er O an die Kehle hielt. O übergab daher dem T sofort die Schlüssel und wich einige Schritte zurück. T setzte sich ans Steuer, fuhr los und brachte das Auto – wie von Anfang an beabsichtigt – am Nachmittag zum Haus des O zurück.

Als dieser Fall in der mündlichen Prüfung gestellt wird, meint Kandidat K, auf den Streit über das Erfordernis einer Vermögensverfügung (vgl. hier Fall 177) komme es vorliegend nicht an, da eine sol-

Als wohlwollender Prüfer wird man in beiden Ansichten etwas Richtiges oder jedenfalls mit Anstand Vertretbares finden können:

a) Dem K ist jedenfalls zuzugeben, dass der **Streit** um das **Erfordernis einer Verfügung** hinfällig ist, **wenn** eine solche angenommen werden kann. Nur ergänzend deshalb folgender Hinweis: Die Tatsache, dass dann nach allen Ansichten eine Strafbarkeit gem. §§ 253, 255, 250 II Nr. 1 vorliegen würde, während T bei einem Vorgehen mit vis absoluta „nur" nach §§ 240, 248b, 52 (sowie ggf. §§ 223, 224) strafbar wäre, zeigt deutlich, dass die ungleichen Behandlungen ganz ähnlicher Sachverhalte noch unbefriedigender ist als das (vermeintliche) Unterlaufen von Privilegierungen für Tathandlungen ohne Zueignungsabsicht (vgl. § 242 und § 248b).

b) Mehr oder weniger mit dem erstgenannten Streit zusammenhängend, wenngleich darstellungsmäßig davon zu trennen besteht aber noch eine weitere Unsicherheit bei der Abgrenzung zwischen Raub und räuberischer Erpressung, und zwar bei der von N angesprochenen Frage, **nach welchen Kriterien** das **Vorliegen einer Wegnahme bzw. einer Verfügung** zu entscheiden ist: Die Rechtsprechung sowie Teile der Literatur stellen darauf ab, ob nach dem **äußeren Erscheinungsbild** ein Geben oder ein Nehmen vorliegt. Danach würde vorliegend in der Tat viel für ein Geben

che jedenfalls in der Überlassung des Autos und der Übergabe des Schlüssels vorliege, so dass auch die h.L. zur Annahme von einer räuberischen Erpressung ausgehen müsse. Sein Nachbar N meint, von einer Verfügung könne man bei Konfrontation mit einem aufgeklappten Messer wohl kaum sprechen. Wer hat Recht?

Zur Vertiefung: *Rengier I,* § 11 Rn. 14 u. 17 f.; *Biletzki,* Jura 1995, 635 ff.

und damit eine Verfügung sprechen, da O dem T den Schlüssel übergibt und selbst zurückweicht. In der Literatur ist demgegenüber in verschiedenen Spielarten die Ansicht herrschend, es komme auf die **innere Willensrichtung** des Opfers an. Danach könne auch Weggabe nach dem äußeren Erscheinungsbild aus der Opfersicht als Wegnahme empfunden werden. Soweit freilich das äußere Geschehensbild als wichtiges Indiz für diese Willensrichtung betrachtet wird, werden sich regelmäßig keine großen Unterschiede ergeben. Zu abweichenden Ergebnissen führt daher vor allem die Ansicht, die danach fragt, ob dem Opfer nach seiner Vorstellung eine „**Schlüsselstellung**" zukommt, d.h., ob die Sache dem Zugriff des Täters (etwa wie hier auf Grund seiner klaren Überlegenheit) ohnehin preisgegeben gewesen wäre oder aber ob die Mitwirkung des Opfers (etwa beim durch eine Drohung abgenötigten Öffnen eines Tresors mit einer geheimen Zahlenkombination) unverzichtbar war. Gegen die Ansicht der Rechtsprechung wird vorgebracht, der rein äußere Ablauf sei mit mehr oder weniger großen Zufälligkeiten sowie in bestimmten Fällen auch mit Unsicherheiten behaftet und daher als Abgrenzungskriterium nicht tauglich. Andererseits dürfte er zumindest regelmäßig klarer festzustellen und zu bewerten sein als die innere Willensrichtung des Opfers; über dies ist vom Standpunkt der Rechtsprechung aus die Abgrenzung nach „zufälligen" Entwicklungen weniger gravierend, da es für sie zumeist ohnehin nur um die Frage geht, **welche**

Vorschrift eingreift (und wegen des Verzichts auf das Verfügungserfordernis nicht darum, **ob** überhaupt nach den §§ 249 ff. bestraft wird).

Ergänzende Bemerkung:
Aufbaumäßig empfiehlt sich in Grenzfällen m.E. folgendes Vorgehen:
(1) Beginn mit der Prüfung des § 249. Dort beim Punkt „Wegnahme" Erörterung des hier dargestellten Problems des richtigen Abgrenzungskriteriums:
(a) Kommen – wie oft – alle Ansichten zur Wegnahme, ist jedenfalls § 249 einschlägig, wenn auch seine weiteren Voraussetzungen (Fremdheit, Zueignungsabsicht) vorliegen.
(b) Liegt nach allen Ansichten eine Verfügung vor, muss die Prüfung abgebrochen und mit §§ 253, 255 fortgefahren werden.
(c) Kommen die Ansichten zu unterschiedlichen Ergebnissen, muss regelmäßig eine Stellungnahme zu dem Problem erfolgen und – je nachdem – fortgefahren werden.
(2) Wird § 249 abgelehnt und mit §§ 253, 255 fortgefahren, ist zu unterscheiden:
(a) Lag nach allen Ansichten eine Wegnahme vor, ist § 249 jedoch an anderen Voraussetzungen gescheitert, so ist bei der Prüfung der §§ 253, 255 das Problem zu diskutieren, ob eine Verfügung unabdingbar erforderlich ist (vgl. Fall 177) oder ob auch die Nötigung zur Duldung der Wegnahme eine Erpressung sein kann.
(b) In den Fällen von 1b ist die Prüfung unproblematisch und §§ 253, 255 sind zu bejahen, wenn die übrigen Voraussetzungen (Vermögensschaden, Bereicherungsabsicht) vorliegen.
(c) Hat man sich in den Fällen von 1c für das Abstellen auf die innere Willensrichtung entschieden und deswegen eine Wegnahme bejaht, muss man wohl (auch wenn der Raub aus anderen Gründen ausscheidet) konsequenterweise auch das Vorliegen einer Verfügung verlangen und daher mit Blick auf §§ 249, 253, 255 zur Straflosigkeit kommen. Denn das Abstellen auf die innere Willensrichtung wird gerade mit dem (angeblichen) Selbstschädigungscharakter der §§ 253, 255 begründet.

180. Hat T sich in Fall 158 wegen schwerer räuberischer Erpressung strafbar gemacht? (Vgl. *BGH* NStZ-RR 1998, 235)

a) Vorliegend handelt es sich nach dem äußeren Erscheinungsbild sowie nach der inneren Willensrichtung des O (keine „Schlüsselstellung“) gleichermaßen um eine Wegnahme. Eine räuberische Erpressung kommt daher nur in Betracht, wenn man etwa mit der Rechtsprechung auch die Nötigung zur **Duldung einer Wegnahme** für tatbestandsmäßig erachtet (vgl. näher Fall 177).

b) Folgt man dem, so liegt der objektive **Vermögensschaden** des O in der entgangenen Nutzungsmöglichkeit am Notebook. Die beabsichtigte **Bereicherung** des T liegt darin, dass er sich gewissermaßen ein „**Pfand**“ für die Durchsetzung seiner sonst (zwar bestehenden, aber offenbar nicht gesicherten) Forderung verschafft.

c) Dennoch hat der ***BGH*** mit beachtlichen Argumenten eine Strafbarkeit nach §§ 253, 255 abgelehnt: Genau wie bei § 263 (vgl. Fall 135) muss nämlich auch bei der Erpressung die beabsichtigte Bereicherung „**stoffgleich**“ mit dem eingetretenen Vermögensschaden sein. Da aber mit dem Verlust der Nutzungsmöglichkeit des O nur die (beabsichtigte) tatsächliche Nutzung des Notebooks, nicht dagegen das bloße In-den-Keller-Stellen gleichsam als Spiegelbild korrespondiere, sei die von T beabsichtigte Nutzung in Gestalt eines bloßen „Pfandes“ keine mit dem Vermögensschaden stoffgleiche Bereicherung. Freilich besteht die Gefahr, dass durch eine zu stark subjektivierte und individualisierte Bestimmung von Vermögensschaden und Bereicherung, welche beide im Besitz der Sache wurzeln, der strafrechtliche Schutz sehr weit eingeschränkt wird und stark von der Einschätzung der Beteiligteninteressen durch den Richter im Einzelfall abhängt.

181. Würde sich O in Fall 107 wegen räuberischer Erpressung strafbar machen, wenn er sich gewaltsam seine „Vorauszahlung" von T zurückholen würde?
(Vgl. *BGH* NJW 2002, 2117)

Zur Vertiefung: *Rengier I,* § 13 Rn. 54 f. u. 58; *Kindhäuser/Wallau,* NStZ 2003, 152 ff.; *Mitsch,* JuS 2003, 122 ff.

Nach Ansicht des *BGH*: **nein.** Teilt man den Ausgangspunkt, dass sich T wegen Betruges strafbar gemacht hatte, dann war die von O erstrebte Bereicherung nicht rechtswidrig, da er jedenfalls einen Rückzahlungsanspruch aus § 823 II BGB i.V.m. § 263 hatte. Für den Fall der **Rückforderung von Geld** wird man dann konsequenterweise auch keine unzulässige Rechtsausübung annehmen können, da eine entsprechende Restitution der Eigentums- und Besitzverhältnisse an Geld auch nicht ihrerseits gegen die Rechtsordnung verstößt. Wer dies mit Blick auf § 817 S. 2 BGB anders sieht, dürfte wohl schon das Vorliegen eines Betrugs durch T verneinen (vgl. o. Fall 107).

Ergänzende Bemerkung:
Im umgekehrten Fall, in dem ein Dealer um seine Bezahlung geprellt wurde und anschließend das Rauschgift gewaltsam zurückforderte, hat der *BGH* (NJW 2003, 3283) eine räuberische Erpressung bejaht. Unabhängig von der Frage, ob insoweit ein Betrug zu Lasten des Dealers vorlag, wäre nämlich dessen Rückforderungsverlangen rechtsmissbräuchlich, da es auf einen per se rechtswidrigen Erfolg in Gestalt des erneuten Erwerbs von Rauschgift durch den Dealer gerichtet wäre.

182. T war mit O in Streit geraten. Als er ihn mit einem Stilett bedrohte, erklärte O, vor dem Messer keine Angst zu haben. Daraufhin geriet T

a) Durch den Stich mit dem Stilett hat T zunächst jedenfalls den Tatbestand der **§§ 223, 224 I Nr. 2** verwirklicht.
b) Fraglich ist dagegen, wie sich T hinsichtlich der Uhr strafbar gemacht hat.

in Wut und stach O nieder. Anschließend forderte er L, die Lebensgefährtin des O, auf, dem am Boden liegenden O die Armbanduhr abzunehmen und ihm zu übergeben. Er ging dabei zutreffend davon aus, dass L ihm unter dem Eindruck der vorangegangenen Gewalttat gehorchen würde. Strafbarkeit des T? (Vgl. *BGHSt* 41, 123)

Zur Vertiefung: *Rengier I,* § 11 Rn. 19 f.; *Krack,* JuS 1996, 493.

Da er die Uhr nicht selbst an sich nahm, sondern sie sich von der eingeschüchterten L geben ließ, kommt ein **Wegnahmedelikt in mittelbarer Täterschaft** oder aber eine **Dreieckserpressung** in Betracht, je nachdem wessen Sphäre das Handeln der L zuzurechnen ist: Geht man davon aus, dass L wie jeder beliebige Dritte in Fällen einer mittelbaren Täterschaft durch Nötigung zum Zugriff auf fremdes Vermögen bewegt wurde, würde es sich um einen Diebstahl in mittelbarer Täterschaft handeln. Sieht man dagegen in L eine „Repräsentantin" des O, so läge eine Dreieckserpressung (Nötigungswirkung bei L, Vermögensschaden bei O) vor. Nach h.M. ist für die **Abgrenzung** entscheidend, ob „**zwischen dem Genötigten** und dem in seinem Vermögen **Geschädigten ein Näheverhältnis** dergestalt besteht, dass das Nötigungsopfer spätestens im Zeitpunkt der Tatbegehung auf der Seite des Vermögensinhabers steht. (...) Steht der Dritte, den der Täter (...) zur Wegnahme zwingt, den Vermögensinteressen des Geschädigten hingegen gleichgültig gegenüber, so ist er lediglich wegen Nötigung in Tateinheit mit Anstiftung zum Diebstahl oder Diebstahl in mittelbarer Täterschaft zu bestrafen" (*BGHSt* 41, 123, 125 f.)." In der Literatur ist diese Begründung teilweise auf Kritik gestoßen. Aber auch wenn man statt des (vom Betrug her bekannten) „Näheverhältnisses" auf Kriterien wie die hypothetische Wirkung einer Nötigung des Dritten beim Vermögensinhaber abstellt, dürfte man meist zu ähnlichen Ergebnissen kommen.

Ergänzende Bemerkung:
Ein Raub in mittelbarer Täterschaft würde hingegen selbst dann ausscheiden, wenn man das Handeln der L nicht „dem T zurechnet", da die Gewaltanwendung offenbar noch nicht in der Absicht erfolgt war, die Wegnahme zu ermöglichen, sondern der Wegnahmevorsatz erst später gefasst wurde (vgl. auch Fall 159).

IV. Räuberischer Angriff auf Kraftfahrer (§ 316a)

183. Wie wäre die Rechtslage in Fall 179, wenn T den O an einer roten Ampel aus dem Wagen gezerrt und sich diesen daraufhin für eine Spritztour ausgeliehen hätte, um ihn anschießend (wie von Anfang an geplant) zurückzubringen?

Zur Vertiefung: *Rengier I,* § 12 Rn. 1–4.; *Geppert,* Jura 1995, 310 ff. (noch zur Fassung vor dem 6. StrRG!); *Mitsch,* JA 1999, 662 ff.

Zunächst würde bei einem „Aus-dem-Wagen-Zerren" **auf jeden Fall** auch nach dem äußeren Erscheinungsbild eine **Wegnahme** vorliegen. Da **mangels Zueignungsabsicht** aber ein **Raub ausscheidet**, wäre hier die Frage nach der Tatbestandsmäßigkeit des gewaltsamen Nötigens zur Duldung der Wegnahme nach §§ 253, 255 insoweit entscheidend. Darüber hinaus käme hier aber auch eine Strafbarkeit nach **§ 316a** in Betracht: Dieser setzt voraus, dass der Täter „zur Begehung eines Raubes (§ 249 oder § 250), eines räuberischen Diebstahls (§ 252) oder einer räuberischen Erpressung (§ 255) einen Angriff auf Leib, Leben oder die Entschlussfreiheit des Führers eines Kraftfahrzeugs oder eines Mitfahrers ausnutzt und dabei die besonderen Verhältnisse des Straßenverkehrs ausnutzt".

a) Ein solcher **Angriff** zumindest auf die Entschlussfreiheit liegt hier ohne Zweifel vor.

b) Aber zum einen wird dieser Angriff nur dann **„zur Begehung"** einer der in § 316a genannten Taten begangen, wenn das vom Täter **beabsichtigte Verhalten tatsächlich den Tatbestand** der §§ 249, 252 oder 253, 255 erfüllen würde. M.a.W.: Von der Antwort auf die (hier bejahte, aber auch anders entscheidbare) Frage, ob das Verhalten unter §§ 253, 255 subsumiert werden kann, hängt auch die Strafbarkeit nach § 316a ab.

c) Zum anderen muss der Täter „**die besonderen Verhältnisse des Straßenverkehrs ausnutzen**", d.h. sich zu seinem Angriff die aus dem fließenden Verkehr erwachsenden und ihm eigentümlichen Gefahren zu Nutze machen. Beispiele sind die Beanspruchung des Fahrers, der sich auf den Verkehr konzentrieren muss, die Isolierung von möglicherweise hilfsbereiten Dritten, die eingeschränkte Beweglichkeit im Fahrzeuginneren oder die eingeschränkten Verteidigungsmöglichkeiten sowie Zugriffsmöglichkeiten von außen, ohne zugleich das Opfer zusätzlich zu gefährden. Als **Regelfall** hat § 316a daher Angriffe im **fließenden Verkehr** vor Augen. Die h.M. lässt aber überzeugend auch Angriffe während **kürzerer, verkehrsbedingter Halte** zu, wenn diese durch die o.g. Gegebenheit geprägt sind. Dies ist vorliegend der Fall, da der Halt an einer roten Ampel durch die Konzentration auf die sofortige Weiterfahrt geprägt ist, wodurch zugleich eine Unterstützung von außen erschwert wird. Da ferner an Ampeln beim – regelmäßig „normal" angeschnallten – Sitzen innerhalb des Autos auch der Gesichtspunkt der eingeschränkten Beweglichkeit und Ausweichmöglichkeiten in ganz ähnlicher Weise einschlägig ist, wäre ein Ausnutzen der besonderen Verhältnisse des Straßenverkehrs vorliegend zu bejahen.

184. Dem T wird vorgeworfen, den von ihm mitgenommenen Anhalter O auf der Fahrt mit einer Waffe bedroht und die Herausgabe von O's Portemonnaie gefordert zu haben. Hinsichtlich des in der Anklage u.a. erwähnten § 316a bringt T's Verteidiger V vor: Zum einen scheide T als Fahrer schon nach der Struktur des Tatbestandes aus, da dort der Führer des Kraftfahrzeugs gerade als taugliches Opfer gekennzeichnet werde; zum anderen könne T jedenfalls nicht die besonderen Verhältnisse des Straßenverkehrs ausgenutzt haben, da er als Fahrer gerade derjenige sei, der sich auf den Verkehr konzentrieren müsse (vgl. auch Fall 183), nicht aber sein Mitfahrer O. Was ist davon zu halten?

Zur Vertiefung: *Rengier I,* § 12 Rn. 3 f.

Nichts. Beide Einwände des V greifen nicht durch, so dass T sehr wohl den Tatbestand des § 316a erfüllt hat:
a) Zwar wird der **Fahrer** in der Tat als ein mögliches Opfer genannt. Dies schließt aber natürlich nicht aus, dass er **auch als Täter** in Betracht kommt, wenn er einen Angriff auf den ebenfalls genannten Mitfahrer verübt. Einer der beiden wird sogar sehr häufig gerade der Täter zu Lasten des jeweils anderen als mögliches Opfer genannten Insassen sein.
b) Die „Konzentration auf den Verkehr" ist nur eine von vielen Gegebenheiten des Straßenverkehrs, die der Täter ausnutzen kann. T hat sich hier eine **Reihe anderer Umstände** zu Nutze gemacht (die teilweise ebenfalls bereits in Fall 183 erwähnt wurden), so etwa die eingeschränkte Beweglichkeit des O im Wagen, O's Isoliertheit von möglichen fahrzeuginternen Helfern, die eingeschränkten Möglichkeiten des O, sich gegen T zu wehren, ohne einen auch für sich gefährlichen Unfall zu riskieren etc.

185. Unterstellt, O habe sich in Fall 184 geweigert, das Portemonnaie herauszugeben, und ihm sei die Flucht gelungen. In welchem Verhältnis stünden die §§ 316a und 253, 255, 250 II Nr. 1 zueinander, wenn das Gericht tatbestandlich beide für einschlägig hält?

Zur Vertiefung: *Rengier I,* § 12 Rn. 14.

§ 316a und §§ 253, 255, 250 II Nr. 1 stehen in **Tateinheit** (Idealkonkurrenz), § 52, zueinander. Dies ist für vollendete Fälle der §§ 249 ff., 252, 255 und § 316a praktisch unstreitig, da § 316a tatbestandlich nicht voraussetzt, dass es wirklich zu einer solchen Tat gekommen ist, sondern nur einen entsprechenden Vorsatz verlangt. Bleibt die anvisierte Tat im Versuchsstadium stecken, wird dagegen verbreitet angenommen, dass sie durch § 316a verdrängt wird, da zumindest regelmäßig der Angriff i.S.d. § 316a eben auch schon der Versuchsbeginn der anvisierten Tat sein wird (wohl Fall der sog. Konsumtion). Selbst wenn man dies für richtig hält, muss aber etwas anderes gelten, wenn der Versuch einer Tat gem. §§ 249 ff. nach § 250 qualifiziert ist, da das gesteigerte Unrecht der Qualifikation im Tatbestand des § 316a nirgends zum Ausdruck kommen würde.

186. T stellte auf einer einsamen Landstraße die täuschend echte Nachbildung einer Verkehrsampel auf, die er mittels Fernbedienung schalten konnte. Entsprechend seinem Tatplan wartete er auf einem Hügel ab, bis er ein von einer allein fahrenden Frau gesteuertes Fahrzeug der gehobenen Mittelklasse kommen sah und schaltete die Ampel auf „rot". Er hatte vor, den Hügel hinunterzulaufen und die alleine in ihrem Fahrzeug vor der Ampel wartende Frau O zu überfallen. Auf dem Weg den Hügel hinunter überlegte er es sich dann aber doch anders und schaltete die Ampel wieder auf „grün". Hat sich T nach § 316a strafbar gemacht?

Zur Vertiefung: *Kindhäuser II*, § 19 Rn. 5; *Mitsch II/1*, § 2 Rn. 15.

Nach vorzugswürdiger, aber keinesfalls einhelliger Ansicht: **nein**. Verbreitet wird zwar angenommen, dass der **Angriff auf die „Entschlussfreiheit"** auf verschiedene Weisen und damit außer durch eine Nötigung auch durch **List** erfolgen kann. Folgt man dem, dann ist durch das Schalten der falschen Ampel der Angriff auf die Entschlussfreiheit objektiv bereits vollendet; da dieser auch unter Ausnutzung der besonderen Verhältnisse des Straßenverkehrs (Gebot, an roten Ampeln stehen zu bleiben; eingeschränkte Verteidigungsmöglichkeiten im Auto) erfolgte und T die Absicht hatte, O zu überfallen (§§ 249 bzw. 253, 255), hätte er den Tatbestand verwirklicht. Ein Rücktritt scheidet auf Grund der Vollendung aus; die früher in § 316a a.F. vorgesehene Möglichkeit einer tätigen Reue ist in der geltenden Fassung gestrichen worden.

Nicht nur solche zweifelhaften Ergebnisse, zu denen die **List als Angriffsmittel** führt, zeigen aber, dass sie in § 316a ein **Fremdkörper** ist. List ist ein betrugstypisches, **kein raubtypisches Verhalten** (zweifelnd an der Tatbestandsmäßigkeit einer List auch *BGH* StV 2004, 137). Bei einem Tatbestand, der so große Affinität zu den Raub- und Erpressungsdelikten zeigt (Alternative des Angriffs auf Leib und Leben; Absicht, ein Raub- oder Erpressungsdelikt zu begehen), sollte sie deshalb als Tatmittel ausgeschlossen werden, was zugleich ein Schritt in Richtung der allgemein geforderten restriktiven Auslegung des § 316a wäre.

187. T stieß den mit 20 km/h auf einem Mofa die Straße entlang fahrenden Rentner O um und entriss dann dem benommen auf dem Boden liegenden O die Brieftasche. Hat sich T u.a. auch nach § 316a strafbar gemacht?
(Vgl. *BGHSt* 39, 249)

Zur Vertiefung: *Große*, NStZ 1993, 525 ff.

Ja. O ist Führer eines **Kraftfahrzeugs**, d.h. nach § 1 II StVG eines durch Maschinenkraft angetriebenen, nicht schienengebundenen Landfahrzeugs. Zwar sind bei einem Mofa auf Grund der fehlenden Umschlossenheit und der bauartbedingt geringen Geschwindigkeit manche Gefahren nicht in gleicher Weise relevant wie etwa bei einem Pkw. Dennoch hat der *BGH* (a.a.O.) überzeugend sowohl eine teleologische Restriktion des Begriffs des Kraftfahrzeugs als auch eine zu enge Auslegung der „Ausnutzung der besonderen Verhältnisse des Straßenverkehrs" abgelehnt. Denn zum einen ist der Fahrer eines Mofas gerade auf Grund der **fehlenden Abgeschlossenheit** und der geringen Geschwindigkeit bestimmten Angriffen gerade um so leichter ausgesetzt. Zum anderen sind auch für ihn bestimmte allgemeine Risiken (Konzentration auf den Verkehr; keine uneingeschränkte Ausweichmöglichkeit innerhalb des fließenden Verkehrs) einschlägig, und die erhöhte **Instabilität eines Zweirades** machen seinen Fahrer in gewisser Weise sogar besonders „verletzlich".

188. T hatte die Anhalterin O an einer Autobahnraststätte mitgenommen. Während der Fahrt fasste er den Entschluss, O zu überfallen und auszurauben. Zu diesem Zweck fuhr er unter dem Vorwand, sich die Füße kurz vertreten zu müssen, auf einen kleinen Parkplatz an der Autobahn. Er stieg aus und meinte zu O, sie könne sich ja ebenfalls „etwas bewegen". Nachdem beide kurz herumgelaufen waren und T sah, dass sich kein anderes Fahrzeug mehr auf dem Parkplatz befand, trat er rasch auf O zu, schlug sie zu Boden, entriss ihr die Handtasche und fuhr schnell davon. Hat sich T u.a. auch nach § 316a strafbar gemacht?
(Vgl. auch *BGH* StV 2004, 137)

Zur Vertiefung: *Mitsch II/2,* § 2 Rn. 27 f.; *Rengier I,* § 12 Rn. 8–10.

Richtigerweise **nein**. Zwar ist anerkannt, dass § 316a nicht eng auf Verhaltensweisen im fließenden Verkehr beschränkt ist, sondern z.B. auch **verkehrsbedingte kurze Halte** mit umfassen kann. Allerdings ist umstritten, inwiefern ein Ausnutzen der besonderen Verhältnisse des Straßenverkehrs auch nach dem Aussteigen noch vorliegen soll. Insbesondere die frühere Rechtsprechung (vgl. *BGHSt* 5, 280; 18, 170; modifizierend dann *BGHSt* 22, 114; 37, 256 sowie NJW 2000, 144) hat diesen Zusammenhang auch dann noch gesehen, wenn der Angriff nach einer mehr oder weniger langen Fahrt, die das Opfer in die schutzlose Lage verbracht hat, erst außerhalb des Fahrzeugs, aber **in engem raumzeitlichen Zusammenhang** mit Fahrzeug und Fahrt erfolgt. Allerdings sprechen gute Gründe dafür, mit einer in der Literatur verbreiteten Ansicht jedenfalls Angriffe, die erst nach dem Verlassen des Fahrzeugs durch Täter und Opfer beginnen, generell aus dem Tatbestand auszuschließen. Denn das gesetzliche Erfordernis, dass „dabei", d.h. **bei dem Angriff** die besonderen Verhältnisse des Straßenverkehrs ausgenutzt werden müssen, scheint eine zeitliche Koinzidenz zu erfordern, die nicht mehr vorliegt, wenn Täter und Opfer sich nicht mehr im Straßenverkehr befinden (sondern dessen Verhältnisse allenfalls noch nachwirken). Man vermeidet dann auch **Wortlautprobleme** mit Blick auf das Merkmal des „Führers (...) oder eines Mitfahrers", um welche es sich nach dem Aussteigen streng genommen nicht mehr handelt. Zugegebenermaßen hängen insoweit die Ergebnisse von gewissen Zufälligkeiten ab (Beginn des Angriffs kurz vor oder kurz nach dem Aussteigen?), die an der Schutzwürdigkeit des Opfers nicht viel ändern. Allerdings ist dies eine nicht systemfremde Konsequenz einer Ernstnahme von Art. 103 II GG und des fragmentarischen Charakters des Strafrechts und dient außerdem der Restriktion des als zu weit gehend empfundenen § 316a. Der *4. Strafsenat* des ***BGH*** hat in einer **neuen Entscheidung** (a.a.O.) ebenfalls eine Abkehr von der weiten Auslegung des § 316a vollzogen und den Tatbestand sogar im Fall eines Taxifahrers abgelehnt, der nach Abschluss der Fahrt den Motor abgestellt hatte und kassieren wollte, das Auto aber nicht verlassen hatte.

Ergänzende Bemerkung:
Zumindest im vorliegenden Fall kann man auch nicht damit argumentieren, dass T den Angriff etwa bereits auf der Fahrt begonnen hätte. Denn während der Fahrt hat er nichts getan. Der Hinweis, kurz anhalten und die Beine vertreten zu wollen, ist kein ausreichender Angriff auf die Entschlussfreiheit der O, da zum einen die Tatbestandsmäßigkeit von List ohnehin fraglich ist (vgl. o. Fall 186) und zum anderen die Entschlussfreiheit der nicht selbst fahrenden O dadurch ohnehin nicht berührt wurde. Anders wäre dies etwa, wenn ein Beifahrer einen Fahrzeugführer zwingt, auf einen einsamen Parkplatz zu fahren sowie dort auszusteigen, und ihn dann überfällt. Dann hat nämlich der Angriff auf die Entschlussfreiheit als objektiv tatbestandliche Handlung bereits im fließenden Verkehr stattgefunden.

189. T bot unter falschem Namen bei einer Mitfahrzentrale eine Mitfahrmöglichkeit

a) Eine **täterschaftliche Begehung scheidet** wohl **aus.** M müsste als Mittäter einer Tat nach § 316a nämlich ent-

von Hamburg nach Frankfurt an. Während der Fahrt mit seinem dort gefundenen Mitfahrer O suchte er einen schon vorher auf der Karte ausgewählten einsamen Parkplatz auf und stieß O gewaltsam aus dem Wagen. Wie bereits im Vorfeld von T bestellt, lauerte auf dem Parkplatz bereits M, der den von dem Sturz aus dem Auto benommenen O überwältigte, ihm Geld und Papiere abnahm und anschließend flüchtete. Die Beute wurde später zwischen T und M geteilt. Hat sich auch M nach § 316a strafbar gemacht?

Zur Vertiefung: *Mitsch II/2*, § 2 Rn. 38; *Rengier I*, § 11 Rn. 10a.

weder **im Ausführungsstadium** des Angriffs unter Ausnutzung der besonderen Verhältnisse des Straßenverkehrs **mitgewirkt** haben oder – falls man dies mit der h.M. genügen lässt – zumindest im **Vorbereitungsstadium einen gewichtigen Beitrag** geleistet haben. Ersteres liegt hier nicht vor, da M erst auf den Plan trat, als sich O nicht mehr im Auto befand; zweiteres dürfte ebenfalls ausscheiden, da ein solcher herausragender Beitrag des M bei Vorbereitung oder Planung nicht ersichtlich ist. Auch eine weite Ausdehnung einer (schon anfänglich abgesprochenen) sukzessiven Mittäterschaft kann nicht überzeugen, da der Angriff unter Ausnutzung der besonderen Verhältnisse des Straßenverkehrs bereits abgeschlossen war (a.A. zur mittäterschaftlichen Beteiligung sicher vertretbar).

b) M hat sich aber selbst wegen der (mit-) täterschaftlichen Begehung eines (u.U. schweren) **Raubes** sowie auf Grund der vorherigen Zusage, den Angriff des T auszunutzen und die Beute zu teilen, wohl auch wegen **psychischer Beihilfe zu § 316a** strafbar gemacht (weshalb auch mit Blick auf die Möglichkeit einer angemessenen Bestrafung eine zu extensive Auslegung der §§ 316a, 25 II bei M nicht erforderlich ist).

E. Untreue und untreueähnliche Delikte

190. Was ist geschütztes Rechtsgut der Untreue (§ 266) und worin unterscheidet sie sich von anderen Vermögensdelikten?

Zur Vertiefung: *Rengier I*, § 18 Rn. 1 f.; *Seier/Martin*, JuS 2001, 874 ff.

§ 266 schützt allein **fremdes Vermögen**, und zwar gegen vorsätzliche Verletzungen von Vermögensbetreuungspflichten durch Personen, denen vom Vermögensinhaber eine besondere Vertrauensstellung mit dem Zweck eingeräumt worden ist, die Vermögensinteressen des Inhabers zu betreuen. In einer durch Arbeitsteilung geprägten Wirtschaftsordnung sieht sich der Vermögensinhaber vielfach rechtlich oder tatsächlich gezwungen, seine Angelegenheiten einem Dritten zu überlassen. Aus der „Öffnung" des Vermögens gegenüber fremdem Zugriff ergibt sich dessen besondere Schutzwürdigkeit. Anders als bei §§ 242, 263, 253 ist weder eine Zueignungs- noch eine Bereicherungsabsicht erforderlich. § 266 ist damit ein reines **Vermögensbeschädigungsdelikt**. Vorsatz (auch bedingter) hinsichtlich der objektiven Tatbestandsmerkmale genügt.

191. Wie ist die Vorschrift aufgebaut und wie verhalten sich die Tatbestandsalternativen zueinander?

Zur Vertiefung: *Kindhäuser II*, § 34 Rn. 2 ff.

a) Die Vorschrift enthält zwei Tatbestände mit unterschiedlichen Tathandlungen: den **Missbrauchstatbestand** (1. Alt.) und den **Treubruchstatbestand** (2. Alt.). Taterfolg ist in beiden Fällen die Verursachung eines Vermögensnachteils beim Opfer.
b) Die h.M. erblickt im Missbrauchstatbestand einen speziell geregelten Anwendungsfall des Treubruchstatbestandes. Dies hat zur Konsequenz, dass beide Tatbestände die Verletzung einer **Vermögensbetreuungspflicht** verlangen (vgl. den

Wortlaut: „... und dadurch dem, dessen Vermögen er zu betreuen hat ..."). Für den Missbrauch (1. Alt.) ist erforderlich, dass die eingeräumte Befugnis rechtlich begründet ist und rechtsgeschäftlich oder hoheitlich gehandelt wird. Demgegenüber genügt für den Treubruch (2. Alt.) u.a. auch ein bloß tatsächliches Treueverhältnis, und die Pflichtverletzung kann nicht nur in rechtsgeschäftlichem, sondern auch in tatsächlichem Verhalten liegen.

Die Prüfung des § 266 lässt sich in folgendem Schema darstellen:

I. Tatbestand
- **1. Objektiver Tatbestand**
  - a) Tathandlung
    - (1) Missbrauchstatbestand
      - (a) Verfügungs- oder Verpflichtungsbefugnis für fremdes Vermögen auf Grund Gesetz, behördlichem Auftrag oder Rechtsgeschäft
      - (b) Missbrauch der Befugnis
      - (c) Vermögensbetreuungspflicht (s.o.)
    - (2) Treubruchstatbestand
      - (a) Vermögensbetreuungspflicht aufgrund Gesetz, behördlichem Auftrag, Rechtsgeschäft **oder** Treueverhältnis
      - (b) Pflichtverletzung
  - b) Taterfolg: Vermögensnachteil beim Treugeber
  - c) Kausalität zwischen a) und b)
- **2. Subjektiver Tatbestand: Vorsatz**

II. Rechtswidrigkeit

III. Schuld

Ergänzende Bemerkung:
Beide Untreuetatbestände können gleichermaßen durch Tun und Unterlassen (z.B. Schweigen im Falle des § 362 HGB oder Nichtvornahme vermögensmehrender Handlungen) verwirklicht werden. Bei einem Unterlassen ist § 266 echtes Unterlassungsdelikt, § 13 findet keine Anwendung.

192. Der börsenerfahrene T war von der reichen O beauftragt worden, eine bestimmte Summe Geld aus O' s Vermögen in Aktien und andere Wertpapiere anzulegen. Hierfür bekam T ein hochwertiges Notebook samt Börsensoftware von O mit der Abrede ausgehändigt, es nach Erledigung des Auftrages zurückzugeben. T nutzte die Gunst der Stunde und veräußerte das Notebook einige Zeit später an den gutgläubigen X. Staatsanwalt S will nicht nur wegen § 246 II, sondern auch wegen § 266 I Alt. 1 Anklage erheben. Was ist davon zu halten?

Zur Vertiefung: *Rengier I,* § 18 Rn. 5.

Nichts. T hat sich zwar wegen § 246 II, nicht aber wegen § 266 I Alt. 1 strafbar gemacht. T wurde durch Rechtsgeschäft (§§ 675, 167 BGB) die Befugnis eingeräumt, über fremdes Vermögen, das Geld der O, zum Erwerb von Wertpapieren an der Börse zu verfügen. Die Rechtsmacht, das Notebook zu veräußern, beruhte aber gerade nicht auf dem **Innenverhältnis** zwischen T und O (Beauftragung), sondern allein auf Rechtsscheins- bzw. Gutglaubensvorschriften (§§ 929 ff. BGB). Eine derartige, im Interesse des Rechtsverkehrs eingeräumte Rechtsmacht reicht für eine „Befugnis" i.S.d. § 266 I Alt. 1 nicht aus

Ergänzende Bemerkung:
Ebenso wird man entscheiden müssen, wenn das Fortbestehen einer einst erteilten Vollmacht nach §§ 674, 168 bzw. 170 ff. BGB fingiert wird, da auch diese Vorschriften letztlich dem Schutz des Rechtsverkehrs dienen (str.).

193. T war Verkäuferin im Modefachgeschäft des O.
a) Sie verkauft der Kundin K ein „Dolce & Gabbana"-Kleid „unter dem Ladentisch" zum halben Preis, womit sie O ärgern wollte.
b) O hatte der T eine Generalvollmacht für die Verwaltung ihres (der O) Privatvermögens

Nein. Missbrauch der eingeräumten Befugnis i.S.v. § 266 I Alt. 1 ist nur die Ausübung der Befugnis in **rechtlich wirksamer Weise**. Der Missbrauchstatbestand hat damit die Aufgabe, den Vermögensinhaber vor den Gefahren zu schützen, die sich aus der Überschreitung des „rechtlichen Dürfens" (Innenverhältnis) im Rahmen des „rechtlichen Könnens" (Außenverhältnis) ergeben.

erteilt. T „verabredete“ mit ihrer Bekannten B den Verkauf eines zum Vermögen der O gehörenden antiken Wandschranks weit unter dem Marktwert.
Hat sich T jeweils nach § 266 I Alt. 1 strafbar gemacht?

Zur Vertiefung: *Rengier I*, § 18 Rn. 3 u. 5.

In Variante **a)** war T bei lebensnaher Auslegung des Sachverhalts **nicht befugt**, (so weit und ohne Anlass) **unter dem regulären Preis** zu verkaufen. Sie hat damit nicht nur ihre Verpflichtungen im Innenverhältnis, sondern auch ihr „rechtliches Können“ im Außenverhältnis überschritten und somit keine Befugnis missbraucht.
In Variante **b)** wurde wegen Missbrauchs der Vertretungsmacht durch T (Kollusion zwischen T und O) die O aus dem Verkauf des Schranks nicht wirksam rechtlich verpflichtet. Auch hier scheidet damit ein Missbrauch aus. In Betracht kommt jedoch § 266 I Alt. 2.

194. Hotelbauunternehmer H sprach bei der Privatbank „Blind Loans AG“ über die Gewährung weiterer Kredite für einen im Bau befindlichen Hotelkomplex auf Mallorca vor, da andere Banken ihre Kredite bereits fällig gestellt hatten. H machte im Wesentlichen Falschangaben über das Projekt und äußerte sich zu Details nicht. Ohne Einblick in die Jahresabschlüsse des H und dessen Vermögensverhältnisse zu nehmen oder sich über den gegenwärtigen Bautenstand und die konkrete Mittelverwendung zu informieren, gewährten die Vorstandsmitglieder der Bank S und T dem H einen Kredit über 10 Mio. €. Zwar beauftragten sie einen Sachverstän-

S und T könnten sich gem. **§ 266 I Alt. 1** strafbar gemacht haben. Als Vorstandsmitglieder hatten sie gem. **§ 78 AktG** die Befugnis, über das Vermögen der Bank zu verfügen. Ein Missbrauch dieser Befugnis liegt vor, sofern sie sich über die im Innenverhältnis zur Bank gezogenen Schranken („rechtliches Dürfen“) hinweggesetzt haben. Mangels Festsetzung von Kreditbewilligungsgrenzen oder anderweitiger rechtlich normierter Kompetenzbegrenzungen kommt es für die Grenzen des rechtlichen Dürfens und damit für das Vorliegen einer Pflichtverletzung nach dem *BGH* darauf an, ob S und T bei der Kreditvergabe ihre **bankübliche Informations- und Prüfungspflicht** bezüglich der wirtschaftlichen Verhältnisse des Kreditnehmers **gravierend verletzt** haben. Hierfür ergeben sich u.a. Anhaltspunkte aus einer Verletzung der in § 18 KWG (Gesetz über das Kreditwe-

digen mit der Grundstücksbewertung, überprüften dessen Angaben jedoch nicht. Auch wurde nicht hinterfragt, wieso die anderen Banken ihre bislang gewährten Kredite fällig gestellt hatten. Sicherheiten wurden nicht gestellt. Der Kredit wurde schnell notleidend und stürzte die Bank letztlich in den finanziellen Ruin. Wie haben sich S und T strafbar gemacht?
(Vgl. *BGH* NJW 2002, 1211 und *BGHSt* 46, 30)

Zur Vertiefung: *Dierlamm/Links*, NStZ 2000, 655 ff.; *Otto*, JR 2000, 517 f.

sen) normierten Pflichten (Offenlegung der wirtschaftlichen Verhältnisse usw.). S und T unterließen nicht nur die gebotene Aufklärung darüber, weshalb die anderen Banken ihre Kredit fällig gestellt hatten. Sie befassten sich auch in keiner Weise mit den wirtschaftlichen Verhältnissen des Kreditnehmers (Vorlage der Jahresabschlüsse), mit dem konkreten Stand des Bauprojekts oder der in Aussicht genommenen Verwendung der Gelder. Zwar waren S und T offensichtlich einem Kreditbetrüger „aufgesessen"; die Falschangaben wären bei sorgfältiger Prüfung aber erkennbar gewesen. S und T haben damit ihre banktübliche Prüfungspflicht gravierend verletzt und somit ihre Befugnis zur Kreditvergabe **missbraucht**. Sie hatten bezüglich der Bank auch eine Vermögensbetreuungspflicht. Durch die Pflichtwidrigkeit entstand der Bank ein „Nachteil" (= Vermögensschaden), nämlich die ungenügende Sicherung und schließlich der Ausfall des Kredits. Bei lebensnaher Auslegung des Sachverhalts ist auch anzunehmen, dass S und T zumindest bedingt vorsätzlich bezüglich Pflichtverletzung und Vermögensnachteil handelten.

Ergänzende Bemerkung:
Der Begriff des „Nachteils" in § 266 ist gleichbedeutend mit dem des Vermögensschadens in § 263. In § 266 spiegeln sich damit die Probleme des Schadensbegriffs – z.B. „Saldierung bei gleichzeitigem Vermögenszuwachs", „Zweckverfehlung", „Vermögensgefährdung", „Ausbleiben einer Vermögensvermehrung" usw. – wider. Vgl. dazu Fälle 121 ff.

195. Wie wäre T in Fall 193 zu bestrafen, wenn er sich dem – unvollständigen – Bonitätsbericht des federführenden S angeschlossen, vor einigen Unstimmigkeiten aber die Augen verschlossen hätte, und die Kreditvergabe im Übrigen nur durch einstimmige Entscheidung beider Vorstandsmitglieder beschlossen werden konnte?
(Vgl. *BGHSt* 46, 30)

Zur Problematik von Gremiumsentscheidungen führte der *BGH* aus: „Wird die Entscheidung über eine Kreditvergabe wie hier von einem mehrköpfigen Gremium getroffen, kommen allerdings auch für den Fall des Einstimmigkeitsprinzips **unterschiedliche Verantwortlichkeiten** der Beteiligten in Frage. Die Bankleiter können sich grundsätzlich auf den Bericht des federführenden Vorstandsmitglieds oder des als zuverlässig bekannten Kreditsachbearbeiters verlassen. Ergeben sich jedoch Zweifel oder Unstimmigkeiten, ist Rückfrage oder eigene Nachprüfung geboten. Eine eigene Nachprüfung ist auch dann erforderlich, wenn die Kreditvergabe ein besonders hohes Risiko beinhaltet, oder wenn bekannt ist, dass die Bonität des Kunden eines hohen Kredits ungewöhnlich problematisch ist [S. 35].“ T hätte demnach seine Augen nicht verschließen dürfen und hat sich daher, (bedingter) Vorsatz unterstellt, nach § 266 I Alt. 1 strafbar gemacht.

196. Testamentsvollstrecker T betrieb mit dem Nachlass des O äußerst spekulative Warentermingeschäfte, wodurch ein Großteil des Nachlasses verloren ging. T berief sich auf eine zu Lebzeiten getroffene mündliche Absprache, in der er zu dieser Art Geschäften von O ermächtigt worden war. Das Testament des O hingegen enthielt keinerlei derartige Anordnungen, die T zu den Spekulationsgeschäften ermächtigten. O's Erben

Ja. T hat die ihm durch Gesetz eingeräumte Befugnis, über fremdes Vermögen zu verfügen (§ 2205 BGB), missbraucht. Zwar kann grundsätzlich die **Zustimmung** des Vermögensinhabers zu sog. **Risikogeschäften** die im Innenverhältnis geltenden Grenzen des rechtlichen Dürfens erweitern und damit eine Pflichtverletzung selbst dann entfallen lassen, wenn sich die fragliche Handlung zwar im Rahmen der Anweisungen hält, ansonsten der geschäftsüblichen Sorgfalt aber nicht entspricht, z. B. die Verlustgefahr viel größer war als die Gewinnaussicht. Die Einwilligung in derartige Ge-

sind empört. Hat sich T wegen Untreue strafbar gemacht?
(*BGH* GA 1977, 342)

Zur Vertiefung: *Mitsch II/1*, § 8 Rn. 29, 46.

schäfte lässt als **tatbestandliches Einverständnis** schon den Tatbestand der Untreue entfallen. Im vorliegenden Fall kommt aber die Besonderheit hinzu, dass T als **Testamentsvollstrecker nur die Anordnungen** zu befolgen hat, die vom Erblasser **durch letztwillige Verfügungen** getroffen worden sind (vgl. §§ 2203, 2216 II BGB). Das Testament des O enthielt, wie T wusste, eine derartige Ermächtigung nicht. Daher war T nach § 2216 BGB ganz allgemein zur ordnungsgemäßen Verwaltung des Nachlasses verpflichtet, womit die Durchführung riskanter Spekulationsgeschäfte nicht zu vereinbaren ist. T hat damit seine Befugnis missbraucht. Der Nachteil zu Lasten der Erben liegt schon in der konkreten Vermögensgefährdung, welcher der Nachlass durch die Spekulationsgeschäfte ausgesetzt war. T hat sich damit wegen Untreue nach § 266 I Alt. 1 strafbar gemacht.

Ergänzende Bemerkung:
Das tatbestandliche Einverständnis des Vermögensinhabers hat, da es die Pflichtverletzung entfallen lässt, normativen Charakter und nicht lediglich rein tatsächliche Bedeutung. Daraus ergibt sich, dass für dessen **Wirksamkeit** – wie bei der Einwilligung – Einwilligungsfähigkeit und Freiheit von Willensmängeln beim Vermögensinhaber erforderlich sind.

197. T war Geschäftsführer der „Kleinflugzeugbau GmbH“. Er schloss als Vertreter der GmbH mit dem Großgrundbesitzer X einen Mietvertrag über die Nutzung eines Werksgrundstücks für 25.000 € Miete monatlich, nachdem alle

T kann sich natürlich zunächst darauf berufen, dass **alle Gesellschafter** der GmbH, und damit letztlich die „wirtschaftlichen“ Inhaber des Gesellschaftsvermögens, der Mietvereinbarung zuvor zugestimmt haben. Dies würde nach oben Gesagtem zur Verneinung einer Pflichtverletzung durch T führen. Dennoch hat T nach h.M.

Gesellschafter der GmbH auf einer zuvor abgehaltenen Gesellschafterversammlung die Mietvereinbarung beschlossen hatten. Das Werksgrundstück war für die Belange der GmbH deutlich überdimensioniert und die Miete wirtschaftlich unangemessen. Die hohen Mietzahlungen brachten die GmbH schließlich an den Rand der Zahlungsunfähigkeit. T wird wegen Untreue angeklagt und versteht die Welt nicht mehr. Was kann T tun?
(Vgl. *BGH* NJW 2000, 154)

Zur Vertiefung: *Rengier I,* § 18 Rn. 20a.

schlechte Karten. Insbesondere die Rspr. steht auf dem Standpunkt, dass im Hinblick auf die eigene Rechtspersönlichkeit der GmbH (§ 13 I GmbHG) eine Strafbarkeit wegen Untreue in Betracht kommt, wenn die **Zustimmung der Gesellschafter** zu einem Rechtsgeschäft der GmbH gegenüber **treuwidrig** und somit wirkungslos ist. Dies sei dann der Fall, wenn durch eine Verfügung der Gesellschafter über das Gesellschaftsvermögen eine konkrete Existenzgefährdung für die Gesellschaft entsteht, was jedenfalls bei einem Angriff auf das durch § 30 GmbHG geschützte Stammkapital zu bejahen sei. Da der Mietvertrag die GmbH letztlich in den finanziellen Ruin stürzte, war nach h.M. die Zustimmung der Gesellschafter wirkungslos und T somit einer Untreue gem. § 266 I Alt. 1 schuldig.

Ergänzende Bemerkung:
Die Ansicht der h.M. ist nicht zweifelsfrei. § 266 schützt fremdes Vermögen, und daher muss der Wille der Gesamtheit der Gesellschafter als das über das Vermögen der GmbH verfügungsbefugte Gremium beachtlich sein. Andernfalls weist man § 266 eine Aufgabe zu, für die dieser nach seinem Schutzzweck nicht bestimmt ist: dem Schutz der Gläubigerinteressen. Ein solcher kann aber nicht von § 266, sondern nur von den §§ 283 ff. geleistet werden. Ähnliches muss für das Handeln des Vorstands einer Aktiengesellschaft gelten, sofern es vom Willen der Aktionäre getragen ist.

198. O stellte dem Galleristen T mehrere hochwertige Gemälde mit der Abrede zur Verfügung, T solle sie nach Möglichkeit zu einem bestimmten Preis verkaufen und den erzielten Erlös abzüglich

Nein. Während es beim Missbrauchstatbestand auch um den Schutz im Außenverhältnis geht, bezweckt der Treubruchstatbestand (2. Alt.) im Wesentlichen nur den Schutz im **Innenverhältnis.** Er setzt – ebenso wie der Missbrauchstatbestand (vgl. oben) – eine

einer Provision von 50% an O abführen. T verkaufte die Gemälde in der Folgezeit, zahlte aber auch nach mehrmaliger Aufforderung an O nicht. Hat sich T wegen § 266 I Alt. 2 strafbar gemacht?
(Vgl. *OLG Düsseldorf* NJW 2000, 529)

Zur Vertiefung: *Rengier I,* § 18 Rn. 9–11.

Vermögensbetreuungspflicht des Täters gegenüber dem Vermögensinhaber voraus. Dieses Merkmal hat für den ansonsten sehr weit geratenen Treubruchstatbestand eine begrenzende Funktion. Rechtsprechung und Lehre haben eine Reihe von Kriterien herausgearbeitet, die als Anhaltspunkte für oder gegen eine Vermögensbetreuungspflicht sprechen. Hat die Tätigkeit den Charakter einer **Geschäftsbesorgung** i.S.d. § 675 BGB, ist sie also fremdnützige Hauptpflicht von gewissem Umfang und wirtschaftlicher Bedeutung mit bestehendem Handlungs- und Entscheidungsspielraum des Verpflichteten, spricht dies für eine Vermögensbetreuungspflicht i.S.d. § 266. Betrifft die Tätigkeit dagegen geringwertige Vermögenspositionen, sind die vermögensbezogenen Pflichten eher Nebenpflichten des Vertrages oder handelt es sich um rein mechanische, weisungsgebundene Tätigkeiten, ist eine Vermögensbetreuungspflicht zu verneinen. Allein die Vereinbarung, übergebene Ware zu einem bestimmten Preis zu verkaufen und den Erlös abzuführen, begründet nach Auffassung des OLG noch keine Vermögensbetreuungspflicht. T hat sich daher nicht wegen § 266 I Alt. 2 strafbar gemacht. Es kommt aber eine Prüfung der Strafbarkeit unter dem Gesichtspunkt des Betruges (§ 263) oder der Unterschlagung (§ 246 I, II) in Betracht.

Ergänzende Bemerkung:
Der *BGH* hat (zu § 266 I Alt. 1) insbesondere entschieden, dass der Kreditkartenverwender gegenüber dem ausgebenden Unternehmen bzw. der Scheckkarteninhaber gegenüber seiner Bank **keine Vermögensbetreuungspflicht** hat.

Ein diesbezüglicher Missbrauch fällt unter den 1986 als Ergänzung eingefügten § 266b.

199. T wurde von X Falschgeld mit dem Auftrag übergeben, dieses abzusetzen.
a) T führte den Auftrag aus Nachlässigkeit nicht aus und ließ so eine günstige Gelegenheit für das Absetzen des Geldes verstreichen.
b) T verbrauchte das Geld für sich selbst.
Strafbarkeit des T nach § 266 I Alt. 2?

Zur Vertiefung: *Rengier I*, § 18 Rn. 19.

Ob eine Betreuungspflicht auch entstehen kann, wenn das Innenverhältnis wegen **Gesetzes- oder Sittenverstoßes** nichtig ist, ist umstritten. Die Problematik hat Parallelen zu einer Reihe anderer Vermögensdelikte (z.B. §§ 263, 246 II). Unstreitig ist jedenfalls, dass die **Nichtausführung gesetzeswidriger Aufträge nicht** nach **§ 266** strafbar sein kann, da das Strafrecht andernfalls zu gesetzeswidrigem Handeln geradezu auffordern würde (Variante a). Vertritt man – mit der h.M. beim Betrug – einen juristisch-ökonomischen Vermögensbegriff, können wegen Gesetzes- oder Sittenverstoßes nichtige Innenverhältnisse auch allgemein keine Treuepflicht auslösen, da dem Auftraggeber gerade **kein rechtlich anzuerkennendes Interesse** an den fraglichen Vermögenswerten zugestanden werden kann (Variante b). Im Übrigen würde es auch am Schaden („Nachteil") fehlen. T ist daher einer Untreue nicht schuldig. Er hat sich aber in Variante b) wegen einfacher Unterschlagung (§ 246 I) strafbar gemacht.

200. T war Mitgesellschafter und Geschäftsführer einer als GmbH betriebenen Bautischlerei, die in Folge der allgemeinen Krise im Baugewerbe zum 30. September zahlungsunfähig wurde. T überlegte, ob er – wie von § 64 I GmbHG angeordnet – die Eröffnung des Insolvenzverfahrens binnen drei

Nein, aber er wird im Ergebnis **dennoch nicht verurteilt** werden.
a) § 266a I stellt das **Vorenthalten** von Beiträgen des Arbeitnehmers zur Sozialversicherung (d.h. der sog. **„Arbeitnehmeranteile"**, die aber vom Arbeitgeber vom Lohn einbehalten und für den Arbeitgeber zusammen mit den „Arbeitgeberanteilen" an die Sozialversicherungsträger abgeführt werden) unter Strafe.

Wochen beantragen sollte. Er beschloss aber zunächst, die GmbH noch weiter zu führen, da er hoffte, diese werde „wieder auf die Beine kommen“. Mit dem letzten vorhandenen Geld bezahlte er Schulden bei einem für die Zukunft als besonders wichtig eingeschätzten Lieferanten. Die Bezahlung des Angestellten der GmbH dagegen setzte er aus und führte dementsprechend auch keine Sozialabgaben für diese ab. Als T am 14. Oktober dann zu der Einsicht kam, dass die GmbH doch nicht mehr zu retten sein würde, beantragte er die Eröffnung des Insolvenzverfahrens. Als T wegen einer Straftat nach § 266a I angeklagt wurde, machte er geltend, dass er doch wohl keine Sozialversicherungsbeiträge von überhaupt nicht bezahlten Löhnen im Oktober abführen musste und dass er außerdem kein Geld mehr gehabt habe; die unternehmerische Entscheidung, wichtige Lieferanten vorab zu bezahlen, könnten die Strafgerichte doch wohl nicht überprüfen. Wird er mit diesen Einwänden erfolgreich sein?

(Vgl. *BGHSt* 47, 318 und *BGH* NJW 2003, 3787)

Zur Vertiefung: *Mitsch II/2*, § 4 Rn. 4 ff.; *Heger*, JuS 1998, 1090 ff.; *Rönnau*, wistra 1997, 13 ff.; *Wegner*, wistra 1998, 293 ff.

Für den Monat Oktober hatte T diese Beiträge nicht abgeführt.

b) Daran ändert nichts, dass er für diesen Monat auch **keine Löhne** abgeführt hatte. Dies war lange Zeit streitig, da die sog. Lohnzahlungstheorie davon ausgegangen war, dass ein „Vorenthalten“ begrifflich nur möglich sei, wenn vorher auch Geld bei einer Lohnzahlung „einbehalten“ worden ist. Der Gesetzgeber hat allerdings 2002 eine Klarstellung im Sinne der damals schon vorherrschenden **Lohnpflichttheorie** (die nicht auf die Zahlung von Lohn, sondern nur auf die bestehende Zahlungspflicht abstellte) in **§ 266a I** aufgenommen („unabhängig davon, ob Arbeitsentgelt gezahlt wird“).

c) Ferner kann sich T auch nicht ohne weiteres auf die **fehlenden Mittel** berufen. Zwar wird man im Strafrecht nicht auf den zivilrechtlichen Grundsatz „Geld hat man zu haben“ abstellen können. Die (freilich nicht unbestrittene) Rechtsprechung geht aber davon aus, dass sich aus der Strafbewehrung des § 266a I ein **Vorrang der Sozialversicherungsverpflichtungen** vor sonstigen Zahlungspflichten ergebe, so dass auf dieser Grundlage zumindest nach den Grundsätzen der „*omissio libera in causa*“ ein Berufen auf die fehlenden Mittel nicht möglich ist, soweit im Oktober noch die Lieferanten bezahlt wurden.

d) Auch wenn man unter c) der Rechtsprechung folgt, ergibt sich hier die **Straflosigkeit** des T aber aus **§ 64 I, II GmbHG**: Nach § 64 II GmbHG ist der Geschäftsführer der GmbH zum Ersatz von solchen Zahlungen verpflichtet, die er nach Eintritt der Zahlungsunfähigkeit tätigt. **Zivilrechtlich** droht ihm also eine **Sanktion** für Zahlungen nach diesem Zeitpunkt. Nach Ansicht des *BGH* (NJW 2003, 3787) kann der Geschäftsführer aber nicht für das Unterlassen zivilrechtlich mittelbar untersagter und sanktionierter Zahlungen bestraft werden, so dass nach dem Grundsatz der „**Einheitlichkeit der Rechtsordnung**" eine Rechtfertigung angenommen werden kann, wenn die Zahlung der Sozialabgaben nur innerhalb der Drei-Wochen-Frist zur Beantragung der Insolvenz nach § 64 I GmbHG unterbleibt.

Ergänzende Bemerkungen:
(1) Der vom *BGH* zutreffend erkannte Konflikt könnte allerdings auch dadurch aufgelöst werden, dass man das Abführen der Sozialabgaben als nicht sanktionsbewehrte Zahlungen ansieht, die i.S.d. § 64 II 2 GmbHG mit der Sorgfalt eines ordentlichen Geschäftsmanns vereinbar sind.
(2) Viele veröffentlichte Entscheidungen zur (wenig prüfungsrelevanten) Vorschrift des § 266a stammen von Zivilgerichten: Da § 266a als Schutzgesetz i.S.d. § 823 II BGB angesehen wird, wird dadurch nämlich ein Anspruch der Sozialversicherungsträger gegen den Geschäftsführer persönlich ermöglicht, der u.U. leichter zu realisieren ist als gegen die in den Fällen des § 266a oft zahlungsunfähige GmbH.

F. Sachbeschädigung und verwandte Delikte

201. T klebte unbefugt ein 40 x 60 cm großes buntes Plakat an einen Verteilerkasten der Deutschen Bundespost, das kurze Zeit später von einem Polizeibeamten wieder abgezogen wurde. Hat T eine Sachbeschädigung (§ 303) begangen?
(*BGHSt* 29, 129)

Zur Vertiefung: *Rengier I*, § 24 Rn. 9.

Nein. Der *BGH* hebt in seiner Grundsatzentscheidung hervor, dass ein „Beschädigen" i.S.d. § 303 nur dann vorliegt, wenn durch körperliche Einwirkung auf die Sache deren **Substanz** verletzt oder deren bestimmungsgemäße **Brauchbarkeit erheblich** beeinträchtigt worden ist. Die nachteilige Veränderung allein der äußeren Erscheinungsform ist in aller Regel keine Brauchbarkeitsminderung der Sache und damit auch keine Sachbeschädigung, selbst wenn diese Veränderung auffällig ist und dem Gestaltungswillen des Eigentümers zuwiderläuft. Diese Auslegung entspricht dem Wortsinn „beschädigen" und trägt der Unterscheidung des Gesetzes zwischen der Verunstaltung (§ 134) und der Beschädigung einer Sache (§ 303) Rechnung. T hat sich nicht nach § 303 strafbar gemacht.

Ergänzende Bemerkung:
Diese – den Eigentumsschutz einschränkende – Sichtweise des *BGH* wird von Teilen der Literatur kritisiert. Der betroffene Eigentümer könne auch die bloße Zustandsveränderung seiner Sache als Beschädigung empfinden. Zudem lasse der *BGH* keine klare Grenze zu den Fällen erkennen, in denen auch er eine Veränderung der äußeren Erscheinung als Sachbeschädigung beurteilt (dazu Fall 201).

202. Macht es einen Unterschied in Fall 201, wenn der Verteilerkasten von der Bahn

Es macht nach dem *BGH* bei technischen Sachen und anderen **Gebrauchsgegenständen** wie etwa einem Verteiler-

nach ästhetischen Gesichtspunkten gestaltet worden ist?

Zur Vertiefung: *Rengier I,* § 24 Rn. 11.

kasten keinen Unterschied, ob diese nach mehr oder weniger ästhetischen Gesichtspunkten gestaltet wurden. Diese Beurteilung entzöge sich nämlich der zuverlässigen richterlichen Bestimmung. Etwas anderes soll aber für Sachen gelten, bei denen die Gebrauchsbestimmung offensichtlich und vorrangig mit dem ästhetischen Zweck zusammenhängt (z.B. Gemälde, Baudenkmäler). Hier führt die „belangreiche Veränderung der äußeren Erscheinung" zur Gebrauchsbeeinträchtigung und damit zur Sachbeschädigung (z.B. Besudeln einer Büste mit Farbe).

203. Wie wäre es, wenn T den Verteilerkasten mit Teer beschmiert hätte und zur vollständigen Beseitigung die beschmierte Fläche des Verteilerkastens abgefräst werden müsste?

Zur Vertiefung: *Rengier I,* § 24 Rn. 9.

Nach h.M. liegt eine Substanzverletzung auch dann vor, wenn die stoffliche **Unversehrtheit** der Sache erst **nachträglich** durch die Reinigung zwangsläufig **verletzt** werden **muss.** Ein derartiger „beschädigungsgleicher Zustand" tritt bereits im Zeitpunkt der (bloßen) Verunstaltung ein und kann als Beschädigung der Sache i.S.v. § 303 eingestuft werden. T hat sich daher nach § 303 strafbar gemacht.

204. T war Mitarbeiter der Umweltorganisation Greenpeace e.V. Um einen bevorstehenden Castortransport aufzuhalten, brachte er auf einem Bahngleis einen 1,5 m langen kastenförmigen Stahlkörper an. Dies geschah mit Hilfe einer ausgeklügelten Klammerapparatur, die – ohne einen Eingriff in die Substanz der Schiene – bewirkte, dass eine

Nein. Nach der überzeugenden Ansicht des *BGH* war der Tatbestand des § 303 schon mit der Befestigung des Stahlkastens auf der Schiene erfüllt, da das Gleis nicht mehr bestimmungsgemäß benutzt werden konnte und sich diese Beeinträchtigung weder auf ganz kurze Zeit beschränkte noch deren Beseitigung ohne größeren Aufwand möglich war (Erheblichkeit, vgl. Fall 201).

a) Eine **straflose Sachentziehung** ist demgegenüber nach Ansicht des *BGH*

Entfernung des Kastens von der Schiene nicht mehr möglich war. T steckte während der Blockadezeit zusätzlich seinen Arm in die Schiene. Die Polizei musste zur Beendigung der Aktion den Teil der Schiene, auf dem der Stahlkasten angebracht war, heraustrennen und einschließlich der Schwellen ersetzen. Wegen Sachbeschädigung angeklagt, stellte sich T in der Hauptverhandlung auf den Standpunkt, …

a) … die Einwirkung auf die Schiene sei keine Sachbeschädigung, sondern bloße Sachentziehung gewesen.

b) … er könne nichts dafür, dass die Polizei ihn habe herausschneiden müssen.

Wird er mit diesem Vorbringen erfolgreich sein?

(*BGHSt* 44, 34)

Zur Vertiefung: *Rengier I*, § 24 Rn. 4 f.

„dadurch gekennzeichnet, dass die Sache durch **Veränderung ihres Aufenthaltsortes** oder durch die Verhinderung des Zugangs zu ihr der Verfügungsgewalt des Berechtigten entzogen wird, **davon abgesehen** aber von ihm (oder anderen) **bestimmungsgemäß** genutzt werden könnte" (*BGHSt* 44, 34, 39). Die Schiene befand sich aber während der gesamten Zeit unverändert in der Verfügungsgewalt des Berechtigten und konnte von ihm lediglich nicht bestimmungsgemäß genutzt werden.

b) Die Entfernung des Stahlkastens machte zwangsläufig die Heraustrennung und damit die Substanzverletzung der Schiene erforderlich (vgl. Fall 203). Sofern T diese Folge vorhergesehen hat – was nicht fern liegt –, wäre auch insoweit eine Sachbeschädigung anzunehmen.

Ergänzende Bemerkung:
Überdies hat sich T nach dem *BGH* wegen tateinheitlich begangener versuchter Nötigung (§§ 240, 22) strafbar gemacht.

205. Der zwielichtige Kaufmann T warb für seine 0190-Faxabrufnummern, indem er Hunderte Inhaber von Telefaxanschlüssen unaufgefordert mit Werbetelefaxen überschwemmte. Dabei wurde in der Regel das ankommende Fax vom Empfängerfaxgerät sofort ausgedruckt, wobei Toner und Papier des Empfängers verbraucht wur-

Es handelt sich gewiss um einen Grenzfall, in dem mit Anstand beide Ansichten vertreten werden können. Im Ergebnis dürften dogmatisch aber die **besseren Gründe für eine Strafbarkeit** sprechen: Durch das Ausdrucken der ankommenden Faxnachricht und das damit verbundene Aufbringen des Toners auf das im Faxgerät befindliche Papier werden Toner und Papier untrennbar miteinander verbunden und können daher für den Empfang weiterer Faxnach-

den. O, einer der Geschädigten, stellte Strafantrag. Die Staatsanwaltschaft stellte das Verfahren ein und verwies O gem. § 374 I Nr. 6 i.V.m. § 376 StPO auf den Privatklageweg, da sie meinte, es liege schon gar keine Straftat vor. Was ist davon zu halten?

Zur Vertiefung: *Stöber*, NStZ 2003, 515 ff.

richten nicht mehr verwendet werden. Insoweit führte das Verhalten des T also in der Tat zu einer dauerhaften Unbrauchbarkeit von Sachen des O. Zwar ist zu beachten, dass Toner und Papier an sich in ihrer grundsätzlich **bestimmungsgemäßen Funktion** für den Faxempfang **gebraucht** werden. Allerdings ist – für T ohne weiteres **erkennbar** – der jeweilige Eigentümer der Faxgeräte **regelmäßig nicht** am Empfang von Faxnachrichten **interessiert**, mit denen er durch unverlangt zugesendete Werbung belästigt wird.

Ergänzende Bemerkungen:
(1) Gegen das hier vertretene Ergebnis mag man aber argumentieren, dass der Schutz durch § 303 eben nicht so weit reicht wie derjenige durch §§ 823, 1004 BGB und § 1 UWG.
(2) Sofern ankommende Werbetelefaxe nicht sofort ausgedruckt, sondern zunächst in einem Computer zwischengespeichert und dort gelöscht werden können, scheidet eine Sachbeschädigung auf jeden Fall aus.

206. O lieh dem T eine (überschreibbare) DVD aus, auf der er seinen Lieblingsfilm „Pulp Fiction" gespeichert hatte. T, der den O mal so richtig ärgern wollte, überspielte den Film mit einer Version des österreichischen Klassikers „Warum fliegen die Gänse heut' so früh?". O stellte Strafantrag. Hat sich T strafbar gemacht?

Zur Vertiefung: *Rengier I*, § 26 Rn. 1 f.

Ja, und zwar zumindest nach § 303a: T hat **Daten** i.S.d. § 202a II (d.h. solche, die elektronisch, magnetisch oder sonst nicht unmittelbar wahrnehmbar gespeichert bzw. übermittelt werden) rechtswidrig **gelöscht**. Um eine Einschränkung des zu weit geratenen (und insbesondere auf die aus § 303 bekannte Fremdheit verzichtenden) Tatbestandes zu erreichen, werden als Daten i.S.d. § 303a zwar nur solche anerkannt, an denen und an deren Unversehrtheit ein **anderer ein unmittelbares Interesse** besitzt, das sich in einer eigentümerähnlichen Stellung und der damit verbundenen Verfügungsbefugnis eines anderen erblicken lässt. O hatte aber ein solches unmittelbares Interesse an den Daten auf seiner DVD.

Ergänzende Bemerkungen:
(1) Für die eigentümerähnliche Verfügungsgewalt über die Daten kommt es auf das Eigentum am Datenträger nicht notwendig an. Die gelöschten Daten selbst sind weder Sachen noch eigentumsfähig und daher von § 303 nicht geschützt.
(2) Ob in Fällen wie dem vorliegenden eine Sachbeschädigung (§ 303) bezüglich des ansonsten nicht beeinträchtigten **Datenträgers** vorliegt, ist umstritten. Betrachtet man Datenträger und Aufzeichnung als Einheit und die Funktion des bespielten Datenträgers in der Reproduktion der aufgezeichneten Vorgänge, wird man eine Sachbeschädigung bejahen müssen. § 303 tritt dann, soweit sich die Tat in der Beeinträchtigung der Daten erschöpft, hinter § 303a zurück (str.).
(3) Das bloße Löschen (im normalen Sprachgebrauch) von Daten auf einer Festplatte oder Diskette kann – bis zu einem späteren Überspeichern – statt als „Löschen" i.S.d. § 303a I Var. 1 wohl eher als „Unterdrücken" i.S.d. § 303a I Var. 2 eingestuft werden, da die Daten damit regelmäßig noch nicht vernichtet werden, sondern nur die Information enthalten, dass sie überspielt werden können und nicht mehr ohne weiteres (wohl aber mit Spezialprogrammen) sichtbar gemacht werden können. Der Gesetzgeber wollte durch die Aufzählung der verschiedenen Tathandlungen einen umfassenden Schutz erreichen und jede Lücke schließen. Die Abgrenzung ist daher nicht immer eindeutig.

207. Softwarehersteller T wollte seinen Kunden O, der eine Arztpraxis betrieb, unter Druck setzen. Anlässlich von Reparaturarbeiten im EDV-System des O installierte T ein „Killer-Programm", das nach Ablauf eines bestimmten Datums die Benut-

Nach **§ 303b I Nr. 1**. Der Tatbestand des § 303b schützt das Interesse von Wirtschaft und Verwaltung am **störungsfreien Ablauf** ihrer **Datenverarbeitung**. Die Arztpraxis des O war für T ein fremdes Unternehmen. Die EDV-Anlage war für die Praxis von wesentlicher Bedeutung, da von deren einwandfreiem Funktionieren

zung der EDV-Software unmöglich machte. Die EDV-Anlage fiel daraufhin für mehrere Tage aus. O erlitt aber keine Einbußen, da in dieser Zeit ohnehin keine Patiententermine anstanden und der Geschäftsbetrieb ruhte. Wie hat sich T strafbar gemacht?
(Vgl. *LG Ulm* CR 1989, 825, 826)

Zur Vertiefung: *Rengier I*, § 26 Rn. 5 f.

auch die Funktionsfähigkeit der Praxis abhing. T hat rechtswidrig Daten unbrauchbar gemacht i.S.d. § 303a, da die bei O installierte Software auf Grund des „Killer-Programms" ab einem bestimmten Zeitpunkt nicht mehr ordnungsgemäß verwendet werden konnte. Dadurch wurde die Datenverarbeitung bei O in ihrem reibungslosen Ablauf erheblich beeinträchtigt und mithin gestört. Dass damit zugleich eine **tatsächliche Störung des Betriebes** eintritt, ist (zwar der Regelfall, aber) im Tatbestand **nirgends verlangt**. T hat sich daher nach § 303b I Nr. 1 strafbar gemacht, hinter den § 303a zurücktritt.

Ergänzende Bemerkung:
Die Datenverarbeitung muss nicht notwendig (nur) für den Betrieb von wesentlicher Bedeutung sein, zu dem sie gehört: Legt etwa der Geschäftsführer einer Datenverarbeitungs-GmbH seine eigene Anlage lahm, so dass wichtige Kundendaten (etwa einer Versicherung, die ihre Datenverarbeitung „outgesourcet" hat) nicht mehr verarbeitet werden können, dann handelt es sich mit Blick auf das Unternehmen der GmbH für den Geschäftsführer als Repräsentanten um kein „fremdes" Unternehmen; ausreichend für § 303b ist aber, dass die Datenverarbeitung für die Versicherung als fremdes Unternehmen wesentliche Bedeutung hat.

208. T zog nach einem Rockkonzert mit seinen Freunden randalierend durch die Straßen.
a) Sie stürzten einen Streifenwagen der Polizei um und beschädigten ihn dadurch erheblich.
b) Sie setzten außerdem einen parkenden Krankenwagen in Brand, der dadurch völlig zerstört wurde.

Innerhalb der – abschließenden – Aufzählung des § 304 I kommen als Tatobjekte vor allem Gegenstände in Betracht, die dem **öffentlichen Nutzen dienen**. Darunter fallen Gegenstände, die der Allgemeinheit **unmittelbaren** Nutzen bringen, sei es durch ihren Gebrauch, sei es in anderer Weise, z.B. öffentliche Straßen, Münztelefone, Verkehrszeichen oder eine allgemein zugängliche Mineralquelle.

Hat sich T wegen § 304 strafbar gemacht?
(Vgl. *BGHSt* 31, 185)

Zur Vertiefung: *Rengier I*, § 25 Rn. 1 u. 3.

a) Ein **Streifenwagen** der Polizei gehört indessen **nicht** dazu. Wirkt die Sache nämlich nur dadurch, dass sie die **Tätigkeit von Personen**, die öffentliche Aufgaben erfüllen, erleichtert oder ermöglicht, kommt sie der Allgemeinheit nur **mittelbar** zugute. Dem unmittelbaren Nutzen des Bürgers dient der polizeiliche Einsatz, nicht aber der bestimmungsgemäße Gebrauch des Fahrzeugs selbst. T hat sich daher nicht wegen § 304, wohl aber wegen § 303, **§ 305a I Nr. 2** und u.U. § 316b I Nr. 3 (sofern zugleich der Betrieb der Einrichtung „Polizei" gestört wurde) strafbar gemacht.
b) Etwas anderes soll für einen **Krankenwagen** gelten. Hier hängt der Nutzen des Krankenwagens zwar ebenfalls noch von menschlichem Verhalten ab. Dieses dient aber keinem anderen Zweck als eben dem, den Gebrauch des Gegenstandes in seiner funktionellen Wirkung durch das Publikum unmittelbar zu ermöglichen („Bedienpersonal"). T hat den Krankenwagen gem. § 304 I zerstört und sich damit aus § 304 I strafbar gemacht. § 304 steht zu dem gleichfalls verwirklichten § 303 in Tateinheit.

Ergänzende Bemerkungen:
(1) § 304 ist kein qualifizierter Fall des § 303; es wird nicht das Eigentum geschützt, sondern das Interesse der Allgemeinheit am Erhalt von Kulturgütern bzw. sonstigen für die Gemeinschaft bedeutsamen Gütern.
(2) Demgegenüber regelt § 305a I Nr. 1 einen qualifizierten Fall der Sachbeschädigung (§ 303); bei § 305a I Nr. 2 fehlt hingegen die Beschränkung auf fremde Sachen.

G. Sonstige Vermögensdelikte

I. Strafbarer Eigennutz

209. Autofahrer O stieß beim Abbiegen mit dem Pkw des T zusammen. Obwohl O die Alleinschuld am Unfall traf, brachte er T dazu, mündlich ein volles Schuldanerkenntnis abzugeben. Daraufhin erhob O Klage beim zuständigen Amtsgericht mit dem Antrag, T unter Berufung auf das Schuldanerkenntnis zu verurteilen. T war völlig verzweifelt und brachte aus Sorge um eine bevorstehende Zwangsvollstreckung sein einziges wertvolles Vermögensstück, einen kostbaren Perserteppich, außer Haus. Hat sich T nach § 288 strafbar gemacht?

Zur Vertiefung: *Rengier I*, § 27 Rn. 3 u. 5.

Nein. Zwar **droht** eine Zwangsvollstreckung i.S.d. § 288 schon dann, wenn konkrete Anhaltspunkte darauf hindeuten, dass der Gläubiger seinen Anspruch alsbald zwangsweise durchsetzen wird. Dies ist nicht erst mit Erlangung eines Vollstreckungstitels (§§ 704, 794 ZPO), sondern regelmäßig auch schon mit Klageerhebung der Fall. Da § 288 aber das Vermögen des Gläubigers und nicht das Vollstreckungsverfahren als solches schützen will, ist stets erforderlich, dass der Gläubiger gegen den Schuldner einen **begründeten und durchsetzbaren Anspruch** hat (§ 288 spricht vom „Gläubiger"). Daran fehlt es vorliegend, da das Schuldanerkenntnis mangels Schriftform unwirksam ist (§ 781 S. 1 BGB) und dem O wegen seiner Alleinschuld am Unfall auch sonst kein Anspruch – insbesondere nicht aus § 823 BGB – gegen T zusteht. § 288 scheidet deswegen aus.

Ergänzende Bemerkung:
§ 288 schützt das materielle Recht des Gläubigers auf Befriedigung aus dem Schuldnervermögen bei der Einzelzwangsvollstreckung und ergänzt damit die für die Gesamtvollstreckung geltenden Insolvenzstraftaten der §§ 283 ff.

210. T hatte bei O eine Stereoanlage für 1000 € unter Eigentumsvorbehalt gekauft.

O hatte gegen T einen durchsetzbaren Anspruch auf Zahlung des Kaufpreises. Die Zwangsvollstreckung **drohte** auch,

Da T in der Folgezeit den Kaufpreis nicht zahlte, leitete O ein Mahnverfahren ein und erwarb schließlich gegen T einen Vollstreckungsbescheid. Als dieser T zugestellt wurde, bekam der es mit der Angst zu tun. Er veräußerte die Anlage an seinen Bekannten B zum Preis von ebenfalls 1000 € und verschleuderte dieses Geld kurz darauf. Sonst hatte T keine Wertgegenstände. Hat sich T nach § 288 strafbar gemacht, wenn

a) der Vollstreckungsbescheid auf Herausgabe der Stereoanlage lautet?

b) der Vollstreckungsbescheid auf Zahlung des Kaufpreises lautet?

(Vgl. *BGHSt* 16, 330)

Zur Vertiefung: *Rengier I,* § 27 Rn. 6.

da O bereits einen **Vollstreckungstitel** (§ 794 I Nr. 4 ZPO) gegen T erworben hatte. Fraglich ist aber, ob T „**Bestandteile seines Vermögens**" veräußert oder beiseite geschafft hat. Der Begriff des „Vermögens" ist vollstreckungsrechtlich zu verstehen, so dass es nicht (allein) auf die Eigentumsverhältnisse ankommt, sondern darauf, ob sich der Gläubiger aus den jeweiligen Gegenständen im Wege der Vollstreckung befriedigen kann.

a) T beabsichtigte, wegen der Herausgabe der konkreten Stereoanlage (§ 883 ZPO) zu vollstrecken, die sich im Besitz des T befand. Da sich O durch die zwangsweise Herausgabe der Anlage Befriedigung verschaffen kann, gehörte dieser Besitz damit auch zum (vollstreckungsrechtlichen) Vermögen des T. Mit der Übereignung der Anlage an B hat T diesen „Bestandteil seines Vermögens" dem Zugriff des Schuldners **rechtlich entzogen** und damit „veräußert" i.S.v. § 288.

b) Zwar lautete in Variante b) der Titel nicht auf Herausgabe der Anlage, sondern auf Zahlung der Kaufpreisschuld. Allerdings ist anerkannt, dass der Vorbehaltsverkäufer wegen seiner Kaufpreisforderung auch **in seine eigene Sache** vollstrecken kann. Dennoch hat T durch die Veräußerung der Anlage zunächst noch nicht den Tatbestand des § 288 erfüllt, da er von B den vollen Gegenwert für die Anlage erhalten hat und deshalb die Interessen des Gläubigers hinsichtlich der Geldforderung (noch) nicht beeinträchtigt werden (vgl. § 815 ZPO). Allerdings wird der objek-

tive Tatbestand beim anschließenden Verschleudern dieses Geldes durch T erfüllt.
Im subjektiven Tatbestand ist neben dem Vorsatz bezüglich sämtlicher Tatbestandsmerkmale die **Absicht** des Schuldners erforderlich, die Befriedigung des Gläubigers zu vereiteln. Hierfür ist **direkter Vorsatz** in seinen beiden Varianten ausreichend. Es genügt daher, wenn der Schuldner die Benachteiligung des Gläubigers als notwendige und sichere Folge seines Verhaltens vorausgesehen und in seinen Willen aufgenommen hat. Hiervon ist bei T auszugehen. T hat sich daher nach § 288 strafbar gemacht.

211. Wie ist in Fall 210 die Strafbarkeit des T zu beurteilen, wenn nicht O, sondern ein weiterer Gläubiger des T, der G, die Zwangsvollstreckung gegen T betrieb und T daraufhin die Stereoanlage unentgeltlich einem Bekannten überließ?

Zur Vertiefung: *Rengier I*, § 27 Rn. 6.

Fraglich ist erneut, ob die unter Eigentumsvorbehalt veräußerte Anlage zum (vollstreckungsrechtlichen) „Vermögen" des T gehörte. Grundsätzlich werden die im Gewahrsam des Schuldners befindlichen körperlichen Sachen vom Gerichtsvollzieher in Besitz genommen, ohne dass sich dieser um die Eigentumsverhältnisse kümmern muss (§ 808 I ZPO). Es besteht aber die Besonderheit, dass O auf Grund seines Eigentums an der Anlage Drittwiderspruchsklage (§ 771 ZPO) mit der Folge erheben kann, dass die Zwangsvollstreckung für G letztlich nicht erfolgreich sein wird. Dies spricht dafür, die Anlage aus dem „Vermögen" des T auszuklammern. Andererseits hat G aber die Möglichkeit, durch Zahlung des Restkaufpreises an O den Eigentumserwerb bei T herbeizuführen (§§ 267, 449, 158 I, 929 S.1 BGB; beachte aber § 267 II BGB) und so die Zwangsvollstreckung erfolgreich durchzuführen. Diese faktisch bestehende Befriedigungsmöglichkeit (O, der sein Geld will, wird die Zahlung durch G wohl nicht ablehnen, § 267 II BGB) des G führt dazu, die Anlage auch dem „Vermögen" des T zuzurechnen. § 288 ist damit einschlägig.

212. Wie wäre Fall 210 zu beurteilen, wenn T die Anlage nicht verkauft hätte, sondern angesichts einer drohenden konkreten Vollstreckungsmaßnahme selbst für einige Zeit untergetaucht wäre und seinen Freund F gebeten hätte, die Anlage aus der Wohnung des T zu entfernen, damit der Gerichtsvollzieher keinen Zugriff darauf nehmen kann?

Zur Vertiefung: *Rengier I,* § 27 Rn. 2.

Dies ist umstritten: Klar ist, dass **F** selbst als **Täter** des § 288 **nicht in Betracht** kommt, da die Zwangsvollstreckung nicht „ihm" drohte und er auch nicht Bestandteile „seines" Vermögens beiseite geschafft hat; insoweit ist § 288 ein **Sonderdelikt**, das nur der Vollstreckungsschuldner begehen kann. Dementsprechend scheidet auch eine Anstiftung durch T aus. Allerdings könnte **T mittelbarer Täter** sein. Zwar fehlen ihm Tatherrschaftskriterien wie Wissens-, Willens- oder Organisationsüberlegenheit. Nach der vereinzelt vertretenen Lehre von der **normativen Tatherrschaft** kommt beim Einsatz eines qualifikationslosen Werkzeugs eine Tatherrschaft des Hintermannes in Betracht, wenn er die vom Tatbestand vorausgesetzten besonderen Eigenschaften besitzt. Hiernach wäre T aus §§ 288, 25 I Alt. 2, F aus §§ 288, 27 zu bestrafen.

213. Die Internet GmbH „something.com" (vgl. Fall 92) hatte während der „Konsolidierungsphase" zu Beginn des 3. Jahrtausends erhebliche, ihr eigenes Vermögen übersteigende Schulden bei der Bank O angehäuft. Als O daraufhin die Zwangsvollstreckung ge-

Nein, da sich eine strafrechtliche Verantwortlichkeit des T aus § 288 i.V.m. **§ 14** (sog. **Organ- und Vertreterhaftung**) ergibt. Durch die Vorschrift wird der Anwendungsbereich von bestimmten Delikten durch eine „Überwälzung" besonderer Tätermerkmale auf Personen **erweitert**, die in einem bestimmten Vertretungs- oder Auftragsverhältnis für

gen die GmbH betrieb, veräußerte Geschäftsführer T im Interesse der GmbH noch schnell die letzten Vermögensstücke auf dem Schwarzmarkt und transferierte den Erlös in die Schweiz. T meinte, er könne nicht nach § 288 strafbar sein, denn er habe ja nicht „sein Vermögen" veräußert und „ihm" habe die Zwangsvollstreckung auch nicht gedroht. Zu Recht?

Zur Vertiefung: *Mitsch II/2,* § 5 Rn. 11.

den primären Normadressaten stehen. Damit werden in einer durch Arbeitsteilung geprägten durchorganisierten modernen Wirtschaft Strafbarkeitslücken geschlossen. So fallen die Tatbestandsmerkmale des § 288, „ihm drohende Zwangsvollstreckung" und „Bestandteile seines Vermögens", gem. § 14 I unter die strafbarkeitsbegründenden „besonderen persönlichen Verhältnisse" des Vertretenen (GmbH) und werden damit dem Geschäftsführer T als vertretungsberechtigtem Organ der GmbH (§ 35 GmbHG) zugerechnet (§ 14 I Nr. 1). T's Annahme, das Verbot des § 288 gelte für ihn nicht, da er nicht „Schuldner" sei, betrifft alleine die Reichweite des § 14 und ist daher als (vermeidbarer) Verbotsirrtum nach § 17 für die Strafbarkeit des T unbeachtlich.

214. T bot in seinen Geschäftsräumen die Möglichkeit an, Wetten auf das Ergebnis von Fußballspielen oder von anderen sportlichen Ereignissen zu festen Gewinnquoten (sog. „Oddset-Wetten") abzuschließen. Hierzu lagen bei T Wettprogramme aus, und die Kunden konnten mittels Tippzetteln auf den Gewinn einer Mannschaft bzw. auf einen bestimmten Spielausgang wetten. Die Wetten bezogen sich vornehmlich auf Fußballspiele der unterschiedlichsten Ligen. Die Mitspieler füllten die Tippzettel aus, zahlten einen

Nach Ansicht des *BGH*: **ja.** Dabei ist zunächst fraglich, ob es sich bei den von T angebotenen Sportwetten um ein **Glücksspiel** i.S.d. § 284 I oder lediglich um ein von dieser Norm nicht erfasstes **Geschicklichkeitsspiel** handelte. Kennzeichnend für ein Glücksspiel ist nach allgemeiner Auffassung, dass die Entscheidung über Gewinn und Verlust nicht wesentlich von den Fähigkeiten, den Kenntnissen und der Aufmerksamkeit der Spieler abhängt, sondern dem **Zufallselement ein Übergewicht** zukommt. Maßgebend für diese Abgrenzung sind die Fähigkeiten und Erfahrungen des Durchschnittsspielers im Publikum, für das das Spiel eröffnet ist. Nach diesen Grundsätzen neigt der *BGH* dazu, das Vorliegen eines Glücks-

Einsatz an T und bekamen – je nach Ausgang des Spiels – ihren Gewinn überwiesen. Auf diese Weise machte T über mehrere Monate einen Gewinn von durchschnittlich 6.500 € im Monat. Eine Genehmigung für die Veranstaltung von Glücksspielen nach dem einschlägigen Landesrecht besaß er nicht. Hat sich T wegen unerlaubten Veranstaltens eines Glücksspiels strafbar gemacht?
(Vgl. *BGH* NStZ 2003, 372)

Zur Vertiefung: *Mitsch II/2,* § 5 Rn. 168; *Beckemper,* NStZ 2004, 39 ff.; *Wohlers,* JZ 2003, 860 ff.

spiels bei den von T angebotenen Sportwetten zu bejahen. Er weist zum einen die Annahme des LG als unzulässige Vermutung zurück, an Sportwetten würden sich von vornherein überwiegend nur im Sportwesen besonders kenntnisreiche und befähigte Spieler beteiligen. Zum anderen betont er, auch dem umfassend informierten Spieler entziehe sich eine exakte Vorausberechnung des Ausgangs eines sportlichen Wettbewerbs („Zufallstreffer in letzter Minute"). Die Existenz wesentlicher Unsicherheitsfaktoren für den Ausgang des Spiels, die für den Spieler weder beeinflussbar noch vorausberechenbar sind, sollen für ein Überwiegen des Zufallsmoments genügen. Dies vorausgesetzt, hat T das Glücksspiel zudem öffentlich (Zutritt eines größeren, nicht fest geschlossenen Personenkreises) und ohne behördliche Erlaubnis veranstaltet. Er hat sich damit gem. § 284 I Var. 1, III Nr. 1 (gewerbsmäßig) strafbar gemacht.

Ergänzende Bemerkungen:
(1) Zweck der §§ 284 ff. ist die staatliche Kontrolle des Glücksspiels und damit auch der Schutz des Einzelnen vor der Gefahr von Manipulationen. Es wird aber in Zukunft unter Berücksichtigung der Einschätzungsprärogative des Gesetzgebers zu prüfen sein, ob für die Fernhaltung von privaten Anbietern von „Oddset-Wetten" tatsächlich sachgerechte gemeinwohlorientierte Erwägungen sprechen, die den Eingriff in die Berufsfreiheit der Sportwettenveranstalter (Art. 12 GG) zu rechtfertigen vermögen; hierzu ausführlich *BVerwG* NJW 2001, 2648.
(2) Im Originalfall hatte der Täter für fremde Rechnung gehandelt. Nach Ansicht des *BGH* kann auch die Vermittlung unzulässiger Glücksspiele ein „Veranstalten" darstellen; nach a.A. ist

hier auf die Variante des „Einrichtungen Bereitstellens“ zurückzugreifen (§ 284 I Var. 3).

215. T veranstaltete in seinem Freundeskreis einmal die Woche einen Roulette-Abend, bei dem die Beteiligten einen ganzen Abend lang um Cent-Beträge spielten. Strafbarkeit des T?

Zur Vertiefung: *Mitsch II/2,* § 5 Rn. 168 f.

T hat sich **nicht strafbar** gemacht. Zwar gilt der Roulette-Abend des T gem. § 284 II als „öffentlich“, da hier eine geschlossene Gesellschaft (auch Verwandten- bzw. Freundeskreise) gewohnheitsmäßig „Glücksspiele“ veranstaltete. Dass beim Roulette das Zufallsmoment klar im Vordergrund steht, liegt ebenfalls auf der Hand. Es liegt aber dennoch kein von § 284 erfasstes Glücksspiel, sondern vielmehr ein **Unterhaltungsspiel** vor, da es sich bei den vereinbarten Gewinnen um ganz unbedeutende Beträge handelte (Cent-Beträge). Methodisch kann man diese Unterscheidung als teleologische Reduktion des § 284 betrachten. Für die Ermittlung der Wertgrenze gibt es keine festen Maßgaben. Es sind die konkreten Verhältnisse der Mitspieler zu berücksichtigen.

216. V, Vermieter der Geschäftsräume an T aus Fall 214, bemerkte nach einiger Zeit, dass T unerlaubt begonnen hatte, „Oddset-Wetten“ anzubieten und mithin ein Glücksspiel veranstaltete.

a) Da er aber auf die Mieteinnahmen nicht verzichten wollte und es auch sonst mit dem Recht nie so genau nahm, schritt er dagegen nicht ein, sondern duldete den Betrieb des T weiterhin.

b) Er wettete auf Rechnung eines Freundes, der ihn darum gebeten hatte, selbst eines Tages bei T mit.

a) Eine täterschaftliche Verwirklichung des § 284 I kommt nicht in Betracht. Insbesondere hat V **keine „Einrichtungen“ für das Glücksspiel** (Var. 3) bereitgestellt. Dies wäre nur bei Überlassung von Gegenständen der Fall, die gerade dazu **bestimmt sind**, zu Glücksspielen benutzt zu werden (wie etwa einem Roulette-Tisch), nicht hingegen bei der Vermietung schlichten Geschäftsraumes. Ob V eine Beihilfe zu § 284 durch Unterlassen dadurch begangen hat, dass er nicht gegen das Glücksspiel eingeschritten ist, hängt letztlich davon ab, ob man T hinsichtlich der in seinen Geschäftsräumen begangenen Straftaten (§ 284) für verantwortlich hält („Überwachergarant“).

Wie hat sich V strafbar gemacht?

Zur Vertiefung: *Mitsch II/2,* § 5 Rn. 170, 177–179.

b) T hat sich gem. § **285** strafbar gemacht. Die Vorschrift erfasst das eigentliche „Spielen“. Sie bezieht sich nur auf § 284 und nicht auf § 287 (Lotterien und Ausspielungen). Beteiligter ist auch, wer in Vertretung oder als Beauftragter eines anderen auf dessen Rechnung spielt.

217. T beschäftigte im Jahre 1992 in seinem Bauunternehmen den tschechischen Grenzgänger O als Maurer, den er mit einem Bruttostundenlohn von 12,70 DM entlohnte. O, der kaum deutsch konnte, vertraute darauf, „entsprechend den Sätzen in der Bundesrepublik“ bezahlt zu werden. Der Tariflohn für Maurer betrug hingegen 19,05 DM. Die übrigen Arbeitnehmer des T wurden überdies mit einem Bruttostundenlohn von 21 DM entlohnt. Wegen Wuchers angeklagt, lässt sich T in der Gerichtsverhandlung dahin gehend ein, in Tschechien könne O von diesem Geld prima leben, jedenfalls besser als seine dort beschäftigten Kollegen. Hat sich T aus § 291 strafbar gemacht? (Vgl. *BGHSt* 43, 53)

Zur Vertiefung: *Mitsch II/2,* § 5 Rn. 72 ff.; *Bernsmann,* JZ 1998, 629 ff.

Im Ergebnis: **ja**. Lohnzahlungen im Rahmen eines Arbeitsverhältnisses sind „sonstige Leistungen“ i.S.d. § 291 I 1 Nr. 3. Geleistete Arbeit ist jedenfalls dann ein „Vermögensvorteil“ im Sinne der Vorschrift, wenn sich der Erfolg der Arbeit wirtschaftlich zu Gunsten des Arbeitgebers auswirkt, wovon in aller Regel auszugehen ist. Diesen Vermögensvorteil hat sich T versprechen bzw. gewähren lassen, obwohl er in einem auffälligen Missverhältnis zu der Leistung des T stand. Ob ein Missverhältnis vorliegt, ergibt sich aus dem für den jeweiligen Einzelfall vorzunehmenden Vergleich des Wertes der Leistung (Lohn) mit dem der Gegenleistung (Arbeit). Das Missverhältnis ist nach h.M. von der **Seite des Gläubigers** her zu beurteilen, nicht von der des Opfers. Daher kommt es auf einen Vergleich der Leistung mit den Vorteilen, die sich das **Opfer** aus dem Geschäft verspricht bzw. erlangt, nicht an. Daher hat die Kaufkraft des ausbezahlten Lohnes für O in Tschechien – etwa in Relation zur Kaufkraft des Tariflohns für einen in Deutschland lebenden Arbeitnehmer – außer Betracht zu bleiben. „Auffällig“ ist das Missverhältnis, wenn es einem Kundigen, gegebenenfalls erst nach Aufklärung des zumeist verschleierten Sachverhalts, sozusagen „ins Auge springt". Dies wird man angesichts des deutlichen Unterschiedes zum Tariflohn ebenfalls bejahen können. Schließlich hat T auch die **Unerfahrenheit** des O ausgebeutet. O war nämlich wegen eines Mangels an Geschäftskenntnissen und Lebenserfahrung in Deutschland gegenüber Durchschnittsmenschen benachteiligt, da er die hier festgelegten Tarife im Baugewerbe sowie die Gepflogenheiten des im Vergleich zum ihm vertrauten Sozialismus freieren Arbeitsrechts nicht kannte. T hat sich daher nach § 291 I 1 Nr. 3 strafbar gemacht.

Ergänzende Bemerkung:
Grundgedanke des § 291 ist es, Verhaltensweisen zu unterbinden, die darauf abzielen, Schwächesituationen bei anderen Personen zur Erreichung unverhältnismäßig großer Vermögensvorteile auszubeuten. § 291 ist, da für die Tatvollendung eine Vermögenseinbuße beim Opfer nicht erforderlich ist, nach h.M. ein *Vermögensgefährdungsdelikt.*

218. Wie wäre Fall 217 zu beurteilen, wenn der Arbeitsvertrag zwischen T und O u.a. wegen Verstoßes gegen ein absolutes Beschäftigungsverbot nichtig (§ 134 BGB) gewesen wäre?

Nicht anders. Die rechtliche Unwirksamkeit der Vereinbarung ist grundsätzlich unerheblich, unabhängig davon, ob sie sich erst aus § 138 II BGB ergibt oder schon aus anderen Vorschriften (z.B. §§ 107 ff., 134 BGB). Allerdings dürften etwa illegale Geschäfte mit Drogen o.ä. außerhalb des Schutzbereichs des § 291 liegen.

219. In Fall 217 verhandelte T wegen der Sprachschwierigkeiten des O allein mit B, dem Bevollmächtigten des O, über den Arbeitsvertrag mit O.

Nein. Wird das Wuchergeschäft mit einem Bevollmächtigten des zukünftigen Schuldners abgeschlossen, kommt es auf die Unerfahrenheit bzw. den Mangel an Urteilsvermögen **beim Bevollmächtig-**

Obwohl der erfahrene B den „Lohnwucher“ sofort bemerkte, erklärte er sich dennoch einverstanden und schloss den Vertrag namens des O ab. T hingegen ging davon aus, B habe ebenso wie O keine Ahnung von den Tarifen im Baugewerbe. Hat sich T aus § 291 strafbar gemacht?

ten an (nicht für den Fall der Zwangslage). Mangels Unerfahrenheit des B war der objektive Tatbestand des § 291 daher nicht erfüllt. Die Tatsache, dass sich T irrig die Unerfahrenheit des B vorstellte, ist unerheblich, da der (untaugliche) Versuch einer wucherischen Tat **straflos** ist.

Ergänzende Bemerkung:
Vollendet ist die Tat nach § 291 I 1 mit Annahme des Versprechens des Vermögensvorteils bzw. mit Annahme des Vermögensvorteils. Sollte der Täter nach Vertragsschluss, aber vor Durchführung des Wuchergeschäfts davon Abstand nehmen, ändert dies nichts an seiner Strafbarkeit, ist aber bei der Strafzumessung zu berücksichtigen.

220. In Fall 217 waren sowohl T als auch O unentschlossen, ob sie das (wucherische) Arbeitsverhältnis miteinander eingehen sollten. T wurde schließlich von seinem Geschäftspartner X, O von seinem Bekannten Y dazu überredet. X und Y waren sich des Wuchergeschäfts und der Unerfahrenheit des O bewusst. Haben sie sich strafbar gemacht?

Auf **Seiten des Täters** (T) gelten die **allgemeinen Teilnahmevorschriften**. X hat sich daher nach §§ 291, 26 strafbar gemacht. Auf **Seiten des Opfers** (O) ist zu berücksichtigen, dass die Deliktsbegehung des § 291 voraussetzt, dass der Bewucherte daran teilnimmt („versprechen“ o. „gewähren“). Der Bewucherte kann daher **niemals wegen Teilnahme** am Wucher strafbar sein (Fall der „notwendigen Teilnahme“). Im Sinne einer „**Lagertheorie**“ lässt sich diese Straflosigkeit überdies auf Personen ausweiten, die im „Lager des Opfers“ stehen. Sieht man es so, bleibt Y straflos.

Ergänzende Bemerkung:
Eine a.A. erschiene insoweit mit dem Argument vertretbar, dass es sich ja zugleich um eine Unterstützung des Täters handelt (der davon bei der Beihilfe – anders als nach h.M. bei der Mittäterschaft – nichts zu wissen braucht).

II. Insolvenzdelikte

221. Hat sich T in Fall 213 auch wegen Bankrotts (§ 283) strafbar gemacht, wenn einige Zeit nach der Veräußerung der restlichen Vermögensstücke das Insolvenzverfahren über die GmbH eröffnet wurde, T zu dieser Zeit aber schon nicht mehr Geschäftsführer war, sondern sich bereits ins Ausland abgesetzt hatte?

Zur Vertiefung: *Kindhäuser II*, § 38; *Mitsch II/2*, § 5 Rn. 134 ff.

Ja. T hat als Geschäftsführer (§ 14 I) zu Zeiten der **„wirtschaftlichen Krise"** der GmbH („Überschuldung oder drohende oder eingetretene Zahlungsunfähigkeit") eine Bankrotthandlung vorgenommen. Die GmbH war überschuldet, da deren Vermögen die bestehenden Verbindlichkeiten nicht mehr deckte (vgl. § 19 II 1 InsO). T hat gem. § 283 I Nr. 1 Bestandteile des GmbH-Vermögens, die im Falle der Eröffnung des Insolvenzverfahrens zur Insolvenzmasse gehören, beiseite geschafft und hierbei auch im Interesse der GmbH gehandelt. T handelte (zumindest bedingt) vorsätzlich bezüglich der wirtschaftlichen Krise und des Beiseiteschaffens. Als **objektive Bedingung der Strafbarkeit**, die letztlich die Strafbarkeit nach § 283 erst auslöst, ist weiterhin erforderlich, dass der Schuldner (§ 283 VI spricht irreführend vom „Täter") seine Zahlungen eingestellt hat, oder über dessen Vermögen das Insolvenzverfahren eröffnet bzw. der Eröffnungsantrag mangels Masse abgewiesen ist. Dies ist bezüglich der GmbH der Fall. Unerheblich ist, dass T zur Zeit der Eröffnung des Insolvenzverfahrens schon nicht mehr Geschäftsführer der GmbH war. Für die Eigenschaft als Organ nach § 14 kommt es allein auf den Zeitpunkt der tatbestandsmäßigen Handlung („Beiseiteschaffen"), nicht aber auf den des Eintritts einer etwaigen objektiven Bedingung der Strafbarkeit an. Auch muss T nicht etwa wissen, dass das Insolvenzverfahren eröffnet worden ist bzw. dies kurz bevorsteht. T hat sich daher auch wegen §§ 283, 14 strafbar gemacht. §§ 288 und 283 stehen zueinander in **Idealkonkurrenz.**

Ergänzende Bemerkung:
Nach der Rspr. fällt unter **§ 283 I Nr. 1** nicht die vom Vertretungsberechtigten (§ 14) begangene Unterschlagung von Vermögensstücken der Gesellschaft oder dessen sonstige eigennützige Tat, da stets erforderlich ist, dass der Vertretungsberechtigte in seiner **Eigenschaft als Vertreter** (zumindest auch) für die Gesellschaft die Tat begeht. Verfolgt der Vertreter ausschließlich **gesellschaftsfremde Zwecke**, wird er auch dann nicht für die Gesellschaft tätig, wenn er nach außen hin als Gesellschaftsorgan auftritt (z.B. Abheben von Geldern von GmbH – Konten). In diesen Fällen scheidet eine Bestrafung wegen Bankrotts aus (z. T. anders das Schrifttum). Es kommt aber Untreue (§ 266) in Betracht.

222. In Fällen 213/221 gelang es der GmbH „something.com", nachdem T die restlichen Vermögensstücke auf dem Schwarzmarkt verschleudert hatte, auf Grund einer unerwarteten positiven Entwicklung auf dem Internetmarkt ihre wirtschaftliche Krise zu überwinden und ihre Schulden zum großen Teil zu begleichen. Erst als ein halbes Jahr später die Auftragseingänge erneut drastisch zurückgingen und die Bilanz der GmbH in den Keller rutschte, stellte sie ihre Zahlungen endgültig und insgesamt ein. Hat sich T in diesem Fall nach § 283 strafbar gemacht?

Zur Vertiefung: *Kindhäuser II*, § 38 Rn. 28.

Nach h.M.: **nein**. Zwar braucht zwischen der Bankrotthandlung und der objektiven Bedingung der Strafbarkeit (Zahlungseinstellung usw.) kein ursächlicher Zusammenhang i.e.S. zu bestehen. Die h.M. verlangt aber dennoch eine **tatsächliche Beziehung** zwischen der Krisensituation des Schuldners und der Zahlungseinstellung usw. Ist ein solcher Gefahrzusammenhang ausgeschlossen, etwa weil die Krise zwischenzeitlich überwunden wurde und erst später eintretende Ereignisse die Zahlungsunfähigkeit usw. auslösen, fehlt es ersichtlich am Strafbedürfnis. Etwaige Zweifel in dieser Hinsicht gehen zwar zu Lasten des Täters. Vorliegend konnte die GmbH ihr Geschäft jedoch zwischenzeitlich konsolidieren, so dass sich die wirtschaftliche Krise, in der die Bankrotthandlung vorgenommen wurde, gerade nicht bis zur Zahlungseinstellung usw. **fortentwickelt** hat. Damit fehlt es an der geforderten tatsächlichen Beziehung. T hat sich daher auch nicht nach § 283 strafbar gemacht.

Ergänzende Bemerkung:
Auch Tathandlungen nach § 283 I, die noch außerhalb einer wirtschaftlichen Krise stattfinden, können eine Strafbarkeit begründen, wenn sie gerade zu einer solchen Krise führen und in der Folge die objektive Bedingung der Strafbarkeit eintritt, vgl. § 283 II.

223. Kaufmann T waren die Schulden über den Kopf gewachsen. Als das Insolvenzverfahren bereits eröffnet war, hob er von seinem Sparbuch 5000 € ab und verbrauchte das Geld in der Folgezeit für seinen Lebensunterhalt. Hat sich T nach § 283 strafbar gemacht?

Zur Vertiefung: *Kindhäuser II*, § 38 Rn. 12.

Nein. Das Sparvermögen gehörte zwar zur Insolvenzmasse (§§ 803, 828 ff. ZPO). Auch braucht die Bankrotthandlung der Zahlungseinstellung usw. nicht notwendigerweise voranzugehen, sondern kann ihr prinzipiell auch nachfolgen. Im **Abheben** des Sparbetrages liegt aber noch kein „Beiseiteschaffen" i.S.d. § 283 I Nr. 1, da an die Stelle der Forderung ein entsprechender Geldbetrag in das Vermögen des T geflossen und dieses daher in seinem Bestand nicht verringert worden ist. Im anschließenden **Verbrauch** des Geldes für den Lebensunterhalt liegt ebenfalls kein „Beiseiteschaffen", da diese Verwendung im Rahmen einer „ordnungsgemäßen Wirtschaft" erfolgte. Diese einengende Auslegung des Begriffs „Beiseiteschaffen" ergibt sich aus einem Vergleich mit § 283 I Nr. 2, wo u.a. an „unwirtschaftliche Ausgaben" angeknüpft wird. T hat sich daher nicht strafbar gemacht.

III. Straftaten gegen den Wettbewerb

224. Die Stadt K plante den Bau einer Müllverbrennungsanlage (MVA) und schrieb dieses Projekt öffentlich aus. Die drei Anlagenbaukonzer-

a) Ein (Dreiecks-)Betrug durch Abgabe der abgesprochenen Angebote scheidet aus. Zwar ist die Angebotsabgabe eine schlüssige Täuschung darüber, dass echter Wettbewerb stattgefunden habe und

ne A, B und C, die europaweit als einzige derartige Großanlagen anboten, beschlossen, an dieser Ausschreibung teilzunehmen. Um einen möglicherweise „ruinösen“ Wettbewerb zu verhindern, trafen sich die zuständigen Direktoren der Konzerne einen Monat vor Ablauf der Ausschreibungsfrist „zufällig“ in der „Senator-Lounge“ eines deutschen Flughafens und besprachen die gemeinsamen Sorgen. Da A durch das „Wohlwollen“ von B und C bereits bei der letzten gemeinsamen Ausschreibung um die technische Ausrüstung eines Verkehrsflughafens zum Zuge gekommen war und B kürzlich durch den Verzicht von A und C eine große Kläranlage bauen durfte, beschloss man, dass nun C die MVA bauen dürfen solle. Daher vereinbarte man, dass A und B viel zu teure „Schutzangebote“ abgeben sollten, so dass C mit seinem immer noch deutlich überteuerten Angebot den Zuschlag sicher erhalten werde. Im Gegenzug verpflichtete sich C zu „Ausgleichs-Entschädigungszahlungen“ an A und B. Drei Wochen später reichten A, B und C ihre Angebote bei der zuständigen Stelle ein. Die Stadt K erteilte man könnte gegebenenfalls auch einen Irrtum der kommunalen Entscheidungsträger und eine Verfügung über das städtische Vermögen durch den Zuschlag bejahen. Allerdings ist ein Vermögensschaden entgegen der Ansicht des *BGH* (*St* 38, 186) zweifelhaft. Dieser möchte einen Schaden in der Differenz zwischen dem vereinbarten und dem durch Schätzung zu ermittelnden, hypothetisch erzielbaren Wettbewerbspreis ohne die Absprache feststellen, wofür vor allem die Ausgleichszahlungen ein Indiz seien. Dagegen spricht jedoch, dass der Preis ohne die Absprache eine faktisch nie erreichbare Aussicht, aber keinesfalls eine vermögenswerte Exspektanz darstellt, weil die Täter typischerweise nicht bereit wären, zu diesem Preis zu kontrahieren. Eine Schadensfeststellung nach allgemeinen Grundsätzen scheitert hier – wie in den meisten Fällen – daran, dass für derartige, individuell konzipierte Großanlagen kein Marktpreis existiert, und der Preis angesichts vieler anderer Parameter häufig auch nicht der allein ausschlaggebende Faktor ist („Der Billigste ist nicht der Beste“).

b) Dagegen könnten die Direktoren einen Submissionsbetrug gemäß der 1997 durch das Korruptionsbekämpfungsgesetz neu geschaffenen Vorschrift des § 298 I begangen haben. Es hat eine Ausschreibung über Waren oder gewerbliche Leistungen stattgefunden, bei der alle Direktoren für ihre Konzerne Angebote abgegeben haben, wobei insbesondere auch Scheinangebote ausreichend sind. Die getroffene Absprache ist rechtswidrig, da sie unter Verstoß gegen das Kartellrecht

wenig später dem Konzern C den Zuschlag. Strafbarkeit der Direktoren?
(Vgl. *BGHSt* 38, 186)

Zur Vertiefung: *Kindhäuser II*, § 44; *Mitsch II/2*, § 3 Rn. 192 ff.; *Rengier* I, § 13 Rn. 101a.

das Verhalten der Anbieter im Ausschreibungsverfahren festlegte. Sie war Grundlage für die abgegebenen Angebote und zielte auch darauf ab, die Stadt K zur Annahme eines bestimmten Angebots zu veranlassen. Im subjektiven Tatbestand ist grundsätzlich dolus eventualis ausreichend, der sich auch auf die Rechtswidrigkeit der Absprache als normatives Tatbestandsmerkmal beziehen muss. Die Direktoren haben sich daher gemäß § 298 I strafbar gemacht.
c) Diskutabel erschiene – je nach Umständen des Einzelfalls – darüber hinaus auch eine Strafbarkeit nach § 266 zu Lasten der Konzerne, da durch das kartellwidrige Verhalten Schadensersatzansprüche etc. drohen könnten.

Ergänzende Bemerkung:
§ 298 dient dem besseren Schutz des Rechtsguts des „freien Wettbewerbs" und sollte vor allem die Schwierigkeiten bei der Schadensfeststellung beim Betrug verhindern. Sie schützt den (auch privaten) Veranstalter einer Ausschreibung ebenso wie die redlichen Konkurrenten (h.M.). Daher würde vorliegend einer Strafbarkeit nicht einmal entgegenstehen, wenn der Ausschreibende oder einer seiner Mitarbeiter Kenntnis von der Absprache gehabt hätte.

225. T war geschäftsführender Alleingesellschafter der mittelständischen X-GmbH mit 50 Mitarbeitern. Er erwog für seine Firma die Anschaffung eines neuen EDV-Systems und hatte sich zu diesem Zweck mehrere Angebote eingeholt. Als er Sonntags nach einer Runde Golf noch an der Bar seines Clubs stand, wurde

T und K könnten sich wegen „Angestelltenbestechung" gemäß § 299 strafbar gemacht haben.
a) T ist **tauglicher Täter** des **§ 299 I.** Dies wird zwar – obwohl formal an seiner Angestellteneigenschaft bei der GmbH kein Zweifel besteht – vereinzelt bestritten, da ein geschäftsführender Alleingesellschafter faktisch einem „Geschäftsherrn" gleichstehe, der unstreitig kein tauglicher Täter ist (vgl.

er von K angesprochen, der einer der Anbieter für das EDV-System war. K nutzte diese Chance, um nach anfänglichem höflichem Parlieren auf die Vergabe des Auftrags zu sprechen zu kommen. T äußerte sich zunächst abgeklärt und wenig euphorisch über die Spezifikationen von K's Angebot. Als K nachhakte, woran das denn liege, bedeutete ihm T augenzwinkernd, dass zur „Zerstreuung seiner Bedenken schon auch was für ihn persönlich drin sein müsse". Er habe vor, im Dezember mit seiner Lebensgefährtin seinen Urlaub in Südafrika zu verbringen, doch die Flugtickets seien schrecklich teuer geworden. K verstand diesen Wink und sendete dem T wenige Tage später zwei Tickets nach Kapstadt zu. Eine Woche später erhielt er ein Schreiben der X-GmbH mit dem Wortlaut: „Wir freuen uns, Ihnen mitteilen zu können, dass wir Ihnen den Auftrag (...) erteilen."
Strafbarkeit von T und K?

Zur Vertiefung: *Kindhäuser II*, § 45; *Mitsch II/2*, § 3 Rn. 215 ff.

§ 299 I: „als Angestellter oder Beauftragter"). Dagegen spricht jedoch, dass auch bei der Strafbarkeit des geschäftsführenden Alleingesellschafters wegen Untreue eine formale Betrachtungsweise herrschend ist. Ferner zeigt auch die von der ganz h.M. angenommene Unbeachtlichkeit einer Einwilligung des Geschäftsherrn in die Bestechlichkeit eines Angestellten, dass es bei § 299 vorrangig nicht (nur) um untreueähnliche Konflikte zwischen einem Prinzipal und seinem Angestellten geht, sondern auch um aus Eigennutz sachwidrig beeinflusste Entscheidungen im Geschäftsverkehr. Auch ein eigentlich wirtschaftlich handelnder Geschäftsherr kann, insbesondere mit „Schwarzgeld" zu solchen Entscheidungen bestimmt werden. Dass die Bestechung des Geschäftsherrn de lege lata straflos ist, könnte daher allenfalls für die Reformbedürftigkeit des § 299, nicht aber für die Straflosigkeit des geschäftsführenden Alleingesellschafters angeführt werden. T hat hier einen Vorteil in Gestalt der Tickets gefordert und schließlich angenommen und damit auf konkludente Weise objektiv erklärt, dass dieser die Gegenleistung für die Bevorzugung des K gegenüber seinen Konkurrenten beim Bezug des EDV-Systems als Ware bzw. gewerblichen Leistungen sein solle.

b) K hat sich schließlich gemäß **§ 299 II** strafbar gemacht, als er dem T die Tickets als Vorteil für seine Bevorzugung versprach und gewährte.

H. Anschlussdelikte

226. Welche Delikte aus dem Bereich der Vermögensdelikte können als klassische Anschlussdelikte bezeichnet werden?

Zur Vertiefung: *Horn*, JA 1995, 218 ff.

Die **Begünstigung** (§ 257), die **Hehlerei** (§ 259) und die **Geldwäsche** (§ 261, die nicht notwendiger-, aber doch typischerweise an Vermögensdelikte anschließt).

Ergänzende Bemerkungen:
(1) Ebenfalls im 21. Abschnitt des StGB geregelt ist die Strafvereitelung (§ 258). Allerdings ist diese kein Vermögensdelikt, da sie sich an jede beliebige Vortat anschließen kann und nur auf Grund des sachlichen Zusammenhangs des „Anschlusscharakters" zwischen Begünstigung und Hehlerei geregelt ist.
(2) Umgekehrt sind eine Reihe von Tatbeständen zwar nicht in diesem Zusammenhang bzw. Abschnitt geregelt, können aber an Vermögensdelikte als Vortaten anschließen. Bedeutung haben hier etwa § 263 (als sog. Sicherungsbetrug, vgl. auch Fall 114), § 252 und § 246 (Stichwort: „wiederholte Zueignung", vgl. auch Fall 75).

I. Begünstigung (§ 257)

227. K hatte von getäuschten Anlegern Verrechnungsschecks erhalten und diese seinem heimischen Bankkonto zur Einziehung zugeleitet. Anschließend überwies er das Geld auf ein Konto nach Luxemburg. Als K auf Grund von unangenehmen Nachfragen seiner Anleger damit rechnete, dass ihm im Wege eines Arrestes die Verfügung über die Gelder in Luxemburg entzogen werden könnten, beschloss er, sie ohne

Nein. § 257 stellt das Hilfeleisten unter Strafe, das in der Absicht erfolgt, dem Täter einer rechtswidrigen Tat die Vorteile der Tat zu sichern. Funktion des § 257 ist also zu verhindern, dass der Verletzte sowie die Organe der Rechtspflege bei der **Wiederherstellung** der durch die Vortat **verletzten Rechtsgüter** gehemmt werden. Dabei ist zwar anerkannt, dass die zu sichernden Vorteile unmittelbar aus der Tat erwachsen sein müssen. Allerdings bedeutet dies – da § 257 nur von „Vorteilen der Tat" und nicht wie § 259 von den „durch die Tat

Spuren in ein anderes Land zu transferieren. Er beauftragte daher den T, der die Geschichte des Geldes kannte, das Geld in Luxemburg in bar abzuheben und ihm in K's Ferienwohnung in Monaco zu übergeben, was T auch tat. Als T wegen Begünstigung angeklagt wird, weist er darauf hin, dass das in Luxemburg abgehobene Bargeld ja nicht identisch mit den durch den Betrug erlangten Zahlungsansprüchen auf Grund der erschwindelten Schecks sei, so dass er K gar nicht „die Vorteile der Tat" gesichert habe. Wird er mit dieser Verteidigung erfolgreich sein?
(Vgl. *BGHSt* 36, 277)

Zur Vertiefung: *Rengier I,* § 20 Rn. 1 f. u. 8 f.

erlangten Sachen" (vgl. auch Fall 233) spricht – **nicht notwendig** das Vorliegen von **Sachidentität**. Vielmehr ist die Reichweite des Vorteilsbegriffs nach einer **konkret-wirtschaftlichen Betrachtung** der Vortat zu bestimmen. Dies führt bei einem Betrug als Vortat dazu, dass der Vorteil in der Mehrung des Vermögens des Täters liegt, die durch die vermögensschädigende Verfügung des Opfers hervorgerufen wurde. In welcher Form die irrtumsbedingt verschobenen geldwerten Vorteile jeweils gerade verkörpert sind, ist demgegenüber unerheblich, solange sie sich noch im Herrschaftsbereich des Täters befinden. Da hier die erschlichenen Vorteile noch in einer den unmittelbaren Zugriff der Opfer grundsätzlich ermöglichenden Form im Vermögen des T vorhanden waren, war T's Verhalten darauf gerichtet, dem K die Vorteile seiner Tat zu sichern.

228. M hatte bei seinem Arbeitgeber O Geld veruntreut. Einen Teil davon schenkte er seiner Ehefrau T. Dabei behauptete er zunächst, er habe das Geld in der Spielbank gewonnen. Nachdem T einen Teil des Geldes ausgegeben hatte, klärte M sie über die wahre Herkunft des Geldes auf. T wandte sich zunächst an O und versprach, das übrig gebliebene Geld zurückzugeben. Stattdessen übergab sie es dann aber doch wieder dem M, damit dieser es in Sicherheit bringe. Von M konnte O

a) Bei der **Entgegennahme** des Geldes scheidet eine Strafbarkeit der T (etwa nach §§ 246, 259) bereits **mangels Vorsatzes** aus, da sie davon ausging, M habe das Geld redlich zu Eigentum erworben.
b) Auch **ab Kenntnis** von der Herkunft scheiden solche Delikte aus, die fremde Sachen voraussetzen (insb. § 246), da T von M (zumindest wegen § 935 II BGB) gutgläubig Eigentum am Geld erwerben konnte. In Betracht kommt daher allenfalls eine **Begünstigung**, § 257, weil T dem M ermöglichte, die ursprüngliche Beute weiter für sich zu verwenden. Allerdings ist eine Hilfe bei der Sicherung der Vorteile der Tat nur möglich, **solange** sich „der **Vortäter** (...) der angebli-

das Geld später jedoch nicht mehr bekommen, da dieser es in der Spielbank verlor. Strafbarkeit der T?
(Vgl. *BGHSt* 24, 166)

Zur Vertiefung: *Rengier I,* § 20 Rn. 6.

chen Begünstigungshandlung **noch im Genuss** des durch die Tat erlangten **Vorteils** befindet" (*BGH* a.a.O., 167), d.h. der Vorteil muss beim Vortäter noch vorhanden sein. Da M sich aber des Vorteils durch Schenken und (als endgültig geplante) Übergabe des Geldes bereits gänzlich entäußert hatte, war seine Begünstigung für T nicht mehr möglich. Dass M anschließend wieder in den Genuss der Vorteile kam, ändert daran nichts, da diese nunmehr nicht mehr unmittelbar durch die Vortat erlangt waren. T hat sich daher nicht strafbar gemacht.

229. Taxifahrer T holte die Diebe D und E in Kenntnis ihrer Taten gegen den üblichen Fahrlohn mit ihrer Beute am Tatort ab und brachte die Beute auf diese Weise in Sicherheit. Dabei kam es ihm jedoch nicht auf die Sicherung der Beute, sondern alleine auf die Erlangung des Fahrlohns an. Hat sich T nach § 257 strafbar gemacht?
(Vgl. *BGHSt* 4, 107)

Zur Vertiefung: *Rengier I,* § 20 Rn. 15.

Nach Ansicht des ***BGH*: ja**. Unterstellt man einmal, dass der Wille des T im vorliegenden Stadium zwischen Vollendung und Beendigung der Tat eher auf die Sicherung der Beute als auf die Unterstützung des Diebstahls gerichtet war, so dass nach h.M. der Anwendungsbereich des § 257 (und nicht der §§ 242, 27) eröffnet ist, so bleiben vor allem zwei Fragen:
a) Zunächst könnte man an der **Vorteilssicherungsabsicht** zweifeln, wenn die Beutesicherung dem T an sich gleichgültig war und er des üblichen Fahrlohns wegen handelte. Der *BGH* ist allerdings der Ansicht, dass dies einer Begünstigungsabsicht nicht entgegen stehe, da diese nicht nur den eigentlichen Beweggrund erfasse. Vielmehr genüge es, wenn der Wille auf den Erfolg der Vorteilssicherung gerichtet sei. Man muss dies wohl so verstehen, dass die Beutesicherung **nicht der einzige Zweck** sein muss, es dem Täter aber dennoch aus irgendwelchen Gründen darauf ankommen muss. Dies entspricht den

Voraussetzungen des dolus directus I. Grades. Diesen hat der *BGH* a.a.O. bejaht, da T nur dadurch, dass er die Beutesicherung bewerkstelligte, den angestrebten Fahrlohn erlangen konnte (womit der *BGH* wohl ein „notwendiges Zwischenziel" annimmt).

b) Darüber hinaus ist aber auch bereits **objektiv** keinesfalls selbstverständlich, dass die Erbringung einer **gewöhnlichen Geschäftsleistung** durch einen Berufsträger eine strafbare Begünstigung sein soll: Da die Begünstigung gleichsam eine „Beihilfe nach der Tat" ist, ließe sich hier die umfangreiche Diskussion zur „neutralen Beihilfe" an sich übertragen (vgl. PdW AT Fall 307). Allerdings ist bei der Begünstigung das Problem entschärft, da das Gesetz gerade eine Vorteilssicherungsabsicht voraussetzt, so dass die bei der neutralen Beihilfe besonders problematischen dolus-eventualis-Fälle ohnehin ausscheiden.

Ergänzende Bemerkung:
Im Zeitraum zwischen Vollendung und Beendigung ist die Abgrenzung zwischen Beihilfe und Begünstigung problematisch, wenn man in diesem Stadium überhaupt noch eine Beihilfe für möglich hält (vgl. PdW AT Fall 307): Nach der Rechtsprechung soll hier von der Willensrichtung des Handelnden abhängen, ob er wegen Beihilfe oder Begünstigung strafbar ist.

II. Hehlerei (§ 259)

230. Auch nachdem T in Fall 87 aus der Wohnung des O ausgezogen war, legten sich seine finanziellen Schwierigkeiten nicht. Er war deshalb gezwungen, das aus der Woh-

Ja. Auch eine **Pfandkehr** kann **taugliche Vortat** des § 259 sein, da auch sie gegen fremdes Vermögen (hier: des Vermieters als Pfandgläubiger) gerichtet ist. Dass das Tatobjekt für denjenigen, von dem der Hehler erwirbt, ausnahmslos eine

nung entfernte Mobiliar teilweise an H zu verkaufen, wobei er H auch die komplette Vorgeschichte erzählte. Hat sich H nach § 259 strafbar gemacht?

Zur Vertiefung: *Rengier I,* § 22 Rn. 1 f.; *Kudlich,* JA 2002, 381.

fremde Sache sein muss, ergibt sich weder aus dem Wortlaut noch aus der Funktion des § 259, die Perpetuierung rechtswidriger Vermögenszustände zu verhindern.

231. V erlangte auf betrügerische Weise eine Forderung in Höhe von 50.000 € gegen O. Er trat diese Forderung dem T, der um den Betrug wusste, gegen einen Kaufpreis von 35.000 € ab. T zog die Forderung bei O ein. Strafbarkeit des T?

Zur Vertiefung: *Rengier I,* § 22 Rn. 10.

T ist – wenn er nicht schon an der betrügerischen Erlangung im Vorfeld beteiligt war – **straflos.** Ein **Betrug** zum Nachteil des O durch T scheidet aus, da eine durch einen Betrug erlangte **Forderung** zwar anfechtbar (§ 123 BGB), aber bis dahin einmal **existent** ist. Zwar müsste sich T nach § 404 BGB die Anfechtbarkeit (oder gar eine erfolgte Anfechtung) entgegenhalten lassen. Allerdings trifft ihn **keine Aufklärungspflicht**, den O bei Geltendmachung der Forderung auf diese Anfechtbarkeit hinzuweisen. Auch eine Hehlerei an der durch den Betrug als Vortat erlangten Forderung scheidet aus, denn § 259 stellt explizit nur das Ankaufen bzw. Sich-Verschaffen von **Sachen** unter Strafe, so dass der Erwerb einer deliktisch begründeten Forderung nicht tatbestandsmäßig ist.

Ergänzende Bemerkung:
Auch bei betrügerisch erlangten Sachen soll nach verbreiteter Ansicht eine Hehlerei ausscheiden, wenn diese wirksam übereignet wurden und die Anfechtungsfrist des § 123 BGB abgelaufen ist; gleiches gilt nach einem gutgläubigen Erwerb nach § 932 BGB bzw. einem Erwerb nach § 950 BGB: Wenn ein Vermögenszustand zivilrechtlich dauerhaft wirksam ist, so kann keine rechtswidrige Vermögenslage mehr perpetuiert werden, so dass der Schutzzweck des § 259 nicht mehr einschlägig ist.

232. T hatte im Elektrogeschäft des O eine Palette mit DVD-Playern gestohlen. Er wandte sich mit diesen an den in einschlägigen Kreisen bekannten H und bot diesem die Geräte günstig zum Kauf an, was H gerne wahrnahm. Staatsanwalt S möchte T auch wegen Anstiftung zur Hehlerei anklagen, da schließlich im Angebot des T an H ein Hervorrufen des Tatentschlusses liege. T's Verteidiger V wendet ein, da H ohnehin als Hehler bekannt sei, habe sein Tatentschluss sicher nicht mehr hervorgerufen werden müssen, so dass eine Anstiftung ausscheide. Wer von beiden hat Recht?

Zur Vertiefung: *Rengier I*, § 22 Rn. 42 f.

Genau genommen: **keiner**. Die Argumentation des V überzeugt nicht, da der **Tatentschluss nicht generell** in Bezug auf die Begehung bestimmter Gruppen von Straftaten, sondern immer in Bezug auf die konkrete Tat (hier Ankauf von DVD-Playern von T) zu bestimmen ist. Dass H sich auch sonst als Hehler betätigt, würde also einer Anstifterstrafbarkeit des T nicht entgegenstehen. Allerdings kommt **T als Vortäter** nach h.M. auch als Teilnehmer an einer nachfolgenden Hehlerei nicht in Betracht. Dass er selbst **kein Täter** der Hehlerei sein kann, ergibt sich unmittelbar aus dem Wortlaut des § 259 („anderer"); eine **Teilnehmerstrafbarkeit** scheidet zumindest nach den Grundsätzen der **mitbestraften Nachtat** aus, wie das Fehlen einer § 257 III 2 (Strafbarkeit wegen Anstiftung eines bislang Unbeteiligten zur Begünstigung auch durch den Vortäter) entsprechenden Regelung zeigt.

Ergänzende Bemerkung:
Umgekehrt soll aber nach ganz überwiegender Ansicht der bloße Teilnehmer an der Vortat eine Hehlerei begehen können. Wenn der Hehler einen Dieb in der Hoffnung auf ein gutes Geschäft „losschickt", macht er sich also – u. U. neben §§ 242, 26 – gleichwohl nach § 259 strafbar, wenn er anschließend die Beute übernimmt (vgl. *BGHSt* 33, 50, [52]).

233. a) T stahl bei O ein Bild. Er veräußerte es an den gutgläubigen X für 1.000 € und schenkte seiner Freundin H, die von der Herkunft des Geldes wusste, einen der beiden von X erhaltenen 500 €-Scheine.

a) Ja. Zwar liegt mit Blick auf den **Diebstahl bei O** hinsichtlich der von H sich verschafften 500 € nur eine **„straflose Ersatzhehlerei"** vor, denn T hat die beiden Scheine nicht aus der Tat „erlangt". Da § 259 davon spricht, dass „die Sache" aus der Vortat erlangt sein muss, legt die h.M. das Merkmal enger aus als den

b) T stahl bei O 1.000 €. Er kaufte beim gutgläubigen X für dieses Geld ein Bild und schenkte es seiner Freundin H, die von der Herkunft des Bildes wusste.

Hat sich H jeweils nach § 259 StGB strafbar gemacht?

Zur Vertiefung: *Rengier I,* § 22 Rn. 11–17.

„Vorteil" bei § 257 (vgl. nochmals Fall 227) und verlangt ein **unmittelbares Erlangen** aus der Vortat, so dass regelmäßig nur das Tatobjekt der Vortat selbst in Betracht kommt. Allerdings hat T die beiden Scheine (unmittelbar) aus einem **Betrug zum Nachteil des X** erlangt. Denn trotz seines guten Glaubens konnte dieser **nicht Eigentümer** der Bilder werden (vgl. **§ 935 I BGB**) und hat dadurch einen Vermögensschaden erlitten. Die Geldscheine, von denen die H sich einen verschafft hat, sind also die Betrugsbeute und damit taugliche Tatobjekte i.S.d. § 259.

b) Nein. Hinsichtlich des **Diebstahls** gelten die Ausführungen zu Variante a) entsprechend, da T das Bild **nicht unmittelbar** aus diesem erlangt hat. Anders als oben liegt aber in Variante b) **kein Betrug zum Nachteil des X** vor, da dieser nach § 935 II BGB auch an gestohlenem Geld gutgläubig Eigentum erwerben konnte.

Ergänzende Bemerkungen:

(1) Vgl. dazu, dass bei gutgläubigem Erwerb grundsätzlich kein Vermögensschaden i.S.d. § 263 vorliegt, nochmals oben Fall 132.

(2) Als weitere Variante wäre vorstellbar, dass bei der Veräußerung einer nicht unter § 935 II BGB fallenden Diebesbeute der Käufer von der Herkunft der Sache unterrichtet ist. Dann ist dieser nach § 259 strafbar. Der aus dem Verkaufserlös beschenkte Dritte dagegen nicht, da gegenüber dem bösgläubigen Käufer mangels Täuschung bzw. Irrtums kein Betrug vorliegt.

234. F war Fahrer eines Kurierdienstes. Als er eines Tages für den Versandhändler O Schmucksets (bestehend aus

a) F hat sich nach **§ 246 I, II** strafbar gemacht, da in der Übergabe des Schmucksets an T eine äußerlich erkennbare Manifestation seines Willens

Armbändern und Halsketten), die über eine TV-Sendung vertrieben wurden, transportierte, beschloss er heimlich, eines dieser Sets seiner Freundin T zu schenken. Er rief T an und bestellte sie an einen Treffpunkt, der auf seiner Route lag, ohne ihr etwas zu verraten. Als sich T einfand, übergab F der T eines der Sets und sagte danach: „Hier, für Dich". Sie erkannte zwar sofort, woher dieses stammte, nahm es aber dennoch dankbar an sich. Strafbarkeit von F und T?

Zur Vertiefung: *Rengier I,* § 22 Rn. 5–7.

lag, den O endgültig aus der Eigentümerposition hinsichtlich dieses Sets zu verdrängen und O in diese einzusetzen (wohl Fall der Drittzueignung). Da F für die sichere Ablieferung der Sets zuständig war, waren ihm diese auch i.S.d. § 246 II anvertraut. Dagegen ist ein zu einem Diebstahl führender Gewahrsamsbruch nicht ersichtlich, da bei einem Fahrer, der eine längere Route im größeren Umfang befährt, kein übergeordneter Gewahrsam des Geschäftsherren mehr angenommen werden kann.

b) T könnte sich durch die Entgegennahme des Sets wegen **Hehlerei**, § 259, in Gestalt des Sich-Verschaffens strafbar gemacht haben. Als Vortat kommt hier nur die veruntreuende Unterschlagung des F in Betracht. Dabei ist jedoch problematisch, dass die **Unterschlagung** des F **als Vortat erst mit der Übergabe** des Sets an T **vollendet** war, da es vorher an einer hinreichenden Manifestation eines (auf eine ausreichend genau bestimmte Sache gerichteten) Zueignungswillens fehlte. Lässt man mit einem Teil der Literatur genügen, wenn die Hehlereihandlung mit dem Erlangen aus der Vortat durch den Vortäter zeitlich zusammenfällt, hat T daher eine Hehlerei begangen. Allerdings spricht der Wortlaut des § 259 („erlangt hat") mit Blick auf Art. 103 II GG dafür, mit der herrschenden Meinung zumindest einen um eine logische Sekunde **vorausgehenden Akt** des vollständigen Erlangens zu verlangen, der zwar nicht notwendig, sehr oft aber mit dem Zeitpunkt der Vollendung der Unterschlagung zusammenfällt. Da vorliegend die Manifestation des Zueignungswillens frühestens in der Übergabe gesehen werden kann, ist ein abgeschlossenes Erlangen des Vortäters vor der Entgegennahme des Sets durch T hier nicht ersichtlich. Es liegt aber eine **Beihilfe zur Unterschlagung**, §§ 246 I, 27, 28 II, vor (vgl. auch Fall 29).

235. T erklärte sich gegenüber dem V gegen Zusage einer Provision bereit, diesen beim Verkauf eines angeblich von Manet stammenden Bildes zu unterstützen. In Wahrheit war das Bild jedoch kein echter Manet, und V hatte es vom rechtmäßigen Eigentümer erhalten, um es für diesen zu veräußern. Um das Bild teurer verkaufen und zugleich dessen Herkunft erklären zu können, hatte V dem T jedoch vorgespiegelt, es handle sich um ein echtes Gemälde, das während des 2. Weltkrieges in Frankreich gestohlen worden sei. T nahm deshalb an, der ihm unbekannte „Eigentümer" habe das Gemälde unredlich erworben. In der Folgezeit gelang es T, einen Interessenten für das Bild zu finden und dem V zuzuleiten. Dieser nahm dem V das Bild zu einem Preis ab, der einem (echten, aber gestohlenen) Manet entsprechen würde. Strafbarkeit des T?
(Vgl. *BGH* NStZ 1999, 351, abgewandelt)

a) Da das Bild in Wahrheit kein echter Manet war, kommt **gegenüber dem Interessenten ein Betrug** durch V in Betracht, wenn man das Vermögen auch insoweit schützt, als damit illegale Geschäfte getätigt werden sollen (vgl. zur Problematik oben Fall 109). Jedenfalls hatte T insoweit aber **keinen** entsprechenden **Beihilfevorsatz**, da er das Bild zwar für unredlich erworben, aber dennoch für echt hielt.
b) Da das Bild in Wahrheit nicht gestohlen war, scheidet eine vollendete Hehlerei jedenfalls aus. Denkbar wäre aber ein **untauglicher Versuch der Hehlerei** (vgl. § 259 III), falls T's Vorsatz auf eine entsprechende Tathandlung gerichtet war: Ein **Sich-Verschaffen** kommt ersichtlich nicht in Betracht, da dieses eine **eigenständige Verfügungsgewalt** im eigenen Interesse (und damit ein Tätigwerden auf „Erwerberseite") voraussetzt, welche T keinesfalls innehaben sollte.
Auch eine Absatzhilfe hinsichtlich des dem T unbekannten Eigentümers scheidet aus, da T insoweit nicht gegenüber dem unbekannten Vortäter selbständig auftreten, sondern nur unselbständig die **Absatzbemühungen des eigentlichen „Absetzers" V unterstützen** wollte. Dies wäre aber gerade keine Absatzhilfe i.S.d. § 259, sondern ein Fall der Beihilfe zum

Absetzen, die vorliegend als nur versuchte Beihilfe nach allgemeinen Grundsätzen straflos ist.
Damit bliebe nur die Möglichkeit einer **versuchten Absatzhilfe** für den V als Vortäter. Zwar kann auch eine **Hehlerei**, wie sie hier durch V vorstellbar ist, taugliche **Vortat** einer späteren Hehlerei durch den T als Dritten sein. Da jedoch § 259 verlangt, dass der Vortäter die Sache durch die Vortat „**erlangt** hat", ist dies nach Ansicht des *BGH* (a.a.O.) nur in Fällen möglich, in denen der Zwischenhehler seinerseits eine eigenständige Verfügungsgewalt erlangt hat, also nur, wenn der Zwischenhehler als Vortäter die Sache angekauft oder sich sonst verschafft hat. Hier tritt V aber nach Vorstellung des T gerade nur als „Absetzer" oder Absatzhelfer" auf, so dass T's Tatentschluss nicht auf Absatzhilfe zu Gunsten eines Vortäters gerichtet ist, der selbst die Sache durch die rechtswidrige Vortat „erlangt" hat.

236. T hatte eine Reihe von Banken um mehrere Millionen € betrogen. Er schuldete dem H 500.000 €. Nachdem H den T mehrfach vergeblich zur Zahlung aufgefordert hatte, erfuhr er, dass dem T am selben Tag unmittelbar zuvor von einer betrogenen Sparkasse 865.000 € in bar ausgezahlt worden waren. Daraufhin drohte H dem T an, dass er ihn wegen der Betrügereien bei der Polizei anzeigen werde, falls er nicht sofort sein Geld

Nach überzeugender Auffassung des *BGH*: **nein**. Zwar ist das Geld im Falle einer betrügerisch veranlassten Barauszahlung eine unmittelbar aus einer gegen fremdes Vermögen gerichteten Vortat stammende Sache. Allerdings hat H sich das Geld **nicht** i.S.d. § 259 **verschafft**, obwohl er in seinem eigenen Interesse eine eigenständige Verfügungsgewalt darüber begründete. Denn er gelangte nicht – wie sonst üblicherweise – im Einvernehmen, sondern **gegen den Willen des Täters** auf Grund einer Drohung an das Geld. § 259 scheidet nicht nur (seit jeher unstreitig) aus, wenn ein

erhalte. Auf Grund dieser Drohung gab T dem H den geschuldeten Betrag heraus. Die Zahlung erfolgte, was H bekannt war, mit den zuvor von der Sparkasse betrügerisch erlangten Zahlungsmitteln. Hat sich H nach § 259 strafbar gemacht?
(Vgl. *BGHSt* 42, 196)

Zur Vertiefung: *Rengier I*, § 22 Rn. 39–41.

eigenmächtiger Zugriff auf die Vortatbeute erfolgt (also etwa das Bestehlen eines Diebes), sondern entgegen einer verbreiteten Ansicht in der Literatur auch dann, wenn der Vortäter die Sache zwar an den Anschlusstäter aushändigt, dazu aber genötigt wird. Zunächst legt die **innertatbestandliche Systematik** ein solches Verständnis nahe, da das Ankaufen als explizit genannter Unterfall des Sich-Verschaffens in einem einvernehmlichen Zusammenwirken besteht. Des Weiteren ergibt sich sowohl aus der Systematik der §§ 257 – 259 als auch aus Sinn und Zweck des Hehlereitatbestandes das Erfordernis eines einvernehmlichen Zusammenwirkens zwischen Hehler und Vortäter. Denn obwohl es für das Opfer der Vortat auf den ersten Blick keinen Unterschied macht, ob die für die Hehlerei typische Perpetuierung der rechtswidrigen Lage durch ein abgenötigtes Zusammenwirken verursacht wird, ist zu berücksichtigen, dass die Aussicht, die Beute an einen Dritten „loszuwerden", nur dann einen **zusätzlichen Anreiz** zur Haupttat darstellt, wenn diese Verschaffung der Sache auch einvernehmlich geschieht.

Ergänzende Bemerkungen:
(1) Mit Blick auf die durch die Hehlerei begründete Gefahrsteigerung hinsichtlich der Haupttat müsste man konsequenterweise ein Sich-Verschaffen auch ablehnen, wenn der Anschlusstäter die Beute durch einen Betrug an sich bringt: Obwohl die Aussicht, die durch eine Vortat erlangte Beute durch Betrug zu verlieren, nicht ähnlich demotivierend wirkt wie die, Opfer einer Erpressung zu werden, stellt sie dennoch keinen besonderen Anreiz für den Täter für die Haupttat dar.

(2) Eine Strafbarkeit des H wegen Erpressung scheidet ebenfalls – unabhängig von der Reichweite des Vermögensschutzes bei T – aus, weil H keine rechtswidrige Bereicherung erstrebte, wenn ihm ein entsprechender Anspruch zustand. Allerdings kommt § 240 in Betracht, da die Drohung mit der Polizei offenbar in keinem Konnexitätsverhältnis zu H's Anspruch stand und die Zweck-Mittel-Relation daher eine verwerfliche war.

237. T hatte aus dem Haus des O Bilder entwendet. Er übergab diese dem H, welcher T daraufhin anbot, sie selbständig, aber für T's Rechnung gegen eine Provision zu verkaufen. Kurze Zeit später bot H die Bilder dem M zum Kauf an; M selbst hatte kein Interesse daran, weil er nichts mit Diebesgut zu tun haben wollte, schickte aber den als kunstsachverständig geltenden ehemaligen Teppichhändler A zu H. Noch bevor A bei H auftauchte, wurde H festgenommen. Hat sich H wegen Hehlerei strafbar gemacht?
(Vgl. *BGHSt* 27, 45)

Zur Vertiefung: *Rengier I,* § 22 Rn. 33–36.

Ja, und zwar nicht in Form des Sich-Verschaffens, da er keine eigenständige Verfügungsgewalt im eigenen Interesse erlangte, sondern in Form des **Absetzens**, da er zwar für fremde Rechnung, aber doch „in eigener Regie" tätig werden sollte. **Fraglich** ist allerdings, **ob** bereits eine **vollendete oder** nur eine **versuchte Hehlerei** vorliegt, da das Diebesgut letztlich im Besitz des H verblieben ist. Während die überwiegende Ansicht in der Literatur für die Vollendung der Varianten Absetzen oder Absetzenhelfen den **Eintritt eines Absatzerfolges** verlang, lässt die Rechtsprechung grundsätzlich genügen, dass es zu Absatzbemühungen kommt. Sie stützt sich dabei vor allem auf eine **historische Auslegung**, da in der Vorläufervorschrift allgemein das „Mitwirken zum Absatz" unter Strafe gestellt war und der Gesetzgeber durch die Umformulierung keine Änderung in der Sache gewollt habe. Demgegenüber stellt die h.L. darauf ab, dass der **Wortlaut** der aktuellen Fassung des § 259 mit den Begriffen „Absetzen" bzw. „Absetzenhelfen" eher für das Erfordernis eines Absatzerfolges spreche. Zwar können Verben wie „Absetzen" im allgemeinen Sprachgebrauch durchaus auch als Umschreibung einer bloßen

Handlung verstanden werden; allerdings ist eine solche Verwendung bei anderen Tatbeständen (z.B. „töten“ in § 212, „wegnehmen“ in § 242 usw.) völlig unüblich. Mit Blick auf Art. 103 II GG kommen aber dem Wortlaut und der gesetzesüblichen Verwendung von Begriffen größere Bedeutung zu als Mutmaßungen über den Willen des Gesetzgebers, die im Gesetzeswortlaut nicht einmal Niederschlag gefunden haben. Da zudem auch der **Schutzzweck** des § 259 (keine Perpetuierung der widerrechtlichen Vermögenslage) erst unmittelbar betroffen wird, wenn es zu einem Absatzerfolg gekommen ist, spricht mehr für die Ansicht der h.L. Folgt man dieser, hat sich H hier nur wegen versuchter Hehlerei nach §§ 259 I, III, 22, 23 strafbar gemacht.

238. H bot dem V, der eine Vertrauensperson der Polizei war, als solche jedoch von H nicht erkannt wurde, eine Vielzahl von Ausweisvordrucken und Aufenthaltspapieren zum Kauf an. Diese Dokumente waren kurze Zeit zuvor von unbekannten Tätern beim Einbruch in eine Ausländerbehörde entwendet worden, für deren Rechnung das Geschäft auch abgewickelt werden sollte. Nachdem V zum Schein auf das Angebot eingegangen war, veranlasste H, dass die Dokumente in die Hände des V gelangten. Dieser gab sie vollständig an seinen V-Mann-

Ja, nach Ansicht des *BGH* und der überwiegenden Lehre allerdings nur wegen **versuchter Hehlerei**. Da H für fremde Rechnung der unbekannten Diebe auftrat, kommt – je nach Grad der „Eigenregie“ seiner Tätigkeit – vorliegend ein Absetzen oder aber eine Absatzhilfe in Betracht. Obwohl hier die Papiere letztlich „an den Mann“ gebracht wurden, soll aber eine Vollendung ausscheiden, da Voraussetzung eines Absetzens oder Absetzenhelfens (wenn schon nach Ansicht der Rechtsprechung kein Absatzerfolg, vgl. Fall 237, so doch wenigstens) sei, dass die Bemühungen des Täters geeignet sind, die **rechtswidrige Vermögenssituation aufrechtzuerhalten** oder zu vertiefen. Dabei sei keine abstrakte Betrachtung ausschlaggebend, sondern

führer weiter, mit dem er während der gesamten Verhandlungen mit H engen Kontakt gehalten hatte. Hat sich H wegen Hehlerei strafbar gemacht? (Vgl. *BGH* NStZ-RR 2000, 266)

Zur Vertiefung: *Rengier I*, § 22 Rn. 30; *Baier*, JA 2000, 923 ff.

die Frage, ob im **konkreten Fall** durch das Bemühen des Hehlers ein **Erfolg zu erwarten** ist. Dies sei aber nicht der Fall, wenn der Hehler ausschließlich mit einem von ihm nicht als solchen erkannten Polizeibeamten bzw. einer von der Polizei geführten Person verhandelt. Es bleibt in diesen Fällen aber eine Strafbarkeit wegen des (untauglichen) Versuchs der Hehlerei.

Ergänzende Bemerkung:
Eine gewisse Schwierigkeit in der praktischen Handhabung dieser einschränkenden Auslegung entsteht für die Rechtsprechung, die für die Vollendung des § 259 StGB keinen Absatzerfolg verlangt: Danach sind die Handlungsvarianten des Absetzens bzw. Absetzenhelfens nämlich sehr früh vollendet, und durch das Angebot oder die Übergabe an einen Scheinaufkäufer fällt eine einmal vollendete Hehlerei natürlich nicht „in das Versuchsstadium zurück" (vgl. auch *BGH* a.a.O.). Daher kommt auf dem Boden der Rechtsprechung die Einschränkung des Tatbestandes überhaupt nur in Betracht, wenn neben den Kontakten zu dem Scheinaufkäufer keine anderen Tätigkeiten vorliegen, die ihrerseits zur Unterstützung der wirtschaftlichen Verwertung der Beute geeignet sind und damit bereits zu einer vollendeten Hehlerei führen.

239. T erwarb zwei Pkws, die – wie er wusste – gestohlen waren. Als die Entdeckung der Fahrzeuge drohte, gestattete T's Bruder H ihm, die Autos kostenlos in einer von H angemieteten Garage unterzustellen. Dem H war dabei bekannt, dass die Autos gestohlen waren und dass T sie erworben hatte, um sie seinerseits zu verkaufen. Er stell-

Nein. Zwar bildet die Hehlerei des **T** in der Form des **Ankaufens** eine gegen fremdes Vermögen gerichtete Straftat i.S.d. § 259, die taugliche Vortat für eine Hehlerei des H wäre (vgl. auch oben Fall 235). Das Abstellenlassen der Wagen dürfte auch für ein Absetzenhelfen genügen. Allerdings fehlt es bei H an der von § 259 geforderten **Bereichungsabsicht**. Eine Selbstbereicherungsabsicht ist beim kostenlosen Unterstellenlassen nicht ersichtlich; aber auch eine (für § 259

te seine Garage jeweils in der Absicht zur Verfügung, dem T den rechtswidrig erlangten Vermögensvorteil zu erhalten. Hat sich neben T auch H nach § 259 strafbar gemacht? (Vgl. *BGH* NStZ 1995, 595)

Zur Vertiefung: *Rengier I*, § 22 Rn. 37.

grundsätzlich genügende) **Drittbereicherungsabsicht** liegt nicht vor. Zwar spricht einiges dafür, entgegen dem *BGH* (a.a.O.) mit einem Teil der Literatur eine solche auch dann anzunehmen, wenn lediglich der **Vortäter** bereichert werden soll. Denn die vom *BGH* als Argument angeführte **Differenzierung im Wortlaut** zwischen dem „anderen" (als welcher der Vortäter bezeichnet wird) und dem „Dritten" dürfte zumindest kein zwingendes Argument sein, da es sich um unterschiedliche Bezüge handele („anderer" als Subjekt des Erlangens der Sache, „Dritter" als Adressat einer Bereicherung). Auch die beabsichtigte trennscharfe **Abgrenzung zur Begünstigung** nach § 257 lässt sich über die Differenzierung zwischen bloßer Sicherung des Vorteils und Bereicherung (als Mehrung des Vorteils) bewerkstelligen. Gerade diese Abgrenzung führt aber vorliegend dazu, dass eine Hehlerei ausscheidet, da H durch seine Tätigkeit dem T zunächst einmal nur die Vorteile der Tat sichern wollte.

III. Geldwäsche (§ 261)

240. Inwiefern wird durch den Tatbestand der Geldwäsche, § 261, welcher u.a. auch das Sich-Verschaffen unter Strafe stellt (vgl. § 261 II Nr. 1), selbst in dieser Variante der Bereich der Strafbarkeit gegenüber deutlich § 259 erweitert?

Zur Vertiefung: *Rengier I*, § 23 Rn. 5–8.

Gegenüber § 259 treten vor allem drei wesentliche Erweiterungen ein:

- Der **Vortatenkatalog** des § 261 ist wesentlich **umfangreicher** und erfasst auch eine große Reihe von Nichtvermögensdelikten (z.B. allgemein alle „Verbrechen", Bestechungsdelikte, Betäubungsmitteldelikte, Steuerdelikte); entsprechend können auch nicht nur Sachen, sondern weiter alle „**Gegenstände**" Tatobjekt sein.

– Das Merkmal des „**Herrührens**“ aus einer in § 261 genannten rechtswidrigen Tat wird weiter verstanden als das „aus der Vortat Erlangen“ in § 259 und umfasst insbesondere (in den Grenzen des § 261 VI) auch **Surrogate** der ursprünglichen Tatobjekte. Damit werden die Grenzen, die bei § 259 durch den Grundsatz der „Straflosigkeit der Ersatzhehlerei“ gezogen werden (vgl. Fall 233), für § 261 bedeutungslos.
– Nach § 261 V ist auch die **leichtfertige Geldwäsche** strafbar.

241. Kandidat K ergänzt zu Frage 240: Anders als in § 259 sei außerdem auch der Vortäter wegen Geldwäsche strafbar, da die Beschränkung auf Vortaten „eines anderen“ wie in § 259 fehlt. Allerdings komme ihm das doch sehr seltsam vor, denn im Prinzip werde doch wahrscheinlich nach den meisten Katalogtaten der Vortäter eine der vielgestalteten Tathandlungen des § 261 begehen, so dass man im Grunde zu einer Doppelbestrafung käme. Was ist dazu zu sagen?

Zur Vertiefung: *Rengier I,* § 22 Rn. 18.

K hat insoweit Recht, als bei § 261 tatsächlich auch **der Vortäter tatbestandsgemäß** handeln kann. Die Beschränkung auf Vortaten „eines anderen“ hat der Gesetzgeber im Jahre 1998 gestrichen. Allerdings wurde durch dieselbe Gesetzesänderung in **§ 261 IX 2** eine **Subsidiaritätsklausel** geschaffen, nach der ein Täter nicht wegen Geldwäsche zu bestrafen ist, wenn er wegen Beteiligung (§ 28 II) an der Vortat strafbar ist. Insoweit bleibt § 261 sogar partiell hinter § 259 zurück, da etwa auch der Anstifter zur Vortat nicht wegen Geldwäsche zu bestrafen ist (anders bei der Hehlerei, vgl. Fall 232).

242. T stand im dringenden Verdacht, eine Bank überfallen zu haben. Er beauftragte Strafverteidiger V mit seiner Verteidigung. Nachdem T

a) S wird auf den Gedanken gekommen sein, weil er der Äußerung des T entnehmen könnte, dass die Vorschussforderung **aus Mitteln** beglichen wurden, die **aus dem Überfall** herrühren. Dies gilt

dem V die Vorwürfe geschildert hatte und den bei V in Fällen solchen Umfangs üblichen Vorschuss von 1.000 € bezahlt hatte, nahm sich V der Verteidigung des T an. Trotz V's Verteidigungskünsten wurde T verurteilt. T war damit naturgemäß nicht zufrieden und meinte verbittert, für eine Verurteilung hätte er nicht so viel Geld ausgeben müssen. Überhaupt fände er V's Honorar völlig überzogen, und er hätte sich eine solche Verteidigung gar nicht leisten können, wenn er vorher keine „Bank geknackt" hätte. Staatsanwalt S, der das zufällig hört, erwägt, gegen V Anklage wegen Geldwäsche zu erheben. Wie kommt er darauf und welche Einwände könnten dagegen bestehen?
(Vgl. *BGHSt* 47, 68)

Zur Vertiefung: *Rengier I,* § 22 Rn. 16 f.

umso mehr, als auch etwaige Surrogate der ursprünglichen Tatbeute in einem weiten Umfang von § 261 erfasst werden (vgl. auch Fall 240). Als Tathandlung kommt bei einer Entgegennahme von Bargeld, aber auch bei der widerspruchslosen Akzeptanz einer Überweisung auf dem Konto das Merkmal des Sich-Verschaffens (vgl. § 261 II Nr. 1) in Betracht. Hinsichtlich des subjektiven Tatbestandes dürfte es zwar schwierig sein, eine sichere Kenntnis des V von einer etwaigen deliktischen Verstrickung seines Honorars nachzuweisen. Man könnte aber auf den Gedanken verfallen, bei der Übernahme einer Verteidigung in Fällen dringenden Verdachts eines Vermögensdelikts **bedingten Vorsatz bzw. Leichtfertigkeit** (§ 261 V) hinsichtlich einer möglichen deliktischen Herkunft der Zahlungsmittel anzunehmen.

b) Neben der Fragwürdigkeit einer generellen Unterstellung von bedingtem Vorsatz oder auch nur Leichtfertigkeit könnte man bei der Entgegennahme von Zahlungen für Leistungen des alltäglichen Geschäftsverkehrs und insbesondere von Verteidigerhonoraren schon den objektiven Tatbestand des § 261 für ausgeschlossen erachten. Immerhin ist zu beachten, dass angesichts des weiten Vortaten- und Tathandlungskatalogs des § 261 bei einer **Vielzahl von gegen Bezahlung durchgeführten Verteidigungen ein Geldwäscheverdacht** entstehen könnte (welcher selbst bei seiner späteren Entkräftung **negative Folgen**, etwa in Gestalt von Ermittlungsmaßnahmen gegen den Verteidiger, zeitigen könnte). Insoweit führt diese weite Auslegung des § 261 nicht nur zu einem empfindlichen **Eingriff in die Berufsfreiheit des Strafverteidigers** (Art. 12 GG), sondern auch zu einer massiven **Gefährdung** des Instituts **der Wahlverteidigung**. Das *OLG Hamburg* (NJW 2000, 673) hatte deswegen mit beachtlichen Argumenten eine verfassungskonforme Auslegung des § 261 dahin gehend vertreten, dass eine Strafbarkeit wegen der Entgegennahme von Verteidigerhonoraren jedenfalls nach § 261 II Nr. 1 („sich verschaffen") nur in Ausnahmefällen, etwa bei überhöhten Honorarvereinbarungen, in Betracht kommt. Der *BGH* (a.a.O.) hat sich dem nicht angeschlossen und mit teils überzeugenden (Wortlaut, Entstehungsgeschichte), teils aber auch zweifelhaften Argumenten (Gleichwertigkeit von Pflicht- und Wahlverteidigung) eine Strafbarkeit bejaht.

Sachverzeichnis

Die Zahlen bezeichnen die Fälle.